地域金融の
あしたの探り方

人口減少下での地方創生と
地域金融システムの
リ・デザインに向けて

大庫直樹・著
Naoki OHGO

一般社団法人金融財政事情研究会

はじめに

２０１３年9月、私は金融庁参与の委嘱を受けた。テーマは地域金融のあり方を見直すこと。バブル崩壊から20年を経て、銀行のリスク管理、コンプライアンスの強化は、一段落をしていた。日本国内で次に金融危機が訪れるとしたら、それは人口減少によってトップラインの低下が引き起こされる場合である可能性が高いと目されていた。人口減少の影響をダイレクトに、そして大きく受けるとしたら地域金融機関――すなわち、地域銀行や信用金庫など――にほかならない。

しかしながら、人口減少という社会・経済環境の非連続な変化に呼応するような経営改革が地域金融機関で進行しているようにはみえない。特に地方銀行は戦時対応の1県1行の態勢を70年以上にわたって、営々と引き継いでいる。

当時の私は、マッキンゼーで20年間にわたってコンサルティング経験はあるものの、個人の独立コンサルタントとしてその日に吹く風に身を任せふらふらしていた。ＰｗＣも2年も勤めずに退職していた。それなりの肩書といえば、唯一、大阪府・市特別参与であり、2009年から橋下徹さんのアドバイザーを務めていたくらいであった。

なぜ参与として、これから始めようとしている一大改革のためのスタッフに加えてもらえたのだろうか。

たしかに2013年に至るまで、数カ月に1度の頻度で、金融システムに関する分析を持ち込んで意見交換をさせていただいていた。そのきっかけも2009年に上梓した「あしたのための『銀行学』入門」(PHP研究所)の一連の分析群にほかならない。特に当時盛んに指摘されていた貸渋り問題について、そもそも中小企業の業績が大・中堅企業と違って2000年代に入っても回復していないことについて30年にわたる企業規模別の収益推移を分析していたことが、目を引いたようだった。

あの頃、リーマン・ショックに見舞われた直後で、私は個人事務所を開設したはいいものの、開店休業の日々が続いていた。もてあます時間を、当時はまだ都立だった日比谷図書館で雑誌や統計類の閲覧やインターネットでの情報検索に費やしていた。そのときの成果物が前出の拙書だった。

基本的には何も肩書のない一介の民間人の分析を真摯に受け取り、フィードバックをくれる金融庁も不思議なところだと思いながら、図々しくもお邪魔していた。銀行出身でない強みなのかもしれない。

何も肩書がないことは、同時に何のわだかまりもなく、またいだれかに意図的な配慮をすることもないことである。したがって、分析結果には思いもかけない発見もあれば、痛烈な現状批判もあった。いずれも冷徹な事実であり、冷徹であるからこそ政策を決めていくための貴重な根拠となっていたのかもしれない。

これは、私の見立てなのであるが、金融行政を具体化するために金融市場の原理や銀行業をはじめとする金融ビジネスの経済的な特性について、金融庁は理解を深めたいと強く考えているように思った。バブル崩壊後、大手行のいくつかが姿を消したとき、市場原理に背く金融行政はできないことが明らかになった。そうした歴史を背景に、より合理的な金融行政を推進するための根拠を求めているようにみえた。

英語でLawといえば、法律を指すこともある。また、法則を意味することもある。しかし、そこには明確な序列があって、「法律は法則に従うもの」である。法則に背く法律、規制、制度をつくりだしても、すぐに矛盾が露呈してかえって悪い事態を招く。特定のイデオロギーや政治的な思惑から法律、規制、制度が設計されることもあるが、市場自体や金融機関の成長の足かせになる。逆に、法律が法則を規定することはできないのだ。

参与の委嘱を受けたとき、それまでどおり市場原理や銀行業の仕組みを解明する分析を続けていこうと思った。それこそが、私に参与の職を委嘱するにあたって金融庁が求めていることだと考えた。

そのため、私のアプローチはきわめてシンプルだ。定量データに依拠していくことである。

なぜなら、第一に定性的な議論ではなかなか核心に近づいていかないからだ。精緻に推論したつもりになっていても、あるとき計量化してみると、全体に対して影響を及ぼさないような小さなことをほじくり返していたにすぎないと気づくことがある。

また、いくら、頭のなかで中立的に考えたつもりになっていても、経験的に多くの場合は、シニアと目される人物の意見に左右されたり、多数の側の意見が優勢になったりする。人間だれしもシニアな人の見解を尊重したいと思う気持ちが自然と湧く。また、現実には、シニアな人が自分の人事権を握っていることも多く、反対意見は述べにくい。多数派の支持することは、たいていは現状維持でそのほうが自分の立場を守りやすい。シニアな人や多数派の見解が正しい保証はどこにもない。逆に、時代環境の変曲点では、そうした意見が間違っていることも少なくない。

そうした観点から可能な限り定量データでの分析を行っている。ただし、すべてを定量化できないことも事実であり、補完のために定性的な議論を行う場合は慎重に多面的な角度からの考察を日頃から加えることにしている。

第二に、銀行業という産業自体が規制緩和された結果、データ分析の有効性が高まったことである。いまでも法令やなんらかのガイドラインで銀行業は規制されていることは多い。それでも1980年代以降の規制緩和の流れは、銀行業をもって市場原理に従うようにせしめた。金利の自由化、出店の届出制への移行などによって、より自由な戦略の選択が可能になった。競争に打ち勝つことが銀行業の主戦場になったのである。かつてとは違い、法令をどのように解釈すべきか、そして規制当局とどのように交渉すべきか、が経営に影響を与える度合いは相対的に低下した。

だからこそ、定量的なデータを分析してみれば、変革を正しく行うために有意義な示唆が得られるわけである。残念ながら金融機関は通り一遍の分析をすることはあっても、洞察力をもって分析を進めていることは少ない。そのため、データ分析を行えば新しい発見を目にすることも少なくない。

第三に、データ自体が飛躍的に入手しやすくなったことである。かつては、紙の資料にある数字を表計算ソフトに手打ちで移し分析をしていた。が、いまや多くのデータはネットで検索してエクセルやＣＶＳ形式でダウンロードが可能になり、すぐに分析を始められるようになった。しかも、政府統計のような場合は、エクセルの行も列も自分の分析目的にあうようにテイラーメイドで指示することができる。

こうした理由から、定量データを積極的に活用し議論を展開していくことにする。しかも、データは基本的にパブリックにされているものを活用することである。バンカーたちは、いつも秘密の個別情報を探しているきらいがある。そうした秘密の情報があれば、たしかに有利にことを進めることができる。しかし、情報の効果は一時的なメリットでしかない。そのため、個別情報をいつも追い求めるはめになり、消耗していくことになる。本当に貴重な真理は、いつも目にしているデータや事象のなかに隠されていることも多い。こうした真理は長いあいだ、その有効性を失うことはない。

アイザック・ニュートンが、木から林檎が落ちるのをみて万有引力の法則を思いついたかどうかは定かではない。でも、ニュートンは、普段みている現象から万有引力の法則を導いたことは間違いない。

いつもみているものを、洞察力をもって深く眺める。「ニュートンの林檎」のような大発見ではないにしても、そこに思いもかけない発見があって、有益な示唆が得られるものがある。それを掴みだすことが私に期待された役割のように思う。

ただ、金融庁参与になってからしばらくのあいだ、私が秘密の情報をもっているのではないかと少なからず人々の訪問を受けた。残念ながら、そんな情報はもっていないし、ほしいとも思わない。また、口利きとして雇いたいと依頼に来る金融機関もあった。でも、口利きなど業界ゴロみたいなことをしたら、プロフェッショナルとしてジ・エンドだ。私からみれば、相当にとんちんかんな人々が金融界にはたくさんいるようだ。真理のありかが、個別情報ではなくデータの樹海のなかにあることに、早く気づくべきだと思った。

市場の真理とは何か。大量のデータのなかに隠れている関係性を読み解くことである。金融業の産業構造を解明していくことである。つまり、複数の変数がどのように関連しているか、解明していくことである。それによって、銀行業の構造をシステムとして理解していくことができるようになる。

これは定量データ分析として、AとBを比較してAのほうが大きいので、Aを重視した経営計画を立てるという議論とは本質的に違うのである。2つの事柄の関連が定量的に判明していれば、一方の事柄から、他方の事柄を予見することができるようになる。この予見性を得ることができるかどうかが、経営の質を高めていく本質的な飛躍につながる。

本書のなかでも、金融機関の貸出残高がわかれば営業経費が予見できることや、ローカル型産業の就業者数は人口の3割程度であることなど、いくつかの重要な相関関係を紹介している。いずれも、金融システムのリ・デザインを進める地域金融機関や地方創生を考える自治体にとって重要な示唆を与えることになる。具体的な内容については本文で詳述していきたい。

一般的に科学的といっている手法も、予見性を得ることにその本質がある。そのため、科学の多くは、物理学の法則に代表されるように、方程式などの数学的な記述がなされる。そのために、定量化されることが前提になっている。

私は大人になってから、随分と歴史の本を読むようになった。中学や高校の歴史の授業では、丸暗記を強いられ人生のおおいなる浪費を感じた。大人になってから手にした歴史書では、ある事件の前後左右さまざまな関係から歴史が動いていくことを知り、その背景を理解することで、重要な教訓を得られることに気づいたのだ。私のオフィスの書棚には、ニーアル・ファーガソンの「憎悪の世紀」から半藤一利の「昭和史」まで、一般向けかもしれないが歴史書が並んでいる。

しかし、定性的な議論では限界がある。どこまでいっても予見性を与えることはできない。せいぜいが Do's & Don'ts であり、教訓にとどまる。

歴史を勉強して、教訓を得ることは価値があることだと心底思っている。しかし、それでも予見性か教訓かと問われれば、予見性を重視すべきことはだれしも否定しようがない。定量的な関係から導かれる予見性は、規制のあり方や経営戦略の方向性を考えるうえで圧倒的にパワフルな示唆を与えてくれる。教訓よりも予見性のほうが、現実には大切なのだ。

ただし、予見性に結びつく関係をいつでもどこでも発見できるわけではない。きわめて少数の領域に限られることも事実である。しかも、金融市場や銀行業のような社会科学が対象とする世界では、自然科学が対象とする世界に比べて、その関係性が安定していない。あるときは成り立った関係でも、いつか成り立たなくなることもある。はかない関係性であることも事実である。そのため、発見した関係性が持続しているかどうか、常に見極めながら利用していくことが前提となる。

そのため、これまでの経緯や歴史的な教訓を活用しないわけではない。脆弱な関係性を補うためや、そもそも信頼に足りうる関係性を見出せないときに、補足や代替手段として使うことにしている。

ところで、定量的な関連性を明らかにするために、最近では初歩的な統計学をよく活用するようになった。

30年以上前に大学や高校で統計学を習った私にとって、そもそも統計を活用しようにも分析対象にしたいデータが整備されていなかった。したがって、統計学は個々のデータを収集する個票を設計することから作業を始める必要があった。自らデータを収集するのであるから、普通は数十個のデータを集める程度である。多い場合でもせいぜい数百個である。いまと比べれば、きわめて牧歌的な状況にあった。そのため、統計学のパワーを目の当たりにする機会は限られていた。

ところが、先にも示したようにデジタル化されたデータは、いまや私たちの周りに溢れている。

加えて、重回帰分析などの初歩的な統計ツールはエクセルなどにビルトインされている。目的変数の列を指定し説明変数候補の列をいくつか指定してエンター・キーを叩けば、瞬時に計算結果が得られる。面倒なプログラミングを手作業で行う煩わしさはない。

またエクセルの行数は100万行を超え、列の方も1・6万列程度まで可能である。よほど大きなデータサイズでなければ、エクセルで十分に分析可能なのである。どの説明変数候補が効きそうか手軽にすぐにわかる時代になったということでもある。

結局、初歩的な統計学は、学校で習う一般教養ではなく、実際に金融業のあり方や地方創生を考えるうえにおいても、なくてはならない必要不可欠のツールにまで格上げされたのである。知らないではすまされず、一定の見識が求められるようになったことも事実である。

ただ、それほど高等な統計学が必要かというと、そうでもないことが救いでもある。私自身実際に活用しているものは、せいぜい重回帰分析くらいである。これは高校時代に学んだ説明変数を1個とする回帰分析を、複数変数にしただけのものだ。概念的にわかりやすいはずである。大学1年生で習う程度のことである。

ときどきアカデミックな観点からロジスティック回帰を求められたりするが、これも変数を計量する際、実数ではなく対数に変換するもので、概念として理解しやすい。いずれも最小二乗法を活用した考え方である。つまり、高校生程度の知識で対応できるはずで、後はセンスの問題になる。

センスというのは、検証候補にする変数を見つけてくることである。場合によっては有効そうな変数を新たに定義していくクリエイティビティのことでもある。これだけは、どんなにコンピューティング・パワーが向上しても基本的には人間が考えなければならない。だから、理数系があまり有利というわけでもない。

私自身、統計学のエキスパートではなく、テクニカルな問題に四苦八苦しているのだが、面白い変数を見つけて幸いにも関係性が見出されることもあり、なんとか仕事を進めていくことができている。

あと、もう1つ金融庁で仕事を進めるにあたって心がけていることがある。それは、シンプルであること。理由は2つある。

1つは、シンプルなことに昇華していない限りにおいて、現実の世界ではインプリメントされないからである。複雑な解は、実行しても成功することは少ない。たとえ、成功しても多大なコストや時間がかかることが多く、また大勢のなかのスキルの高い少数がうまくできただけでビジネスとしては不十分な成果に終わることが多い。

これは、メーカーの行動様式をみていれば、よくわかることである。プロダクトの製造をできうる限りシンプルにすることが、生産効率を高め歩留まりも上げていくことになる。複雑であることは悪であり、まだ何もできていないことであると、彼らは肌身で感じている。

もう1つの理由は、シンプルであることこそ、ものごとの核心をついていることが多いように思えるからである。

物理学の諸法則はどれも驚くほどシンプルである。ニュートンの運動方程式しかり、アインシュタインの相対性理論しかりである。こうした普遍的な結論を得るに至る前に、些末な事柄をどれだけ捨象できるかが鍵のように思える。一度、単純化してものごとの本質を掴んだうえで、さまざまな条件を加え現実をとらえようとするのが、科学技術の根本的な発想であり、成功体験だ。

残念ながら、バンカーたちは議論をはじめから複雑に仕立てようとしていく傾向が強い。複雑なほうが得意のディベート技術が生かせるかもしれないし、複雑な議論をしているほうが頭脳明晰な者の証と思い込んでいるのかもしれない。どちらにせよ複雑な問題として取り組めば、解が得られることはめったにない。議論を重ねることで仕事をした充実感は高まるが、経営は空転していくだけである。事実、結論が先延ばしにされたり、何も決めずにいたりすることも多い。

私が取り組んでいることは、金融システムや地域金融機関の課題をできるだけシンプルで本質的な問題に昇華していくことである。シンプルな問題とせしめることで、具体的な解を導いていくことである。

もし、シンプルな解で不満足なら、シンプルに解いたうえで、さまざまな条件を後から添加していけばよいだけである。

以上のような信念をもって、金融庁では仕事をしている。こうしたアプローチによって、委嘱を受けて以来、いくつかの有益な発見をすることができたような気がする。こうした発見は、ただ単に金融庁に対してだけ意味があるわけではなく、地域金融機関の経営幹部にとっても有意義ではないかと思う。

特に、多くのバンカーたちは経営を考えるにあたり、金融庁の動向に必要以上に神経を注いでいると思った。バンカーたちは、「法律ありき」「制度ありき」で考えることが多い。また、人よりも早く秘密の個別情報が得られないかと血眼になっていることもある。

だが、そうではなく市場原理や銀行業としての構造などの法則性を深く理解することこそ、本当は大切なのである。しかも、そうした法則性は一般に公開されているデータのなかに見出すことができるのである。法則性を競合より早く見つけ、より深く理解することこそ、人口減少下で生き残っていく確率を高めることでもある。

そう思い、「週刊金融財政事情」への寄稿を行った。ただし、週刊誌では、字数の制限があることはもちろん、執筆にあたっての著者の考え方など説明することはできないため、一段落したところで単行本化したのが本書となる。単行本化するにあたって、大幅な加筆と再構成を行った。

本書の内容は基本的には公開された情報に基づく私個人の見解にすぎない。また、金融庁とは独立した作業を行い執筆している。しかし、きっかけとなったのは、金融庁での仕事を始めたことであるのは、まぎれもない事実でもある。金融行政方針を固めていくために、その上流にある市場の法則を探すこと。そうした日常の議論を通じて、金融庁の幹部のみなさまには大変ご支援をいただいた。心より感謝いたします。また、中堅・若手の職員の方々にも大変お世話になりました。こうした協調関係がこれからも続くことを祈念しています。

本書の底流にある統計手法については、同志社大学理工学部数理システム学科の津田博史教授からアドバイスをいただいた。金融工学をめぐる特集記事の取材で知己を得てからというもの、ずうずうしくもいろいろなことを教えていただいている。教科書に書いてあることを正しく活用できているかはもとより、教科書には書かれていないテクニカルな点も含めて大変助けられました。

地域金融機関に求められる地方創生支援について具体化するうえでは、北海道大学公共政策大学院・院長の石井吉春教授から北海道経済について手ほどきを受けた。また北海道伊達市、網走市、北洋銀行、北海道二十一世紀総合研究所、から多大な協力をいただきました。理論的にはできそうでも実際はできるかどうかわからなかったＩＬＯ産業分類による税務データ分析を実施し、実際に分析可能であることを検証できたのも、ご支援をいただけたからこそで、厚く御礼申し上げたい。
また、本書の執筆にあたっては週刊金融財政事情の歴代の3人の編集長にも大変お世話になった。桑原稔さんには、「地域金融のあしたの探り方」を執筆し始める機会となった地域銀行問題、人口の社会移動問題に分析が及んだ信用金庫問題の執筆アドバイスと編集で絶大なるお力をお借りした。現編集長である花岡博さんには、地方版総合戦略に関する寄稿を温かくも掲載いただき、なんとか3部作を完成させることができた。前編集長で出版部門を統括なさる谷川治生さんには、週刊誌連載から単行本へフォーマットを変換する難事において多大なアドバイスをいただいた。本当にありがとうございます。

それでは、地方創生と金融システムのリ・デザインに向け、本編を始めたいと思います。どうかよろしくお願いいたします。

特別講義の前に、同志社大学理工学部のある
京田辺キャンパスのカフェテラスで

大庫　直樹

目　次

第Ⅰ部　あしたの地域金融市場の見立て方

第2章　社会移動の奔流は急速な市町村格差を促す

第Ⅱ部　あしたの地域金融機関のつくり方

第3章　地域銀行の最終解は合併か独自モデルかの二者択一

第Ⅲ部　あしたの地域経済の育み方

第5章　視点を変えた枠組み——ILO産業分類と7つの基本軸

第7章　地方創生に向けた自治体と地域金融機関への宿題

補遺　本書を読むための手引き
バンカーのための「科学と科学史」についての随想

第I部

あしたの地域金融市場の見立て方

日本経済は、2013年から始まったアベノミクスの恩恵を受け、少し持ち直した感がある。しかし、日本の人口は確実に減少し始めている。人口が減るということは、国内経済の規模が縮小していくことでもある。だから、だれも国内市場が将来にわたり縮小していくことに異論をさしはさまない。

地域銀行や信用金庫は基本的には国内事業がすべてである。一部の地域銀行だけが海外に支店をもち、わずかな規模で事業を営んでいるのにとどまる。だから、多くの地域銀行やすべての信用金庫は国内経済の縮小の影響をダイレクトに受ける。

同時に、実は自然減以上に市町村間をわたる社会移動の奔流は激しい。ミクロベースでは、減少していく人口を取り合うゼロ・サムゲームが現実には進行している。だからこそ都道府県レベルに限らず市町村単位での市場シナリオをもつことが必要である。

地域金融機関が長期的な経営のありようをどのように考えるか、ということになると、多くの場合は、経営環境は厳しくなっているという定性的な分析を行うのにとどまる。超長期でのビジョンを描く方法論が欠けているからであり、2025年くらいまでなら人口減少も1割程度ですみ、なんとかなるさ、と思えるからである。でも、2040年頃、いまから四半世紀後では、県によっては3割以上の人口が減少している。こうなると、なんとかなるさ、という話ではすまない。四半世紀は意外と速く過ぎてゆく。

第Ⅰ部では、人口減少の地域金融機関経営への影響度合いを見極めるため1つの方法論を提供していきたいと思う。2025年、あるいは2040年という超長期の視野で、地元金融市場がどのように推移していくか、定量的な方法論さえあれば、経営上の問題点が鮮明になる。100%正しい予想はありえないが、起きてもおかしくない将来の市場を定量化することはできる。都道府県別の預貸市場は人口動態で連動しそうにみえるからである。

また、人口の社会移動は市町村の経済力に起因する側面も大きそうにみえるからである。

もちろん、1つの定量的な方法論で得られる地元金融市場の想定が絶対的に正しいというわけではない。完璧な予想など、世の中にない。そこで考えることを放棄せず、起こりうるいくつかの定量シナリオを描いてみることが大切だ。どのようなシナリオでも対処できる用意があるのなら、その地域金融機関は生き残っていく可能性が高い。

将来を言い当てるのではなく、起きてもおかしくないシナリオを定量的に導く。地域金融機関として生き残っていくための具体的な対策検討の前提となる、市場シナリオの描き方を検討していきたい。

第1章 人口減少は預貸ギャップを拡大し地方市場を蝕む

1. 預金市場では人口減少と高齢化が影響を打ち消し合う

個人預金の将来動向を考える

2013年度末の時点で国内銀行（ゆうちょ銀行は含まれない）の預金残高は、全部で650兆円ある。そのうち420兆円が個人預金残高であり、全体の3分の2を占める。まずは、個人預金が2025年、2040年にはどのような規模になりうるのか、を考えるための市場モデルを練り上げていきたい。

ベースとなる市場モデルは、突飛なものであるよりも、だれしもがそういうことが起きてもおかしくない、と思えるような前提を拠り所とするべきだ。その意味で、最も単純な方法は、人々の金融資産の持ち方は将来においても基本的には変わらない、と置いてしまうことである。つまり、年齢を重ねるごとに１人当りの金融資産は増えていき、あわせてリスクのある証券系の資産割合も高まる。リタイアする60代をピークに年金生活に入り、70代以降は資産を取り崩しながら生活するから１人当りの金融資産もしぼんでいく。こうした金融資産の持ち方は、２０１４年でも、２０２５年でも２０４０年でも変わらないという前提を置いてしまうことである。

もちろん、こうした前提には反論があるかもしれない。これからの社会・経済環境では、「貯蓄から投資へ」の政策が功を奏する、あるいはそうでなくても、人々は預金金利のあまりの低さや株式や投資信託のそれなりのパフォーマンスに気づき、個人の貯蓄・投資傾向が変化することも十分にありうる。個人金融資産の持ち方について変化が生じるというシナリオで、別途シミュレーションを行えばよいのである。ベース・シナリオとしては、金融資産の持ち方は変わらないことにしておく。

図１－１は、現時点での年代別の１人当りの個人金融資産（国内銀行だけでなく、ゆうちょ銀行、信用金庫の預貯金や、証券、保険なども含めた全体）を試算してみたものである。たとえば、60代の人は平均すると１人当り２８９７万円の金融資産をもって

図１－１　年代別の個人金融資産残高（2014年）

年代別の個人金融資産をみてみると、50代で急増し、60代でピークを迎え、70代で減少する。現預金のみに限っても同様の傾向にある

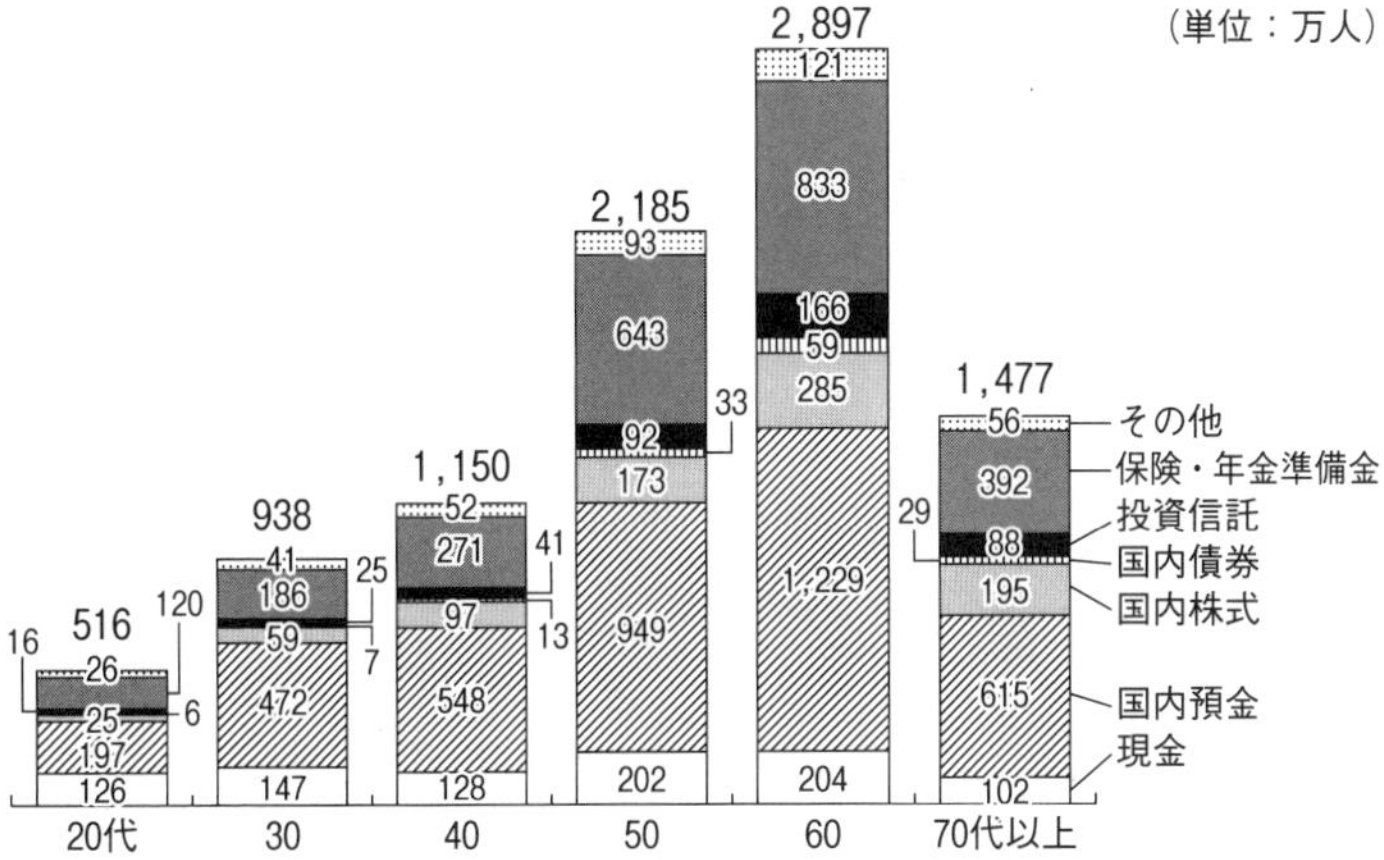

（資料）　野村アセットマネジメント、総務省統計局、日本銀行

いる。そのうち国内預金は１２２９万円である。２０２５年に60代になっている人は、１人当り２８９７万円の金融資産、１２２９万円の国内預金をもち、２０２０年の60代も同様である、と仮定することである。

　そのうえで、図１－２にある国立社会保障・人口問題研究所の現時点での予想する年代別の将来人口に掛けて、個人金融資産を積算してみることにする。

　結果は、図１－３のように、個人金融資産は、現時点（２０１４年～１５年）をピークにして、徐々に減

図１－２　年代別の人口構成予想（2010～2040年）

時間が進むにつれ若年層の人口は減少し、高齢者層が増加し、全体として人口が減少していくと予想されている

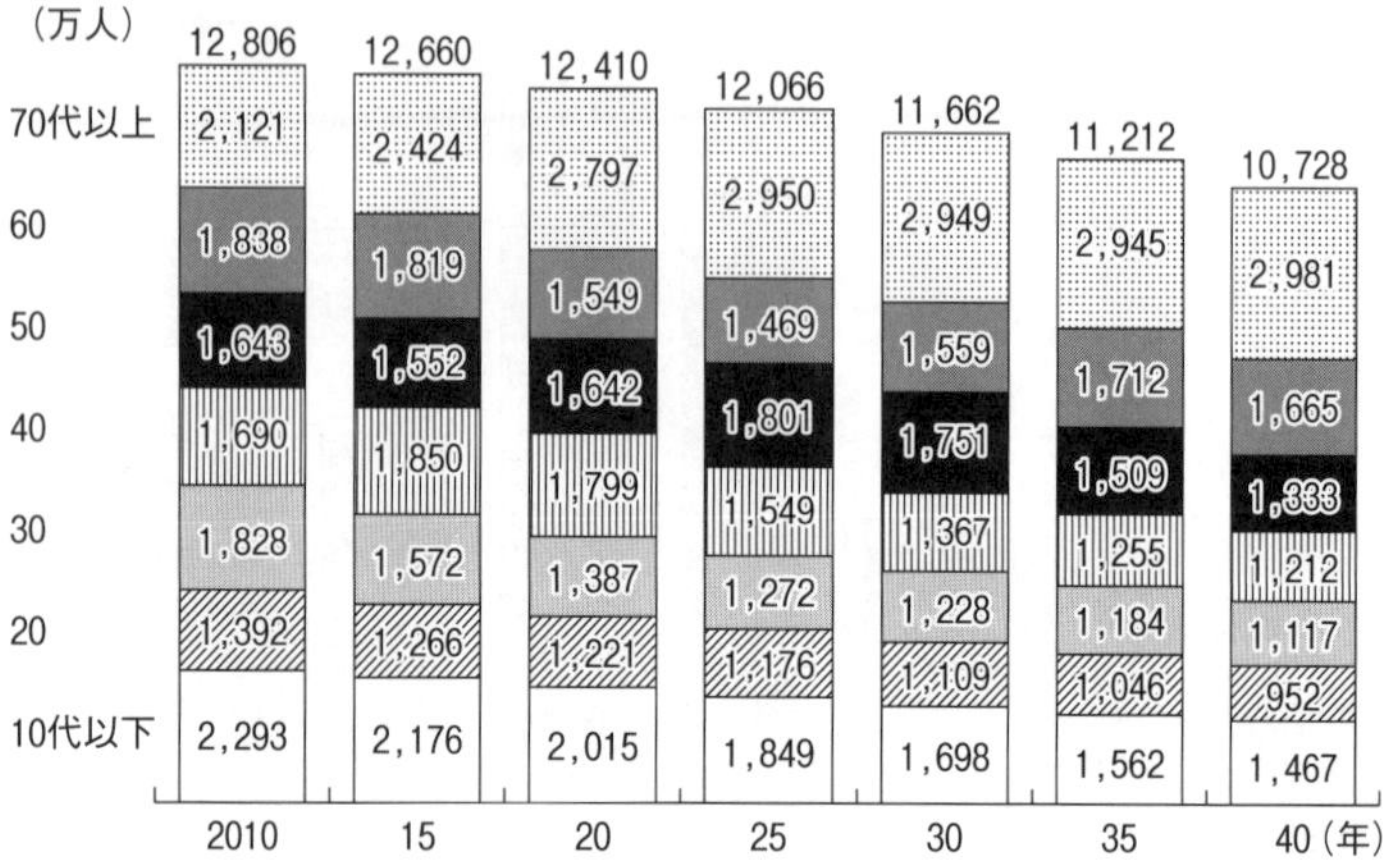

（資料）　国立社会保障・人口問題研究所

少していくことになりそうだ。

このモデルでは、２０１４年は１６４３兆円、２０２０年は約１６２１兆円、２０２５年は１６１３兆円、２０３０年は約１６００兆円となり、減少度合いはそれほど大きいわけではない。しかし、２０３５年になると１５７０兆円、２０４０年には１５０７兆円と減少スピードが徐々に加速する。

これは、２０３０年以降は、人口が高齢化して１人当りの金融資産、個人預金が増えたとしても、人口減少のスピードが勝って、減少していくということである。また、70代以

図１－３　個人金融資産の将来予想（2014〜2040年）

高齢化は進むものの人口減少の影響を受け、個人金融資産も漸減していくものと予想される。国内預金についても、同様の傾向をたどるとみられる

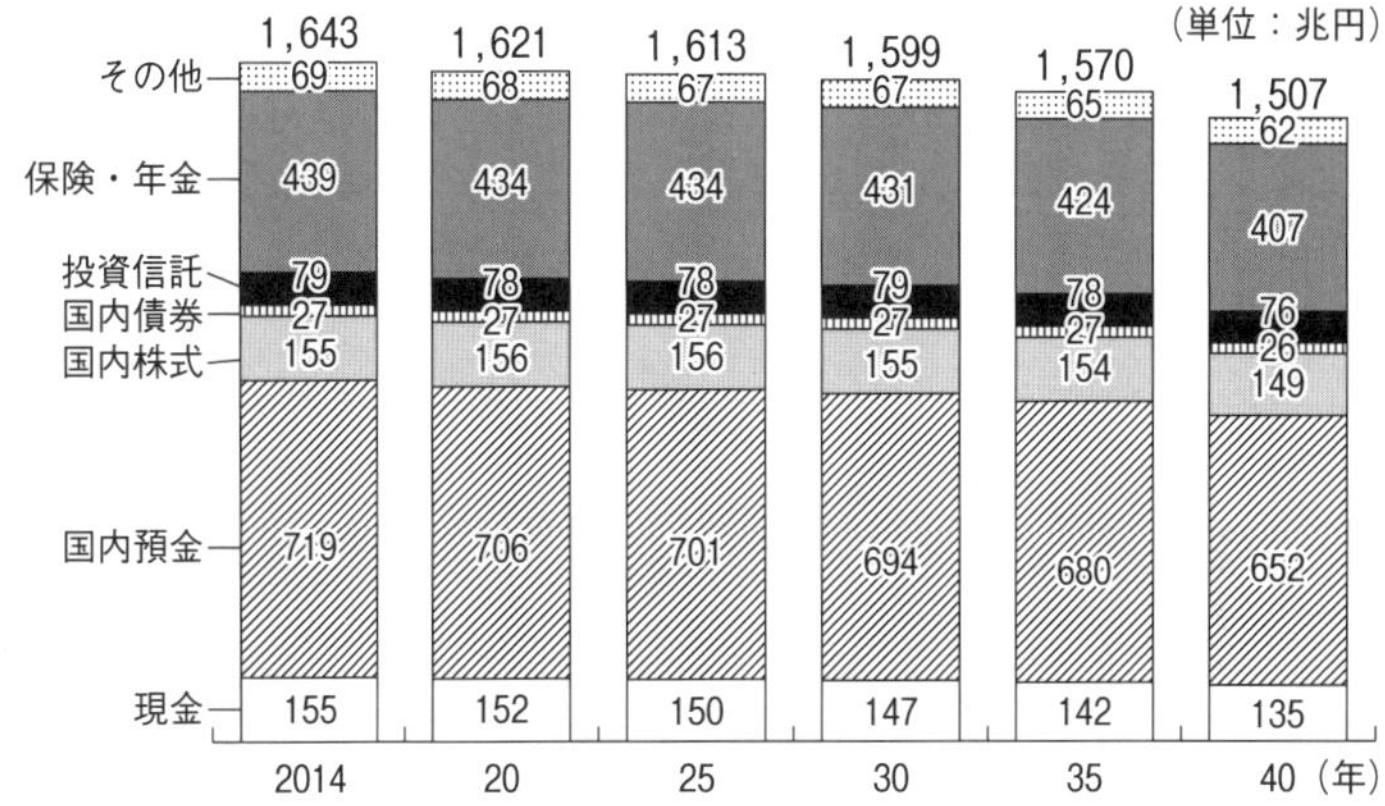

（資料）　日本銀行、国立社会保障・人口問題研究所、野村アセットマネジメント

上の金融資産は、50代、60代に比べて極端に少ない。リタイアした時点での蓄えも、シニア・ライフの充実を図るために、取り崩されていくということである。高齢化が進んでも70代以上の割合が増えていきすぎると、金融資産増にはあまりつながらないということも示唆している。

個人預金から預金全体の動向を探る

個人預金の動向がわかったとしても、問題は、法人やその他の預金を含む預金市場全体がどうなっていくかである。

図１－４は、個人預金残高を横軸

図１－４　個人預金残高と預金残高全体の関係（1998年３月～2014年３月）

計測時点の違いはあるが、個人預金残高と預金＊残高全体のあいだには強い相関関係がある

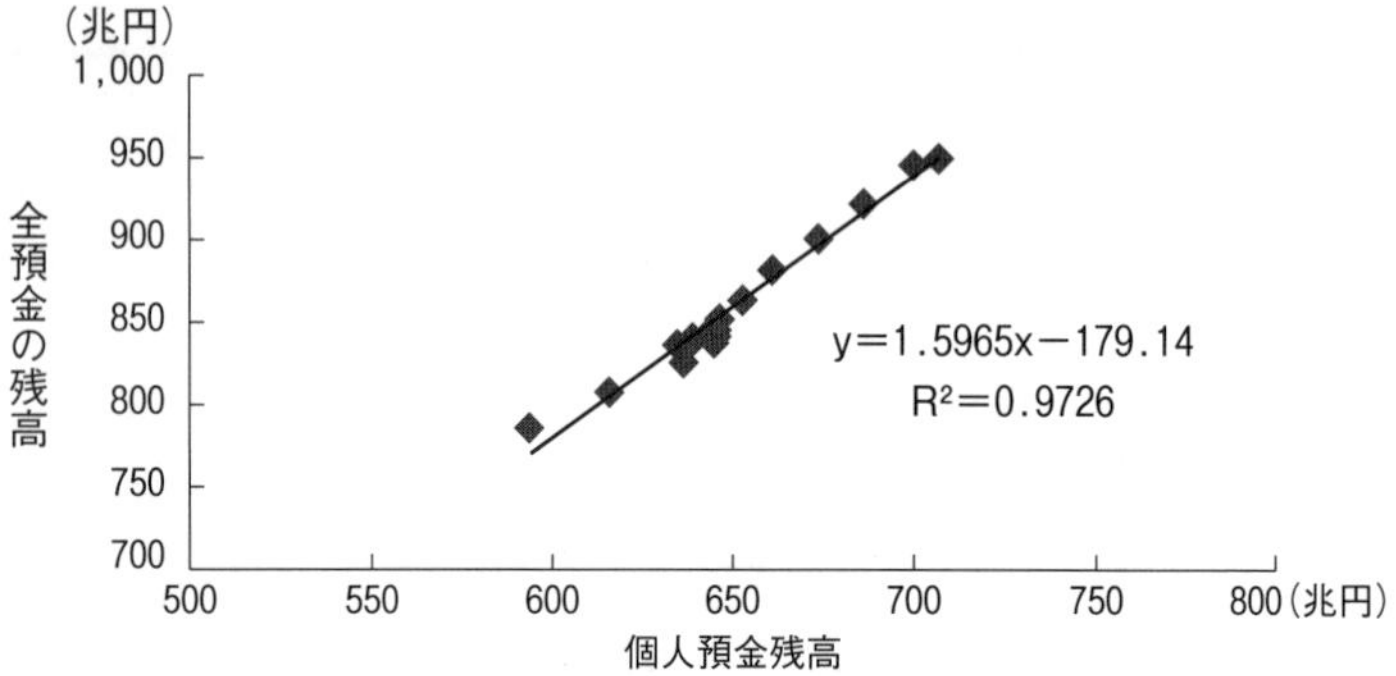

＊一般・公金預金合計。また、国内の銀行、信金、ゆうちょ銀行、その他の金融機関の預金合計で、外国銀行支店の預金は除かれている

（資料）　日本銀行、ゆうちょ銀行

に、全預金残高を縦軸にして1998年から2014年の動向をプロットしてみたものである。個人預金が、国内の銀行、信用金庫、その他の金融機関に、ゆうちょ銀行の預金を含むものであるので、預金残高全体も同一の基準にあわせている。

この図の示唆するところは、計測時点での環境の違いを無視できるのなら、個人預金残高と預金残高全体との間にはきわめて高い相関があることである。言い換えれば、将来の個人預金残高が予見できるのなら、将来の預金残高全体も予見できる、

図1－5　預金残高全体の将来予想

預金残高全体は、徐々に減少し、2040年には860兆円台になっていると予想される。それに応じて国内銀行の預金も減少する可能性もあるが、国内銀行のシェアがこれまでと同様増加するのであれば、減少しない可能性もある

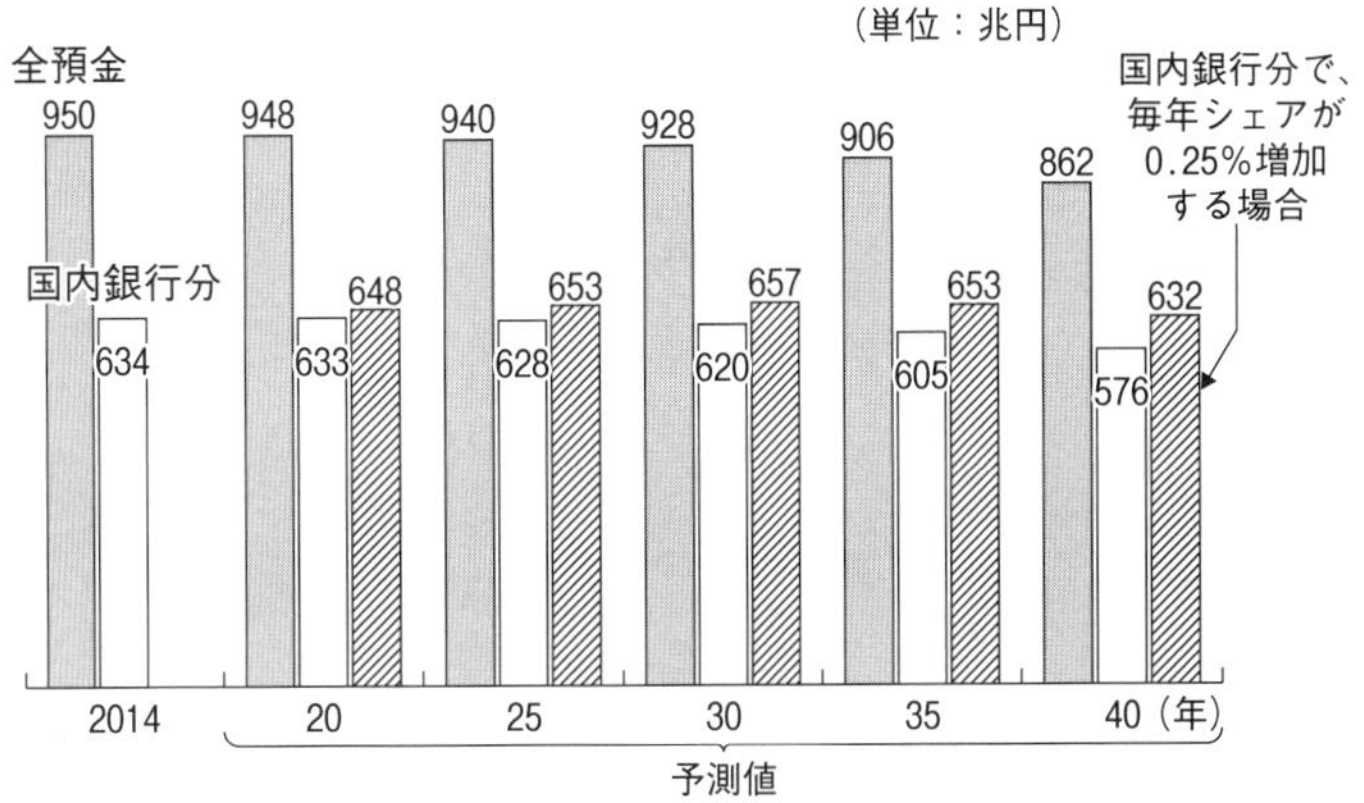

(資料)　日本銀行、ゆうちょ銀行、国立社会保障・人口問題研究所

ということである。

その結果は、図1－5のように2014年現在の950兆円から徐々に減少していく。減少スピードは次第に加速され、2040年には860兆円程度に縮退しているものと予想される。高齢化は進むが、それ以上に人口減少の影響を強く受けるということである。

国内銀行預金の動向を探る

では、国内銀行の預金残高はどうなっているのか。ここでいう国内銀行は、ゆうちょ銀行を除いた銀行のことである。2014年の時点では

634兆円ある。

国内銀行の預金残高は、預金残高の減少にあわせて減少しているかもしれないが、もしかすると逆に増加しているかもしれない。影響を与えるのは、国内銀行のシェアである。

2004年から2014年の10年間を振り返ってみると、国内銀行の預金シェアは確実に増加している。2004年の59・9%から2014年には66・8%に増加する。1年に平均0・69%分だけ、シェアが増加している。ゆうちょ銀行がシェアを落とし、国内銀行と信用金庫がシェアを上げている。

シェア増加の程度は別として、これからもこの傾向が続くとすれば、国内銀行の預金残高がいまよりも増えることがあるかもしれない。たとえば、1年に0・25%ずつ毎年シェアがアップすると仮定してみよう。2040年には、国内の銀行のシェアは73・3%になっていることになる。直観的には、そうなることもありそうなシェアである。そのときの預金残高の試算値は632兆円で、ほぼ2014年の水準になる。

つまり、年0・25%のシェア増よりも速いスピードで国内銀行が預金シェアを伸ばせば、いまよりも預金が増えていることもありうるということである。ただし、シェアはある程度、制御可能な変数である。積極的に預金をとらない選択はいくらでもある。

一つひとつ、いかにも起きそうな前提を置きながら、市場モデルを公表データだけを用いつつ、それなりに納得感のあるモデルを練り上げることができたのではないだろうか。

全国マクロから都道府県別に

ここまでは、全国マクロの推測である。しかしながら、地域銀行の将来像を探るにあたっては、少なくとも都道府県別に市場モデルをつくりあげなければならない。都道府県別の現在の年代別の人口も、もちろん掴める。幸いなことに、国立社会保障・人口問題研究所が、都道府県別に5歳置きの将来人口の予想を公表している。

1つの方法は、先ほど全国マクロの預金残高を推測する手法をまず当てはめてみることである。都道府県別の年代別人口に、各年代の国内預金残高を掛け合わせて積算してみる。この場合、個人のもつ金融資産に地域格差は存在しないと仮定することになる。

たとえば、この方法で北海道を計算してみると、個人のもつ国内預金は2013年で32・1兆円ということになる。

一方で、現実にはどの程度の預金が北海道にはあるのだろうか。

日銀の統計によれば、北海道の国内銀行の個人預金は10・3兆円である。また、金融ジャーナル社が毎年公表している「金融マップ」によれば、ゆうちょ銀行、農協、労働金庫の預貯金は、全部で10・7兆円。これらは、全額個人預金ということになる。信用金庫と信用組合が7・2兆円の預金をもっている。信用金庫の場合、都道府県別に預金全体に占める個人預金の割合は開示されていない。しかし、全国マクロであれば、その割合は開示されており、8割程度である。信用組合も同様だとみなしてしまえば、北海道の信金・信組の個人預金は7・2兆円に8割を掛けて、5・8兆円ほどと推察される。

すべての北海道内の金融機関の個人預金は合わせて26・7兆円。この額と全国均一に個人が金融資産をもつと仮定した場合の試算が32・1兆円で、83%程度の大きさに縮小されていることになる。

この83%という数字が地域特性を反映するものだとして、将来の試算においても全国均一モデルに83％を掛けて計算すれば、北海道の将来の個人預金残高のおおよその実態が掴めるのではないかと思う。

83％という数字が、将来も北海道と全国平均との地域差を表す数字であるかどうかは定かでない。また、個人預金について83％という数字が、株式、債券、投資信託などについても当てはまるかどうかは、わからない。ただし、都道府県別の人口の将来予想にも一定の誤差が含まれているので、地域格差を表す数字にばかり、細かな精度を求めても意味がない。

こうして個人預金残高全体が掴めれば、後は国内銀行の預金シェアを想定して掛ければ、国内銀行の個人預金が試算できる。北海道の場合も、国内銀行の預金シェアは、ゆうちょ銀行をくって大きく伸びている。2003年と2013年を比較して、36・4％から42・2％となる。預金シェアが変わらない場合と、預金シェアがたとえば年0・5％ずつ伸びるような場合と、いくつかシナリオを設定してみればよい。

都道府県別の場合も、個人預金と預金全体の関係を調べてみて、相関が高いようであれば、個人預金から全体の預金残高を推計できることになる。

北海道の場合で検証してみよう。日銀統計で1998年から2014年の国内銀行の個人預金と預金全体の残高をとり、計測時期の違いは無視して分析してみると、R^2（決定係数。モデルの当てはまり度合いを示す）が0・93となる高い相関が得られる。

個人預金と預金全体に高い相関関係があるので、この相関関係を使って北海道の国内銀行の預金全体残高を試算してみよう。国内銀行の預金シェアが変わらない前提では2025年、2040年はそれぞれ13・5兆円、12・4兆円となる。2013年と比較してそれぞれ7・5％、15・0％の減少という結果が得られる。

この試算方法でいちばん気になるのは、他の都府県別にみても個人預金と預金全体で強い関係を見出すことができるか、ということであった。全国マクロは、47都道府県の合算になるので、いろいろな特殊事情が相殺されて見事なまでの綺麗な関係を見出していた。しかし、都道府県別にみても、同様に綺麗な関係を見出せるかどうかはわからない。

幸いなことにその他の46都府県でも都府県別に原則、強い相関関係がある。原則と断るのは、R^2が0・8を下回る県が5県あるからである。青森県、秋田県、高知県、佐賀県、長崎県である。しかし、この5県についても預金全体ではなく、公金などをはずして一般預金として個人預金との相関分析をしてみると、R^2が0・8を上回るようになる。なんのことはない。個人預金が多ければ多いほど預金全体も直線状に多くなる、と考えてもよいということである。

都道府県の預金増減率格差

こうした市場モデルをベースに都道府県の預金残高をシミュレーションしてみる。試算ではあるが、将来の国内銀行の預金市場の変化には、時間の経過とともに大きな差が生まれるようにみえる。

図1－6は2013年と比較した場合の2025年、2040年の都道府県別預金市場の増減率である。2025年の段階では、35の道府県で0～10%の減少率の範囲に収まる。10%以上の減少率は8県にとどまる。しかし、2040年になると、0～10%の減少率は8府県、10～20%の減少率は28道県、20%を超える減少率は7県となる。いずれの時点でも東京都、神奈川県、愛知県、沖縄県はわずかながら増加するとみられる。

時々刻々と都道府県格差は広がる。将来においては、地域銀行モデルが画一されたものであること自体がおかしいことを示唆している。モデル自体はシンプルだが、示

図1－6　都道府県別国内銀行預金残高増減率試算（対2013年比）

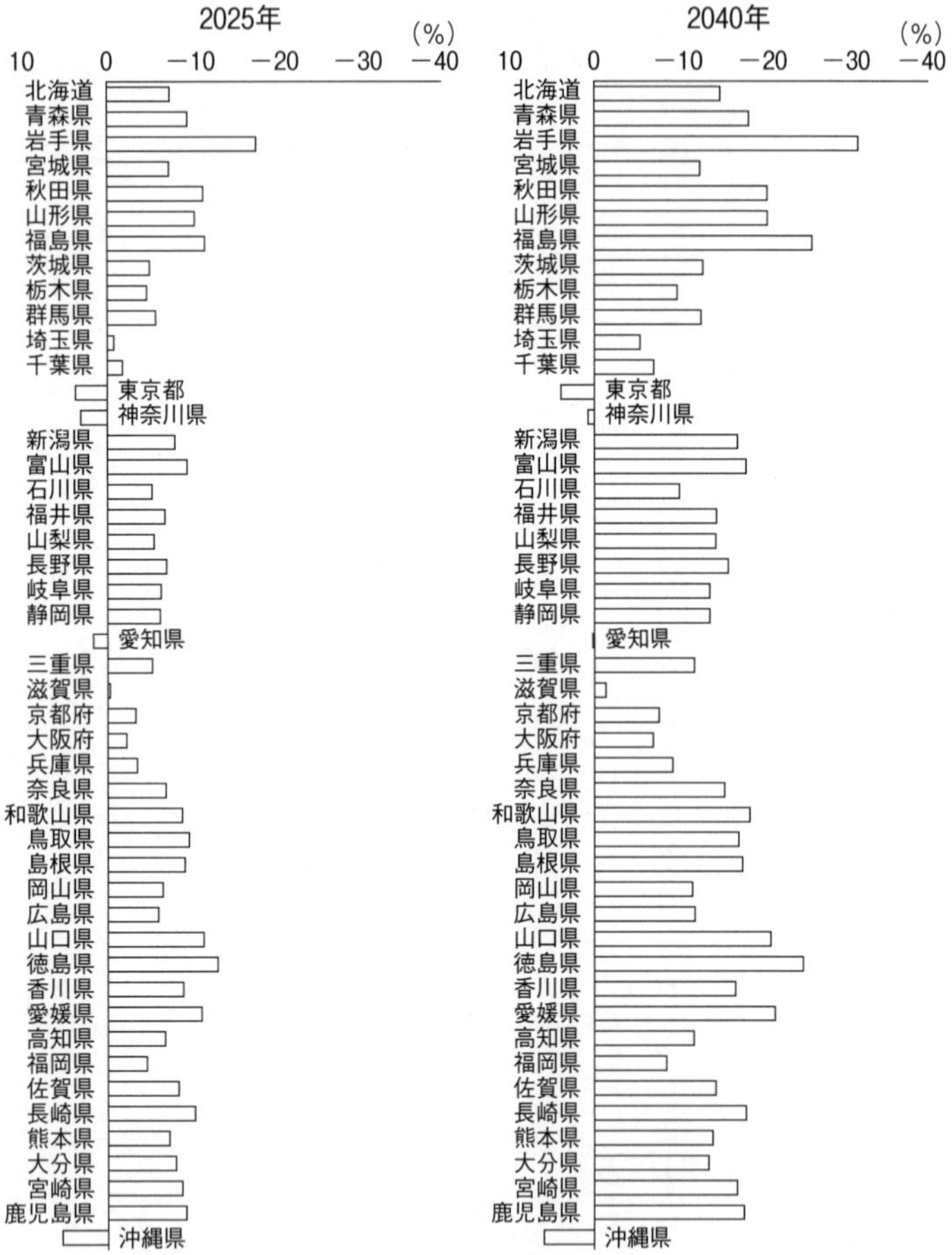

（資料）　日本銀行、国立社会保障・人口問題研究所、野村アセットマネジメント、金融ジャーナル「金融マップ」

唆に富むことが多い。

2. 貸出市場は生産年齢人口とともに減少する

貸出における将来予想の拠り所

貸出の市場モデルを練り上げていくうえで、はたして、何を拠り所にしてみると、納得感が得られるであろうか。そんな視点からモデルづくりを始めたいと思う。

貸出は、基本的には返済されるものである。返済する原資は、働いてつくるのが普通である。「運よく相続で大金が転がり込んで」なんていうこともあるかもしれない。でも、よく考えると、被相続人も普通は働いて財を成したはずである。たとえ、その被相続人も相続によって財を得ていたとしても、被相続人をどこまでもさかのぼれば、働いて財を成した人が必ずやいるはずである。そうでなければ、無から有を生むようなことになってしまう。

つまり、だれかが働いて、その結果得られるお金で貸出は返済されることになる。働く人、大ざっぱにいってしまうと生産年齢人口に該当する人たちが鍵を握っているはずである。

そう思って生産年齢人口と国内銀行の貸出残高の関係をみてみると、面白い関係があることに気づく。図1－7は、横軸に生産年齢人口、縦軸に貸出残高をとり、東京都と大阪府を除く45道府県をプロットしたものである。みてのとおり、2009年から2013年の5年間それぞれで分析してみても、どの年もR^2が0・95前後ときわめて高い相関がある。しかも、y軸との交点が数百億円程度であり、道府県の貸出が数兆円単位であることを考えると、ほぼ原点を通り抜けていくといってもよいくらいである。

加えて、回帰直線の傾きもきわめて安定している。どの5年をとっても、生産年齢人口1人当り、約320万円の貸出残高を抱えていることになる。貸出を行う銀行側からみると、生産年齢人口当りの返済力を見極めて、それに見合うような貸出しか行われていないともいえる。

日本の就労率は約8割なので、実際に働いている人1人当りにすると400万円ほどになる。この400万円には、住宅ローンも、勤めている会社の借入れも含まれる。もちろん、銀行のカードローンも。400万円という金額は、なんとなく1人の

図１－７　生産年齢人口と貸出残高の関係（2009年３月～2013年３月）

45道府県は、生産年齢人口＊と貸出残高のあいだに高い相関関係が認められる。しかも、どの年も生産年齢人口当りの貸出残高は同程度である

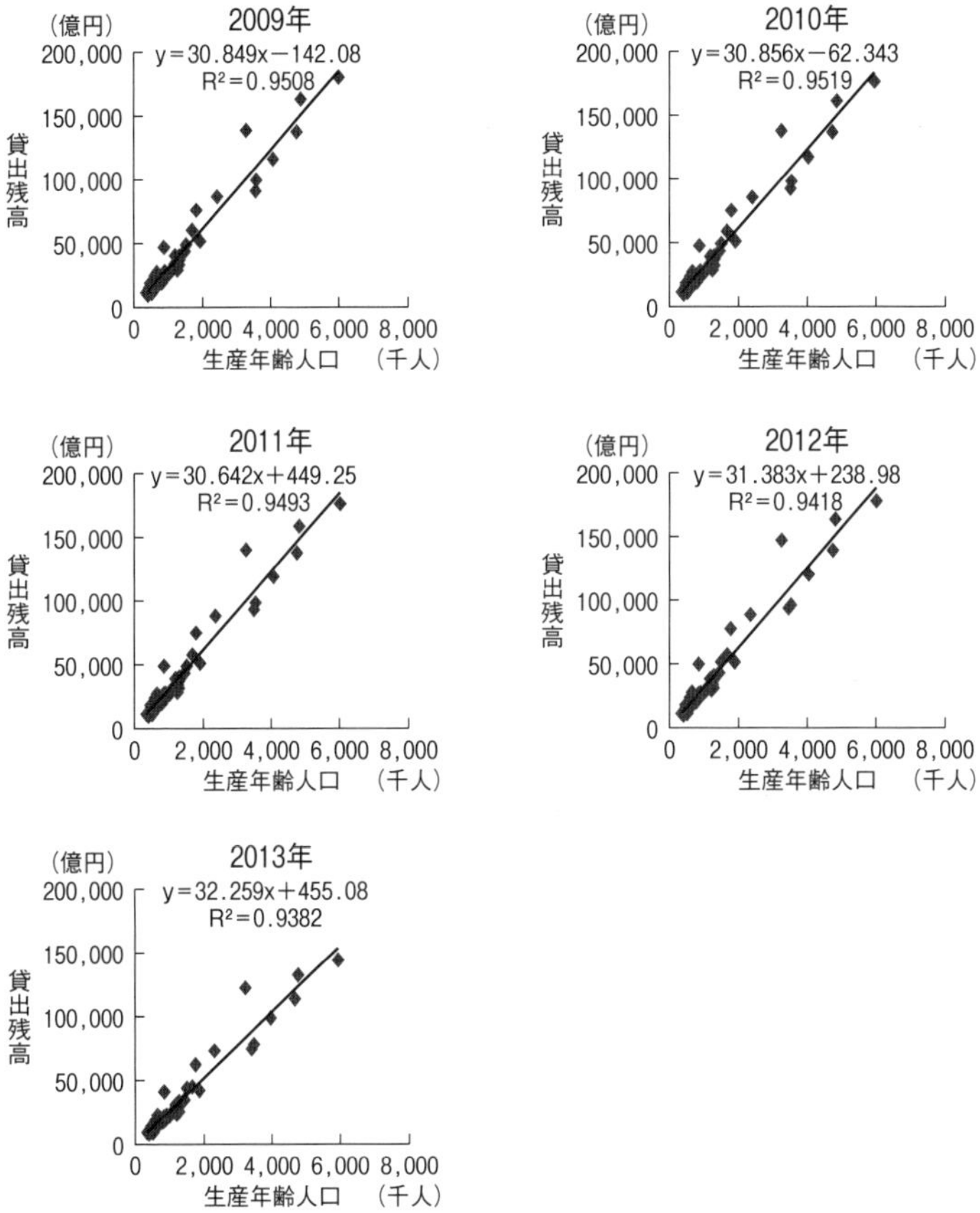

＊人口は前年の10月１日
(資料)　日本銀行、総務省統計局

働き手が背負って返していくには、ちょうどよいくらいの金額のようにも感じられる。

また、生産年齢人口1人当りの貸出残高を1998年度から2013年度まで分析してみると、比較的安定している。単純平均は304万円、最大値は2013年度で338万円、最小値は2003年度で285万円である。2003年はネットバブルが弾けた年だ。時系列的に生産年齢人口1人当りの貸出残高を追うと、どうやら景気の影響を受けることがわかる。また、2008年のリーマン・ショックの影響はあまり数値には表れていない。緊急保証制度が導入されたこともあり、リーマン・ショックの前後で生産年齢人口1人当りの貸出残高はほぼ横ばいである。

それでも、平均値から最大値、最小値のブレはそれぞれ11%、6%ということになる。おしなべて1割程度の幅に収まる。人口予想も1割程度の誤差があるとすれば、これ以上の精度を求めるべきではない。

2025年、あるいは2040年の景気がどうかは、もとよりわからない。景気があまり変わらないとし、生産年齢人口1人当りの貸出残高は現状と同様と仮定してみることにする。

この傾向をうまく利用して、将来における貸出の市場モデルを練り上げられないだろうか。2025年でも、2040年でも、生産年齢人口1人当り約320万円の貸出残高がある、という前提を置いてみることにする。逆にいえば、借入れできる金額はいまと変わらないという前提である。

例外扱いの東京都と大阪府

あえて45道府県で考えてみたのは、47都道府県で相関関係をとろうとすると、途端にR^2が下がってしまうからでもある。図1－8のように、東京都と大阪府を除く45道府県の場合、R^2は0.9382と高い。ところが47都道府県の場合、R^2は0.5842となってしまう。他の45道府県は、ほぼ一直線上に並ぶのに対して、東京都と大阪府は明らかにずれた位置にあるからだ。

東京都と大阪府には大企業の本社が集積している。貸出が発生するのは、基本的に本社である。東京都に本社を置く大企業は、東京都内の銀行の本支店から借入れを得て、大阪や名古屋の営業拠点の開設、地方の工場建設などの投資にまわす。もちろん、他県だけではなく、海外へまわされる資金も含まれているはずである。そのた

図１－８　生産年齢人口と貸出残高の関係（2013年３月）

東京都と大阪府を加えた相関関係は極端に低くなる……２都府は別扱いをして試算していくこととする

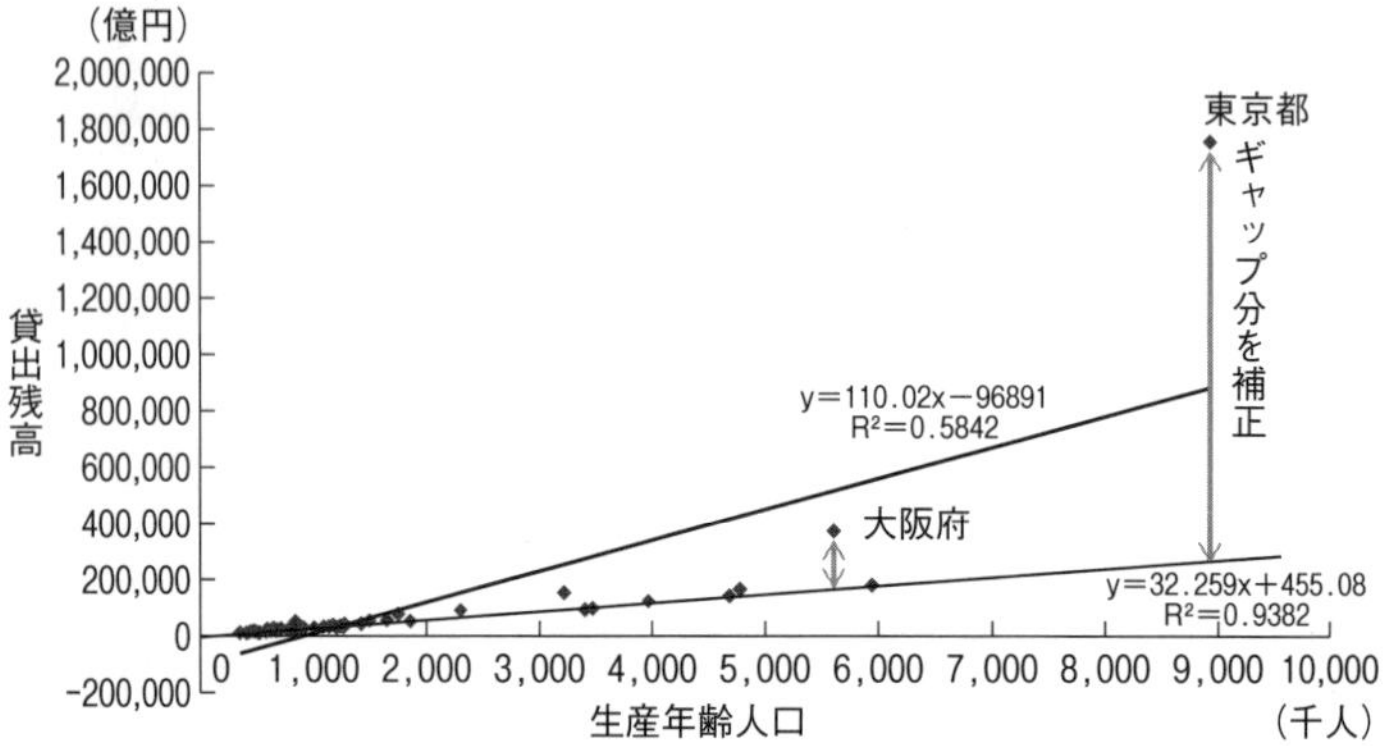

＊貸出残高は2013年３月末
＊＊生産年齢人口は2012年10月１日時点
（資料）　日本銀行、総務省統計局

め、東京都や大阪府で起きている貸出は、実際にはその他の地域での設備投資や運転資金にまわされる借入れも大量に含まれているはずである。

東京都の場合、生産年齢人口で説明できる貸出残高と実際の貸出残高の差は、１４７兆円にものぼる。大阪府の場合、その差は19兆円である。合わせて１６６兆円となる。

45道府県にも他県展開、あるいは海外展開をしている企業が含まれる。その意味で、45道府県で起きている貸出も、他県などにまわされる資金が含まれているはずである。しかし、程度の問題である。45道府県の企業の大半は中小企業であり、圧倒的に単一事業所の会社が多い。複数の事業所を抱える会社であっても、同一県内に閉じているケースが大半である。他県などにまわされる資金の借入れもあるにはあるだろうが、限定的であると推察される。そのため、45道府県の場合、生産年齢人口と貸出残高がほぼ比例するような状況になっているとみられる。

全国ベースでの貸出の減少度合い

このような考察をふまえて、貸出の市場モデルを生産年齢人口に連動する部分と東京都・大阪府の大企業を多数抱えている構造要因と思われる部分とに分けて組み立ててみることにする。

前者の部分については、将来、生産年齢人口が減少すれば、それにあわせて比例的に減少していくものとする。

後者の部分については、日本の生産年齢人口が減少しても不変と仮定してみたいと思う。大企業は海外事業も営み、海外事業への資金については日本の生産年齢人口とは無関係という見立てを置いたということである。もちろん、これは前提であるの

図１－９　国内銀行の預金・貸出残高の予想（2013年３月時点）

全国ベースでみると、貸出は2025年、2040年にそれぞれ395兆円、353兆円に縮退していく。そのため、預貸ギャップは230兆～260兆円ほどに拡大する可能性がある

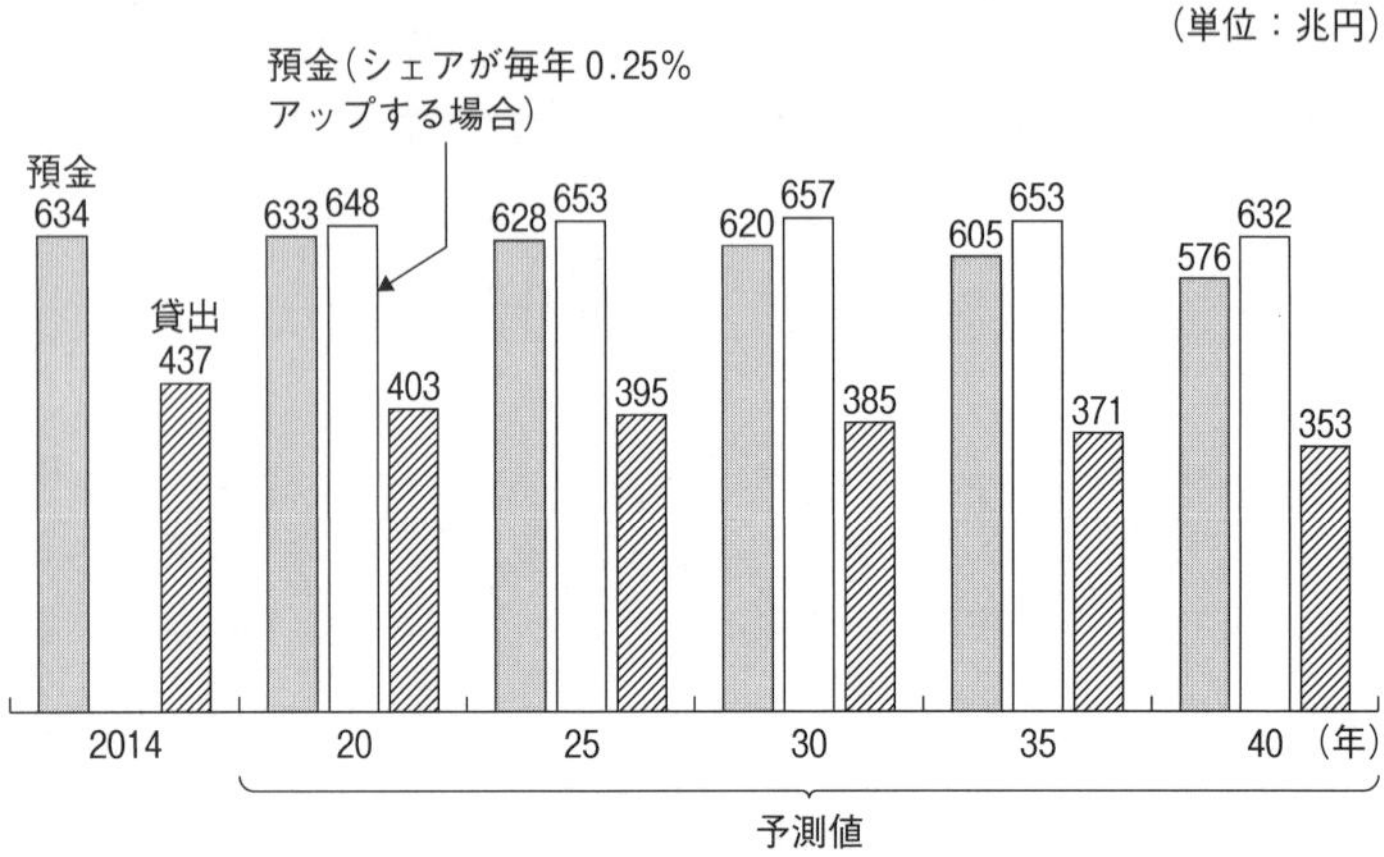

（資料）　日本銀行、国立社会保障・人口問題研究所

で、いくつかバリエーションをつくってみて、検討することも勧める。

この貸出の市場モデルで計算してみると、図１－９のように２０１４年時点で４３７兆円ある国内銀行による貸出は、２０２５年には３９５兆円、２０４０年には３５３兆円と減少していくことになる。それぞれ10％、19％の減少ということになる。

同時に、預貸ギャップで考えてみると、２０１４年時点での２００兆円弱から拡大していくことになる。国内銀行の預金シェアがいまと同様

であっても、240兆円近くになるし、預金シェアが毎年0・25%ずつ増えるとすれば260兆円程度にまで拡大する可能性がある。

預貸率も2014年時点での68%から、2025年には60~62%、2040年には55~61%くらいとなる。国内銀行であっても、信用金庫のようにもはや半分近くは市場で運用する時代が、四半世紀ほどで到来してもおかしくないことを示唆している。

都道府県別の貸出市場を予想する

全国ベースでどのようなことが起きそうか、あるいは起きてもおかしくないか、は明確になった。次に、都道府県の貸出市場をみていこう。

貸出残高は預金残高に比べるとシンプルだ。預金残高は高齢化の度合いによって1人当りの預金残高が変化するモデルだった。全国ベースの将来の貸出残高を予想するにあたっては、生産年齢人口1人当りの貸出残高は変わらないということを前提に組み立てている。

都道府県の場合にも、少なくとも45道府県については、この前提を置いて、起きてもおかしくない状況を推察してみることができそうである。

念のため、都道府県別に生産年齢人口1人当りの貸出残高の動向を確認してみると、全国ベースの場合と同様にプラス・マイナス1割程度で振れている。たとえば、北海道の場合、1998年から2013年の平均値は250万円、最大値は2013年の285万円、最小値は2001年の228万円となる。最大値、最小値は平均値から14%、9%それぞれ乖離している。他の都府県も同様である。

おおむね1割の幅に収まることをみると、ほぼ生産年齢人口と連動させても、不自然なことはなさそうに思える。そこで45道府県については、それぞれの道府県で生産年齢人口1人当りの貸出残高を2013年の数値で固定して、将来の生産年齢人口を掛けて試算することにする。これは、言い換えると、生産年齢人口の減少率がそのまま45道府県の貸出残高の減少率になることを意味している。

東京都と大阪府については、全国ベースと同じように、生産年齢人口に比例する部分と、生産年齢人口にはかかわらず不変な部分に分けることにする。東京都の場合、全国的な生産年齢人口1人当りの貸出残高320万円をベースにする部分と、その残高を超える部分147兆円の合算としてみたい。あえて東京都の生産年齢人口1人当りの貸出残高を使わないのは、それが2000万円程度で、他の道府県の実勢を考え

図1－10　都道府県別国内銀行貸出残高増減率試算（対2013年比）

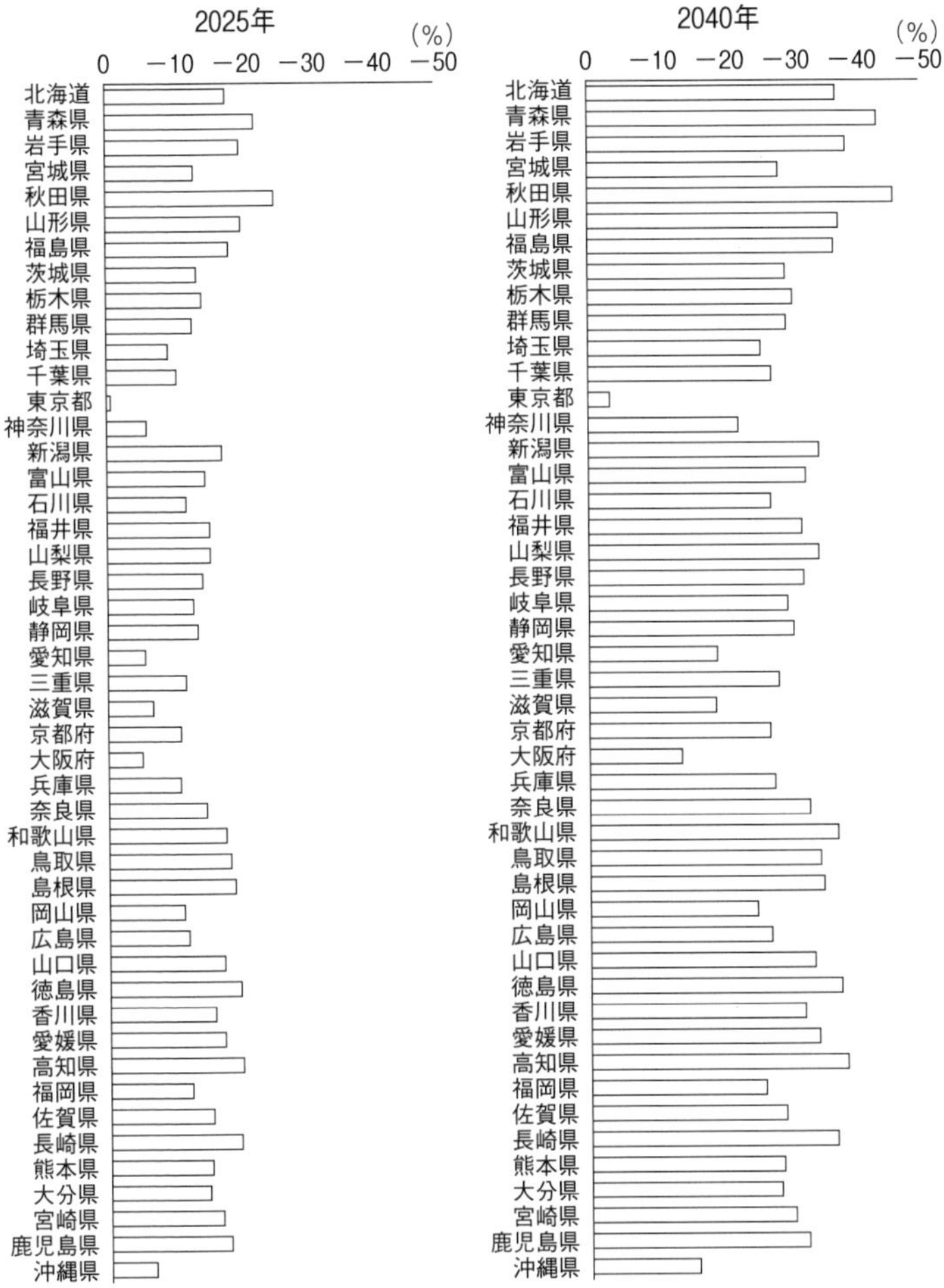

（資料）　日本銀行、国立社会保障・人口問題研究所

ると、生産年齢人口当りとは、とても思えない水準であるからである。

こうした前提で試算した都道府県別の貸出市場の増減率は図1－10のようになる。2025年の時点で大方の道府県は10％を超える減少率となる。10％未満の減少率は、埼玉県、東京都、神奈川県、愛知県、滋賀県、大阪府、沖縄県に限られる。2040年の時点になると、25の道県が減少率30％を超えることになりそうである。特に青森県と秋田県は減少率が40％を超えて、半減近い貸出市場となると、この市場モデルでは見込まれる。

貸出残高の減少は預金残高よりも早いスピードで訪れる。すでに2025年の時点で深刻な減少を感じとれるようになり、2040年の時点では現時点とはおよそ異なる市場になっていると想像できる。

預貸率50％割れの県が続出する

さらに都道府県別に預金残高と貸出残高を比べて預貸率を算出してみることにしよう。

図1－11は、2025年と2040年の預貸率である。この図から明らかなよう

図１－11　都道府県別国内銀行の預貸率

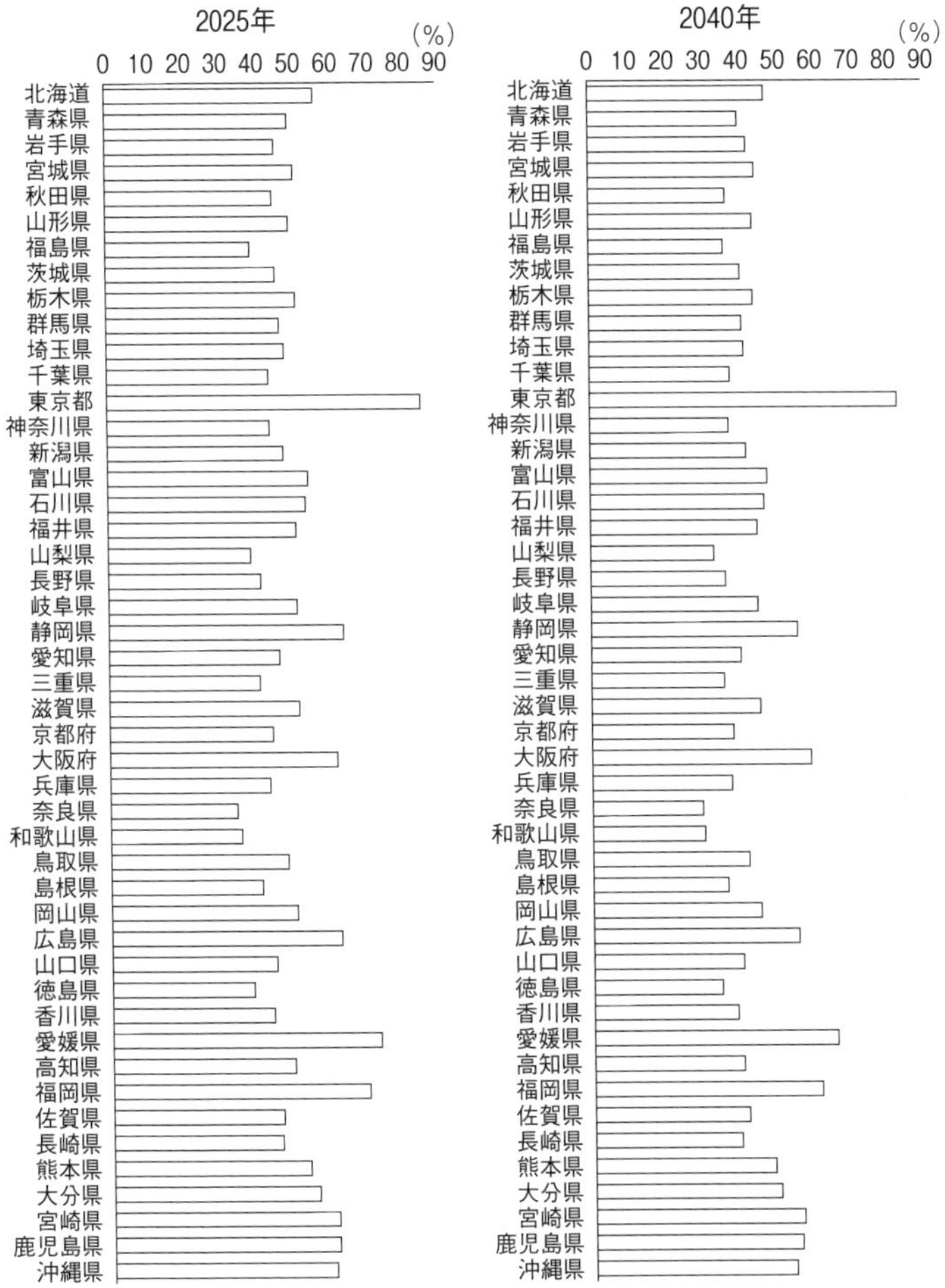

（資料）　日本銀行、国立社会保障・人口問題研究所

に、すでに２０２５年の時点であっても預貸率が50％を下回る県が続出することになる。その数27府県である。さらに２０４０年になると37道府県が該当する。

この数字は国内銀行分であって、ゆうちょ銀行は含まれていない。ゆうちょ銀行は預金残高が貸出残高に比べて圧倒的に大きい。ゆうちょ銀行分を補正すれば、さらに都道府県別の預貸率は低下することになる。

感覚的には預貸率が50％を下回る地域市場で、従来型の預金を集めて貸出にまわす銀行ビジネスを続けていくことは厳しいだろう。近い将来、確実に従来の銀行ビジネスは終焉を迎えそうである。

こうした推察は、あくまで１つの市場モデルが示唆しているにすぎない。が、起きてもおかしくない地元金融市場のありようでもある。こうした状況が起きうる将来において、地域金融機関がどうあるべきかは、第Ⅱ部に譲るとしたい。

第2章
社会移動の奔流は急速な市町村格差を促す

1. 市町村間の社会移動はより大きな影響を及ぼす

人口の自然増減vs社会増減

都道府県の人口動態に基づく金融市場のシナリオを描くだけではなく、市町村の金融市場というミクロな視点での考察を加えていきたいと思う。

ミクロな視点に立ってみると、実は自然増減よりも社会増減のほうが圧倒的に大きいことに気づく。しかし、少子高齢化ばかりが目立ち、そうした事実は意外と知られていない。

図2−1は、住民基本台帳に基づき2013年の1月から12月までの自然増減と社

図２－１　日本の人口動態（2013年１月１日～12月31日）

人口動態＊のうえでは圧倒的に社会増減が自然増減よりも大きな影響をもたらすことになる……地域別に、よりミクロにみていくには社会増減を把握することが重要。市町村間の人口獲得競争としての視点が重要

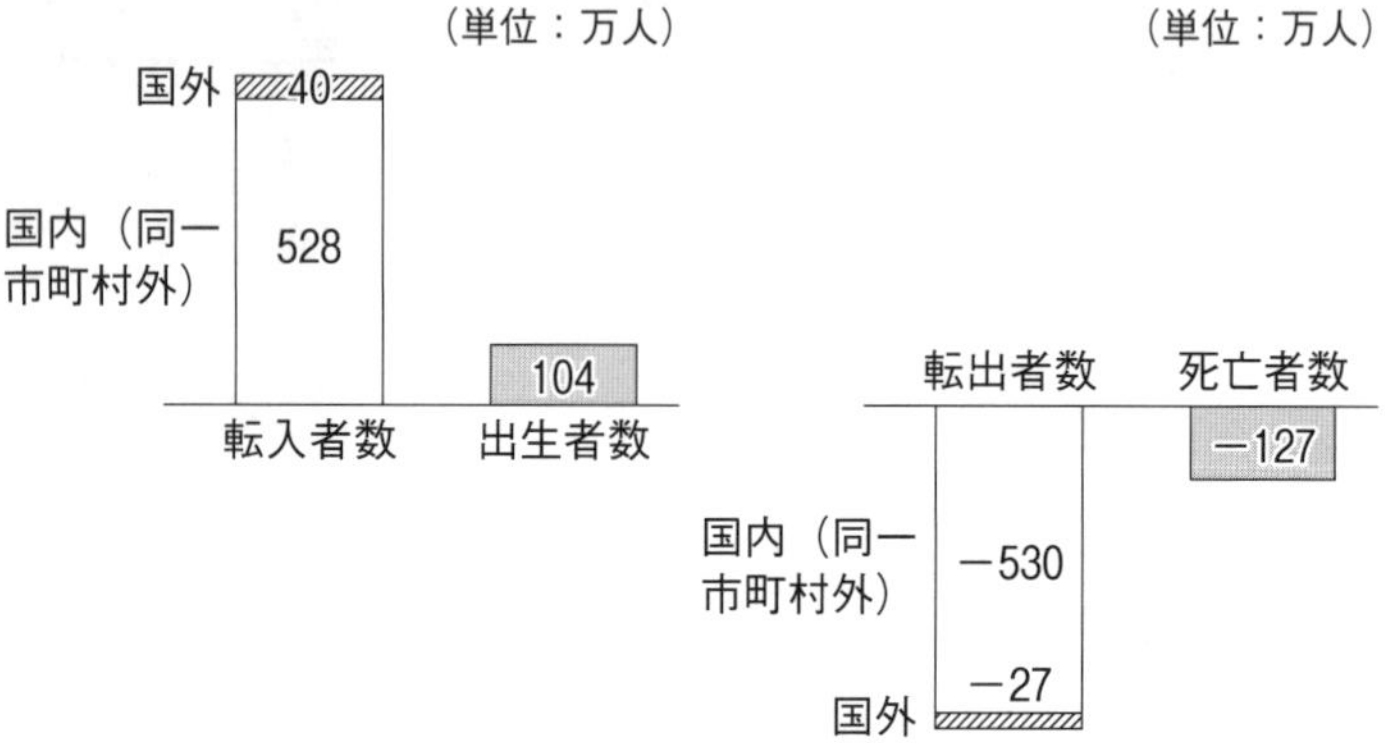

＊住民基本台帳による全国ベース、外国人も含む
（資料）　総務省

会増減を比べたものである。出生者数は１０４万人であるのに対して、転入者数は国外からの転入も含めて５６８万人に及ぶ。出生者数の実に５・５倍となっている。また、死亡者数は１２７万人で、転出者数は５５７万人。こちらは４・４倍になる。

つまり、全国マクロでみる限り、圧倒的に社会増減が自然増減を凌駕していて、市町村単位の経済成長や金融市場の趨勢には大きな影響を与えているはずであることがわかる。

また、ここでいう転入者・転出者数は市町村が管理している住民基本

図２－２　全国の市町村の自然増減と社会増減（2013年）

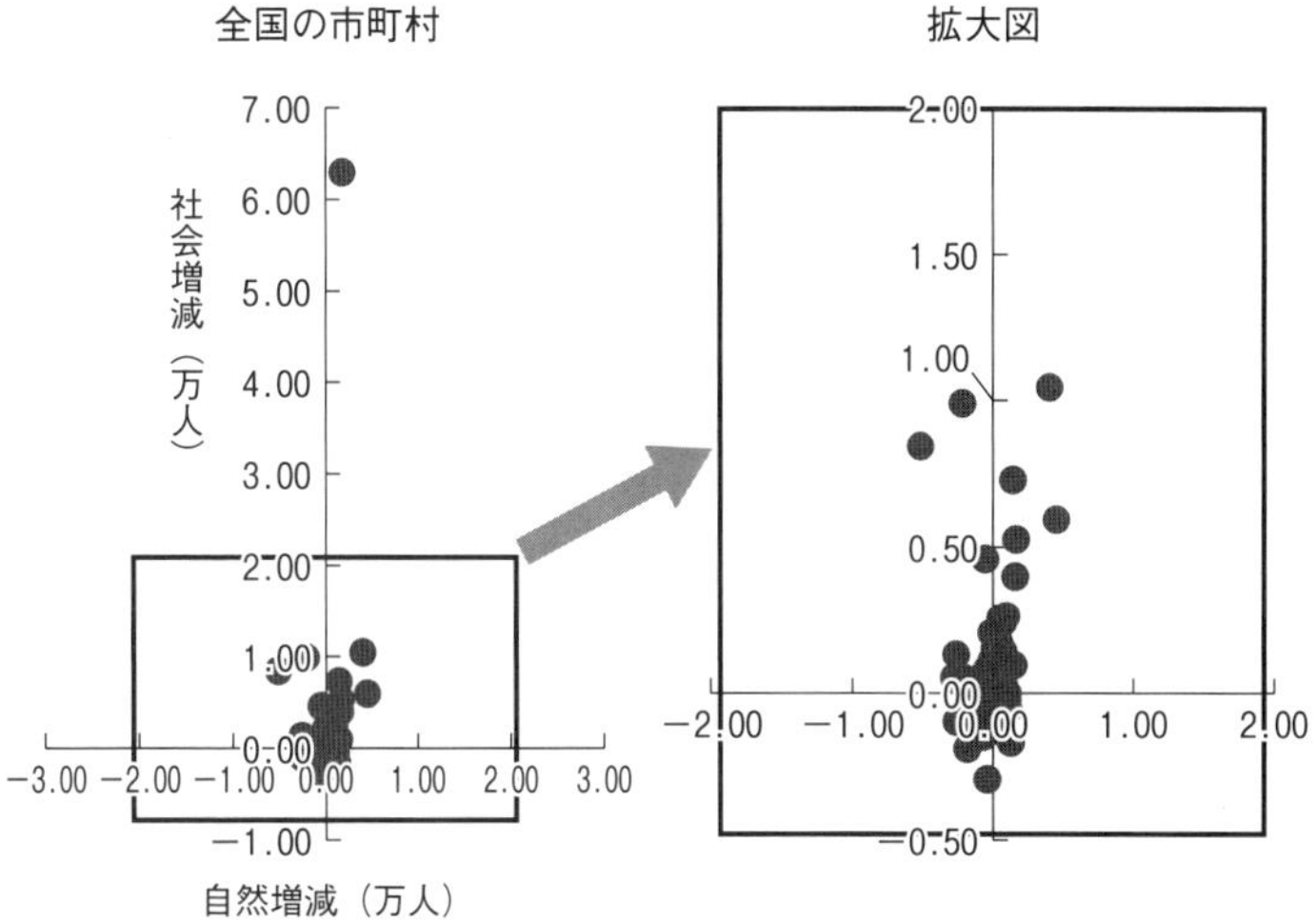

（資料）　総務省、RDB C-Voice

台帳による統計である。同一の市町村内での転居はカウントされない。まさに、市町村間の人口獲得競争のバロメーターになっている。

図２－２は社会増減、自然増減をそれぞれ縦軸、横軸とし、１７００ほどの全国の市町村をすべてプロットしたものである。みてのとおり、縦長の分布となっている。これは、各市町村の人口増減について社会増減が自然増減より大きな影響を及ぼしていることにほかならない。

たとえば東京都特別区の場合、自然増減はわずかに２０００人足らずだが、社会増減は６万２０００人を超える。しかも社会増減をグロスでとらえると転入が72万人で転出が63万人である。人口の1割近くが出たり入ったりした結果でもある。それだけ社会増減が人口増減に結びつきやすいことを実感できるのではないだろうか。

こうした社会移動の結果は、当然、金融市場の動向にも影響を及ぼすことになる。おカネの借り手たる人口が減少しているにもかかわらず、貸出が伸びる市町村は基本的にはないとみていい。だから、自然減以上に社会移動の増減は地域金融市場に大きな変化をもたらすと考えていいはずである。

県境を越えることが多い社会移動の実態

では、実際にミクロ的な視点で市町村のあいだの社会移動がどのようになっているのか、確認しよう。

図2－3は、国勢調査をベースに地方ごとに転出する場合は、どこに転入したのかをみたものである。最新の国勢調査は2010年であり、いくぶん古いデータではあるが、大勢は変わらないと思われるので活用することにする。

この図では、調査の5年前、つまり2005年の時点で居住していた地域から20

図２－３　地方別人口の転出先（2010年）

北海道と沖縄県を地方とみなせば、地方内の移動が６～７割程度となる。ただし、北海道と沖縄を除けば、県内移動は半分以下であり、県単位で閉じているとは言いがたい

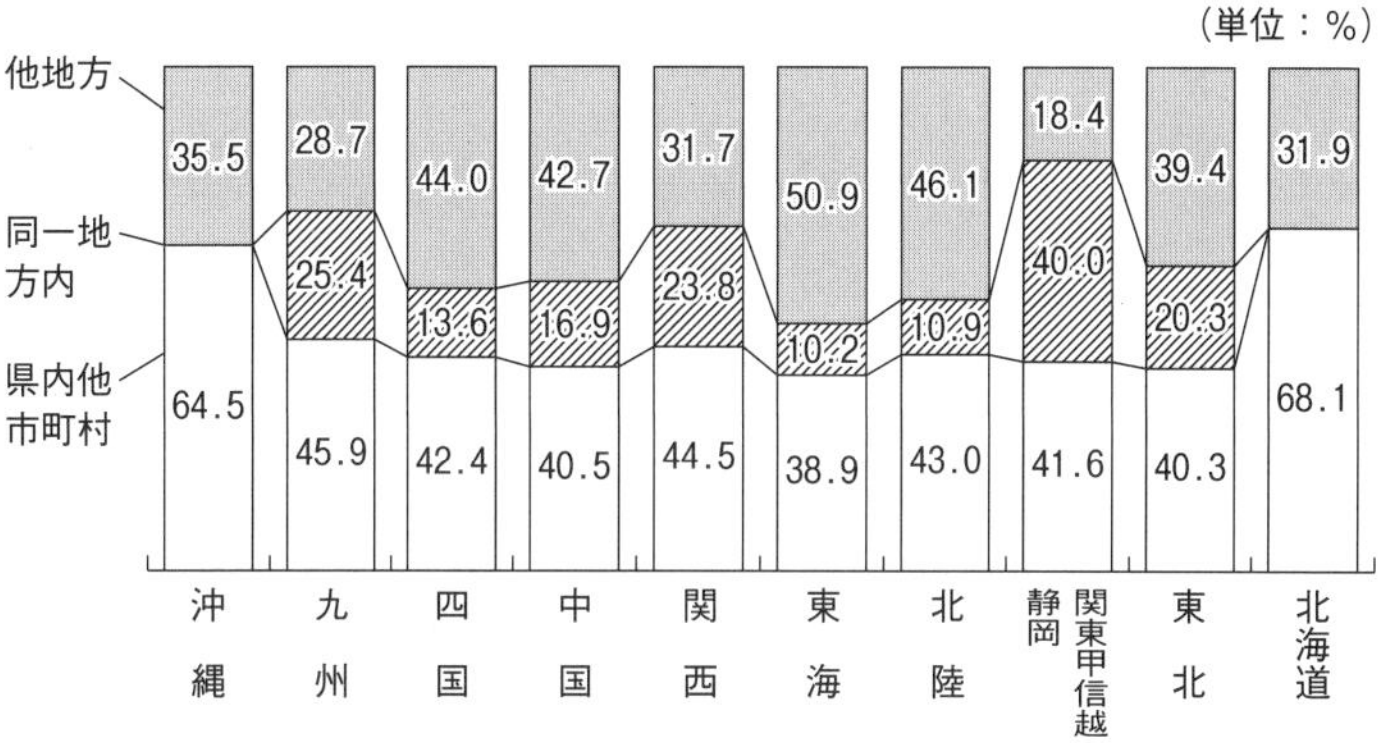

＊東京都特別区および各都道府県の市のみ
（資料）　総務省統計局

10年の時点で居住している地域の変化を調査している。

地方の定義は、あくまで社会移動を中心に考えることにしたい。道州制のような政治的な思惑とは距離を置くことにする。そのため、社会移動の実勢をふまえ新潟県、山梨県、長野県はもちろんのこと、静岡県も含め、関東甲信越静岡を１つの地方としている。詳しく人口移動をみていけば、静岡県の場合、浜松市などの県西部は明らかに名古屋市などとのあいだでの移動が多く、それ以外の県中部・東部は東京都特別区とのあいだでの移動が多い。静岡県を分

図２－４　転出する場合の県外転出割合（2010年）

県庁所在地から転出する場合は、北海道と沖縄を除き県外に転出することが多い。一方で、その他の市の場合は、半分程度にとどまる

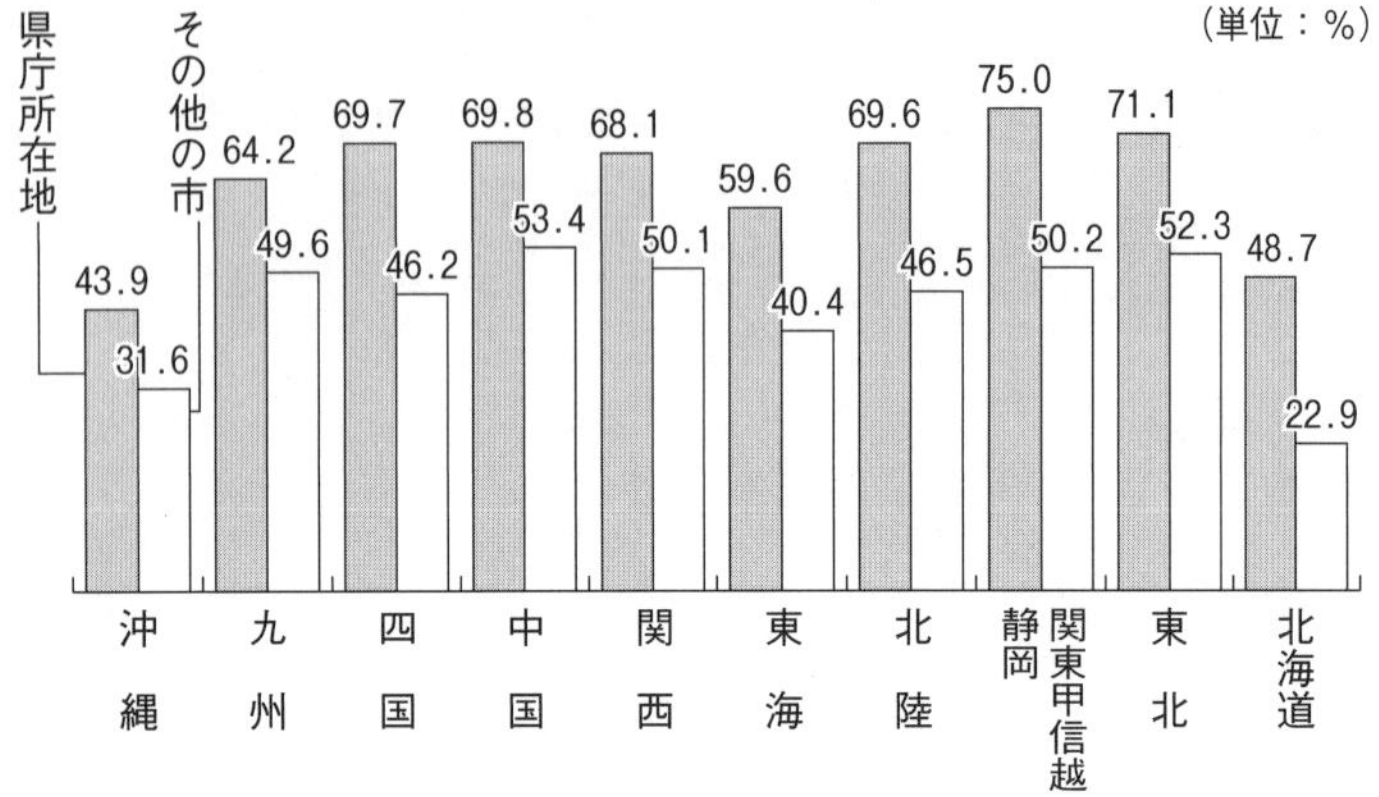

＊東京都特別区および各都道府県の市のみ
（資料）　総務省統計局

割することも考えられるが、概要を掴むことを目的としたいので、ひとまとめにして関東甲信越に加えた。

みてのとおり、どの地方においても、県内で転出転入が完結するケースはおおむね40％程度にとどまる。また、地方のなかで転出転入するケースは、県内分も含めておおむね60％以上になる。北海道と沖縄県は、同一道県内で60％以上完結する。地方の目安を、その域内でおおむね60％の人口移動がとどまることとすれば、道県でありながら、１つの地方とみなすこともできる。

つまり、社会移動は、県という単

位では完結しない。地方というくくりまで視野を拡大しても、ようやく6割ほどをカバーするようになる程度である。

さらに、県庁所在地の市とその他の市に分けて同一県内の他市町村に転出する割合を分析してみた。図2－4のとおり、県庁所在地の市とその他の市のあいだには、明確な差が存在する。札幌市と那覇市を除けば、県庁所在地の市からの転出は、県境をまたがることが6～7割の比率でみられる。一方で、その他の市では5割程度が同一県内の移動となっている。

県庁所在地の市に転入しても、社会移動の終着地にはならない。その意味で県庁所在地の市は社会移動の乗継地点かもしれない。

2. 社会移動は経済力が影響を与えている

市町村の経済力の測り方

では、こうした社会移動はなぜ起きているのだろうか。社会移動の背後にある力学（もしくは原理と呼んだほうがよいかもしれない）を見極めることができれば、地方創生や地域金融のあり方を考えるうえで示唆に富んだ発見となる。

とっかかりとして、人が移動する場合の多くは、「働き口を探して移動するのだろう」という仮説を置いてみることにした。経済力のある市町村には、働き口が多いとすれば、経済力を表す指標と社会移動の関係をみてみれば、背後にある力学を知ることになるかもしれない。

ただし、市の経済力を表す指標を見つけるのには、少し工夫が必要である。市町村内総生産という概念はあるが、計算結果を市町村ごとに公表していたり、していなかったりしている。公表しているものを水平比較すると、市町村ごとに算出時の精度にかなりの差があるようにみえる。市町村内総生産の統計を指導している総務省に、こうした所感を相談してみたところ、県内総生産と違って市町村では算出に使う元となる統計データがない場合もあり、その場合は推計値を活用することになるという説明であった。誤差が大きいように思える。

そこで、発想を転換して法人住民税を活用することにした。あえて経済活動のなかで法人分だけにしたのは、勤務地と居住地が異なる場合の影響をできるだけ排除したかったからである。個人の住民税は住所のある市町村に納税されることになる。そのため、経済活動を実際に行っている場所とは違うからである。市町村の経済力を測定するために、法人住民税をとることにした。

また、法人住民税のよいところは、地域分割された後のデータであることだ。地域分割とは、複数の市町村に事業所をもつ企業は、市町村ごとの就業者数に応じて各市町村に納税することになる。支店や工場の経済活動も法人住民税には反映されることになる。

法人住民税は、基本的には課税対象となる企業所得に応じて定まる。もちろん中小企業のなかにはあえて赤字決算を行い、納税額を削減することも少なくないことはわかっている。こうした決算を行う企業の多くは、家族的な経営を行っている小規模な企業だ。このため、規模の小さい企業の、本当の実力がこの指標には反映されない。しかし、働き口を提供するのは、どちらかというと規模の大きな企業である。働き口を提供してくれる企業群が生み出す企業所得こそ検証してみたい経済力であるので、法人住民税を使うことで目的は満たされるように思う。

ただし、法人住民税の税割部分の税率が市町村によって格差があるので、14・7％になるように補正した。

また、法人住民税のまとまったデータをとれるのは、日本リスク・データ・バンクのRDB C-Voiceというデータベースである。そのデータベースの最新データである2012年度にあわせて、分析を行ってみた。

市の経済力に依存する社会移動の力学

図2－5は、横軸に人口の社会増減をとり、縦軸に経済力の代替指標として1人当りの法人住民税をとってみたものである。サンプルは47都道府県の県庁所在地の市である。東京都の場合は、特別区全体で代用した。

結果はみてのとおり、県庁所在地の場合、1人当りの法人住民税が大きいほど社会増減も大きくなる。

横浜市、京都市、神戸市は傾向線より社会増減がかなり大きいほうに乖離している。これらは東京都特別区もしくは大阪市の高い経済力から波及効果を得て、居住地自体の経済力が相対的に低くても、それ以上の人口の流入があると自然に解釈できる。「神奈川都民」などの効果ということである。

これらの3市を除いて2次回帰させると、R^2は0・88程度になる。つまり、県庁所

図2－5　全国の県庁所在都市の経済力と社会増減の関係（2012年）

県庁所在地の市の経済力と社会増減の関係は深いようにみえる。傾向線より乖離しているのは、横浜市、京都市、神戸市であり、東京都特別区、大阪市の求心力の派生効果を得ていると思われる

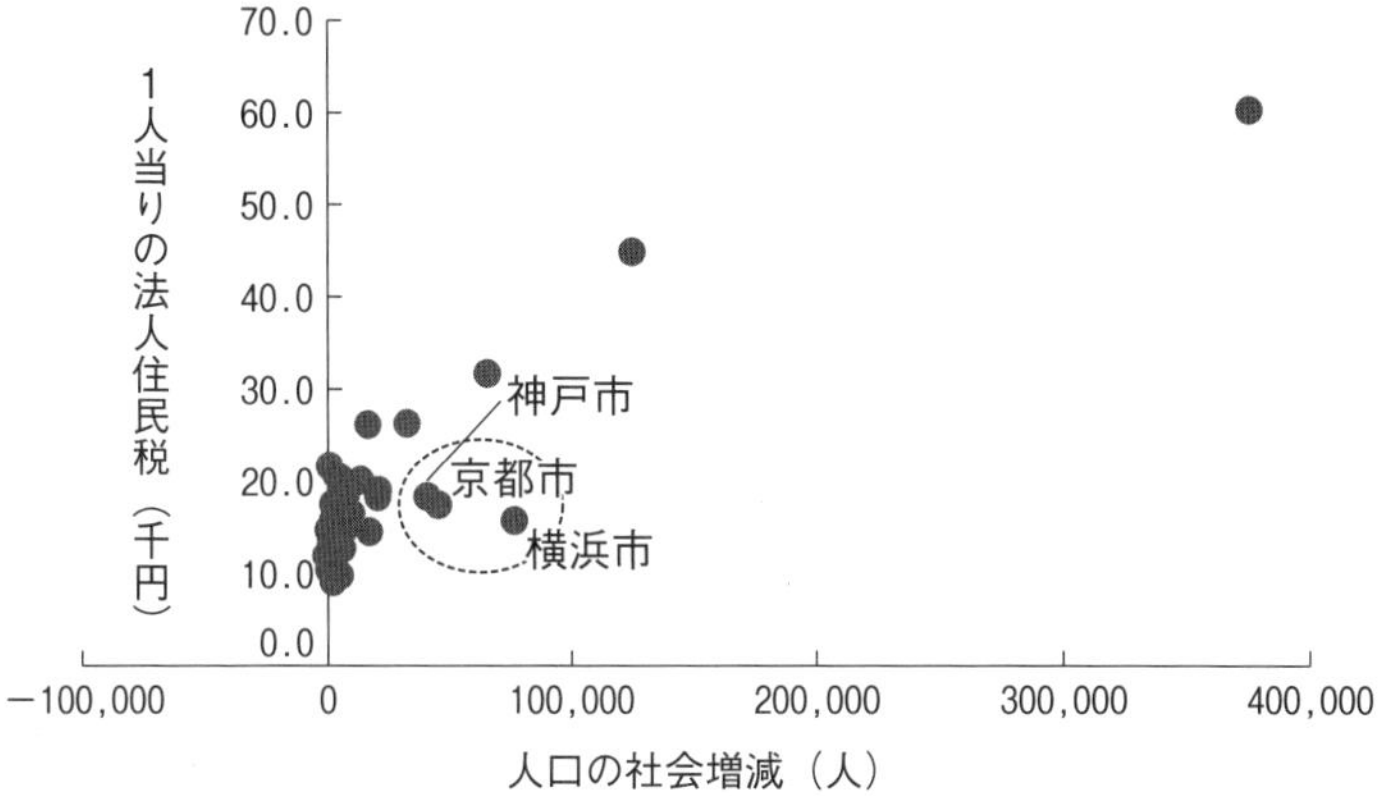

（資料）　総務省、RDB C-Voice

在地の市の場合、1人当りの法人住民税と社会増減のあいだには、かなり高い相関がある。

人々は、県庁所在地の市の経済力を驚くほど敏感に嗅ぎ分け、移動しているということでもある。そうでなければ、これだけの高いR^2とはならないだろう。

また、裏を返せば、県庁所在地の市に求められるのは、経済力が主ということでもある。もちろん、暮らしやすさ、文化的な豊かさなども求められるのであろうが、人口移動をめぐる県庁所在地同士の競争において、それらはどうやらマイナーなポ

図２－６　人口動態～青森県のケース（2005～2010年）

その他の市から県庁所在地の市へ、県庁所在地の市から地方の大都市や東京都特別区への流出が多い

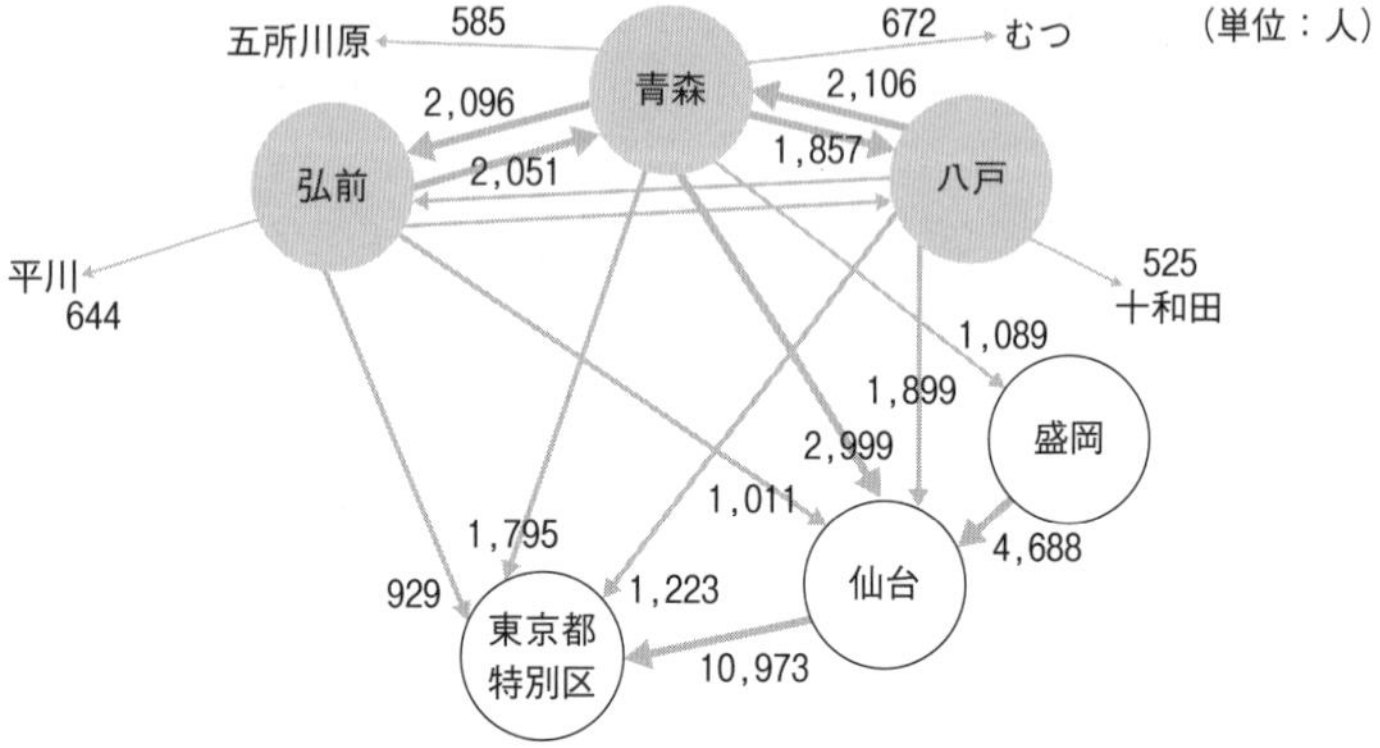

＊東京都特別区および各都道府県の市のみ
（資料）　総務省統計局

イントであると、回帰曲線は主張している。

ただし、図２－５は全国の県庁所在地の市を単純にプロットしてみただけである。国勢調査でどこからどこへ移動したかを読み込んでいくと、距離にも影響を受けることがよくわかる。

たとえば、図２－６のように青森市からは県外に転出する場合には仙台市がいちばん多い。いくら経済力が高くてもさすがに遠く離れた東京都特別区ではない。八戸市や弘前市のような県庁所在地の市以外であれば、県庁所在地の青森市が１番、次に同一地方の仙台市、３番目に東京都特別区と続く。

同様の傾向は、他県でも成り立つ。

マクロ的には経済力だけに影響されそうだが、ミクロな現実は、地域的なつながりや物理的な距離も影響するようである。つまり、人口移動は、地方ごとに、そのなかで経済力の高い県庁所在地の市を目指す傾向があるということだ。

そこで図２−５を地方ごとに分解して図２−７をつくってみた。四国を除けば、地方ごとに県庁所在地の市は経済力で競争をし、それに応じた社会増減を獲得している。経済力によって社会増減が決まる、冷徹な現実がみてとれる。

さらに想像力を働かせれば、人口の流入が多いほどさらに経済力をつける可能性もある。実は詳細は第Ⅲ部で説明するが、人口が大きな都道府県や市町村ほど、地元住民を顧客とするローカル型産業の就業者数が人口当りで増加する傾向がある。大都市にしかない高度な研究機関・教育機関から高級料亭、エステティックサロンのような産業までの就業機会が生まれるからだと思われる。こうして経済力がさらに増した市は、より多くの社会増を得る。このため県庁所在地の市のあいだの格差を増長する可能性もある。

人は県境を越えて地方という範囲で行動することが多くなった。交通システム、通

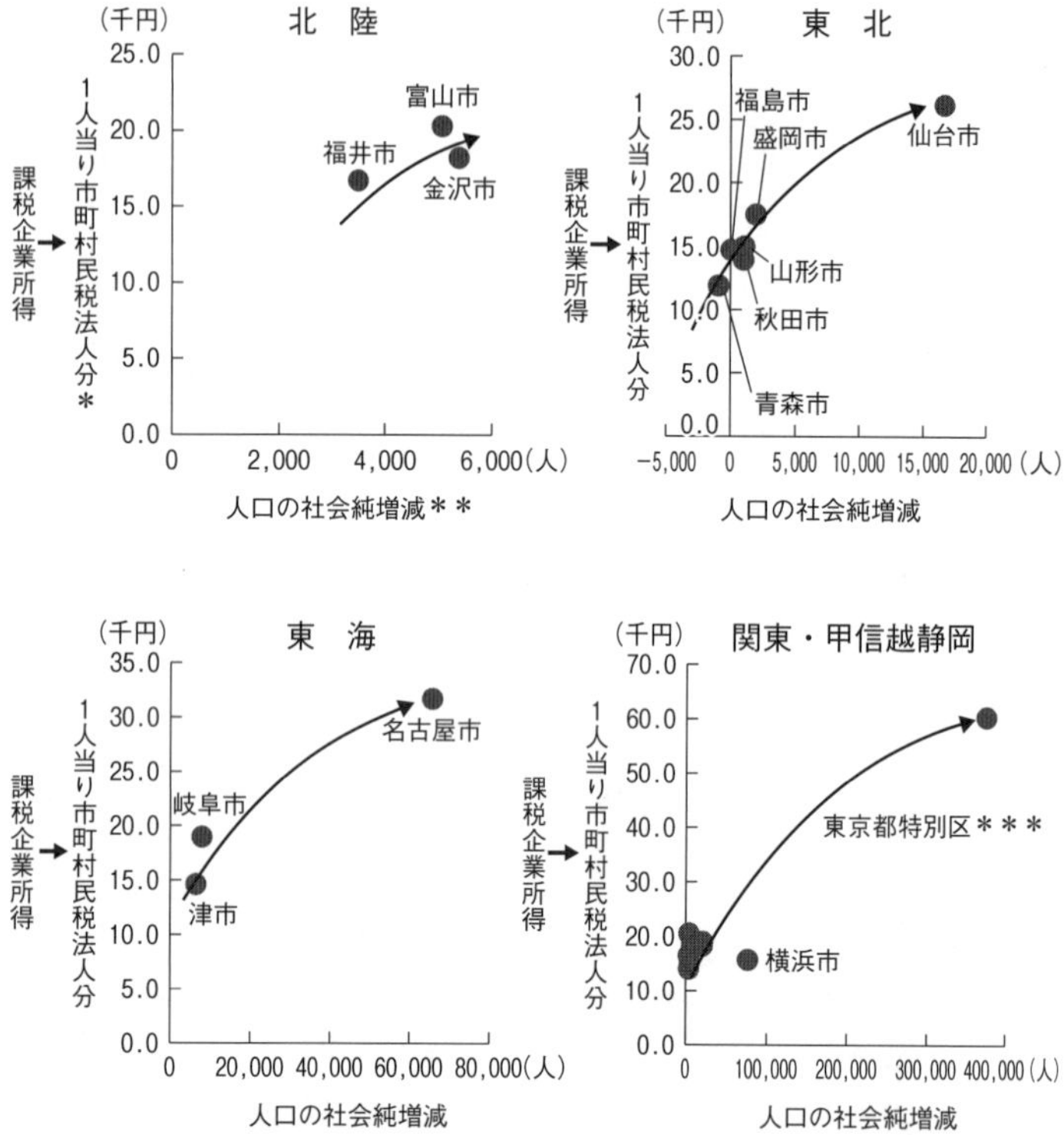
北　陸
(千円)
25.0
20.0
15.0
10.0
5.0
0.0
課税企業所得
1人当り市町村民税法人分＊
富山市
福井市
金沢市
0
2,000
4,000
6,000(人)
人口の社会純増減＊＊
東　北
(千円)
30.0
25.0
20.0
15.0
10.0
5.0
0.0
課税企業所得
1人当り市町村民税法人分
福島市
盛岡市
仙台市
山形市
秋田市
青森市
−5,000
0
5,000
10,000
15,000
20,000(人)
人口の社会純増減
東　海
(千円)
35.0
30.0
25.0
20.0
15.0
10.0
5.0
0.0
課税企業所得
1人当り市町村民税法人分
名古屋市
岐阜市
津市
0
20,000
40,000
60,000
80,000(人)
人口の社会純増減
関東・甲信越静岡
(千円)
70.0
60.0
50.0
40.0
30.0
20.0
10.0
0.0
課税企業所得
1人当り市町村民税法人分
東京都特別区＊＊＊
横浜市
0
100,000
200,000
300,000
400,000(人)
人口の社会純増減

図２－７　県庁所在都市の経済力と社会増減の関係その１（2012年）

市の経済力の代替指標として、１人当り市町村民税法人分をとってみると、地方ごとに経済力が高ければ高いほど加速度的に人口の社会純増がみられる……求心力の高い大都市は地方に１つだけ存在する

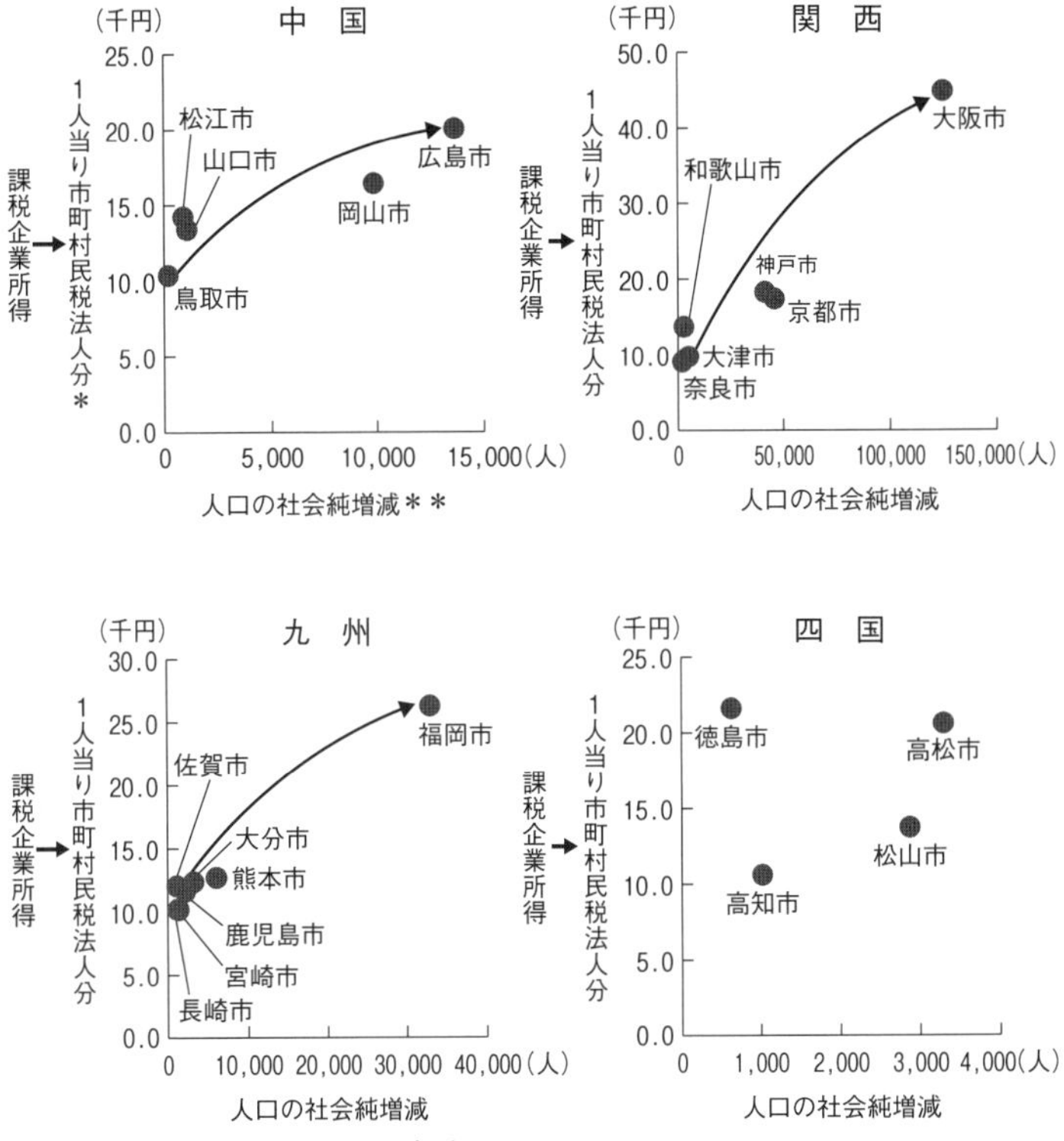

＊税割14.7％に補正後、2012年度

＊＊住民基本台帳による全国ベース、2012年の暦年

＊＊＊東京都が特別区から徴税した法人都民税のうち標準課税20.7％のうちの14.7％として試算

（資料）　総務省、東京都税務統計年報、RDB C-Voice

信システムが発達した結果でもある。もはや、県という経済単位は終焉を迎えているようにみえる。

一方、人が動けば金融市場も動く。確実に県を越えて地方単位での地域金融市場が芽生えようとしているようにみえる。

県庁所在地以外は経済力以外も大事

さらに、県庁所在地以外の市の社会増減がどのようになっているか、細かく実態をみてみることにする。

図2－8は、例として九州の4県を取り出してみたものである。長崎県、大分県、宮崎県、鹿児島県は、いずれも政令指定都市を含まない県である。同じように1人当りの市町村民税法人分を縦軸に、社会増減を横軸にとってある。

県庁所在地の市同士で、地方ごとに明確な傾向として表れていた経済力と社会増減の関係が、長崎県を除いてしまうと、必ずしも鮮明に浮き上がってこない。

ただし、図がなんとなく右肩上がりにみえるということは、経済力に影響を受けることを示している。それでも、縦軸の高さが同じような市でも、社会増減には差があ

図2－8　九州4県の市の経済力と社会増減の関係（2012年）

九州4県でみる限り、県庁所在地は社会増となり求心力がある一方、その他の市は経済力だけで社会増減を説明できるわけではないようにみえる

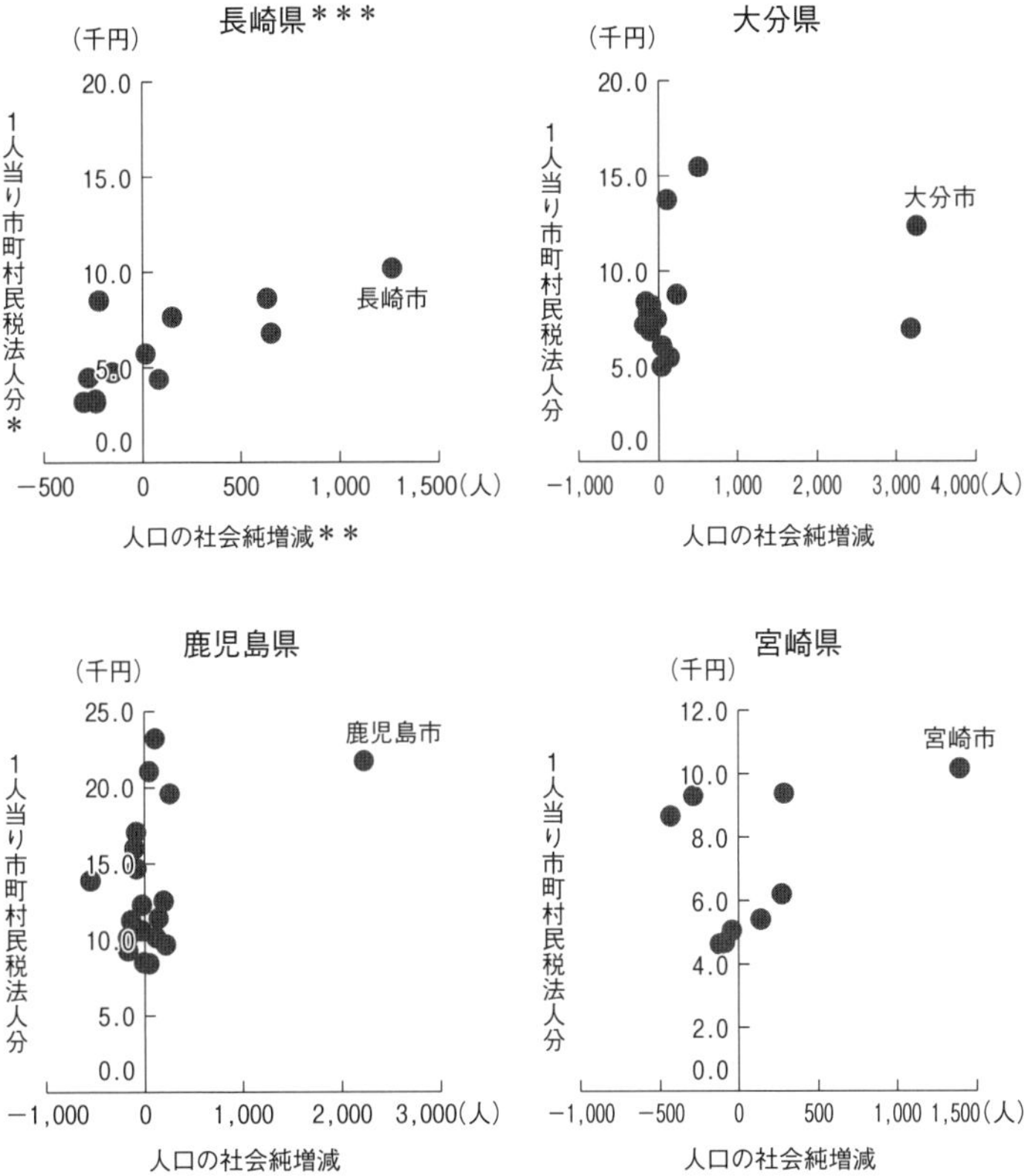

＊税割14.7％に補正後、2012年度

＊＊住民基本台帳による全国ベース、2012年の暦年

＊＊＊西海市を除く

（資料）　総務省、RDB C-Voice

ることがうかがえる。

県庁所在地の市とは違い、その他の市では、経済力以外にもいろいろな理由があるということを示唆している。つまり、市町村の人口獲得競争に多様性を許容することを意味している。それは、住みやすさ、自然の心地よさ、文化的な魅力、何なのか、をこの分析だけで明示できない。しかし、他の要素が絡んでいることはたしかである。経済力以外の要素で左右されるということは、主要産業がない市町村の地方創生を考えるうえでは救いでもある。

市町村の3つの分類

ここまで、各都道府県の各市790を対象に分析をしてきた。この結果は、その他の町村にもおおむね当てはめることができるように思う。その結果、全国1700あまりの市町村はおおむね3つの類型に分類されることになる。

1つ目は、地方ごとに1つある求心性の高い大都市である。地方のなかで頭抜けた経済力（1人当り法人住民税）を誇り、人口の流入も県庁所在地の市のなかでもひときわ多い。現時点においては、年間で1万人から10万人単位で転入を受け入れている。関東甲信越静岡地方なら東京都特別区、関西地方なら大阪市、東海地方なら名古屋市、東北地方なら仙台市、中国地方なら広島市、九州地方なら福岡市が該当する。

求心都市でも、これから人口の自然減が加速し始めるが、社会増によってだいぶ減速される。そのため、貸出の需要が急速にしぼんでいくことはないと思われる。場合によっては、今後10年くらいは、いまと同じくらいの貸出需要があるかもしれない。

2つ目は、中継都市とも呼ぶべき、その他多くの県庁所在地の市である。場合によっては経済力が県庁所在地の市以上の市も、こちらに含まれるかもしれない。たとえば、群馬県の高崎市、静岡県の浜松市、三重県の四日市市や山口県の下関市だ。

社会移動が県内で閉じることは多くないという意味で、意図的に中継都市という呼び名にした。

これらの都市は、社会増が、いまのところ数千人から1万人の規模である。県内のその他の市から人口を吸引するものの、その市から求心都市へ人口を放出している。

これらの中継都市は自然減が進んでいくと、社会増の程度が小さいため、全体での人口減少をくいとめることはできない。そのため、中継都市の貸出需要も明確な減少傾向をたどるものと予想される。

3つ目は、これ以外の市町村である。便宜的に周辺市町村と呼ぶことにしたい。周辺市町村の社会増減は、多くの場合マイナスであり、人口が流出していく。また、社会増減がマイナスでなくても、せいぜい数百人規模のプラスにとどまる。いずれにしても、自然減が進行、加速されていくと、人口減少が急速に進む。貸出需要も、いま以上に衰えていくと予想される。

第1章において、都道府県レベルであっても貸出市場の減少率がすさまじい県が散見されていた。それは、求心都市、中継都市、周辺市町村を合算し同一県内の社会増減を相殺した結果である。市町村単位で貸出市場の将来を予測するのなら、都道府県以上に大きな格差が減少率に表れることになる。

こうして、社会移動の流れが、周辺市町村から中継都市、中継都市から地方ごとの求心都市や東京都特別区へと向かっていることが確認できた。

市町村レベルのミクロな視点でとらえれば、人口の社会移動こそ、市場の縮退トレンドを反転させたり加速させたりする重要な要素である。

結果として、地域銀行はマザーマーケットのなかでも、どの市町村を優先するのか、いっそう明確な決断をしなければならなくなる。また、信用金庫は営業区域が周辺市町村ばかりならば、より深刻な問題として営業区域をどう拡大してどのようなマザーマーケットをもつのか、経営モデル自体を再定義しなければならないこととなる。

第Ⅱ部

あしたの地域金融機関のつくり方

2014年の秋から1年、地域金融機関の経営統合がいくつかアナウンスされた。横浜銀行と東日本銀行、肥後銀行と鹿児島銀行から始まり、トモニホールディングスと大正銀行、東京TYフィナンシャルグループと新銀行東京、そして常陽銀行と足利ホールディングスへと、経営統合の動きは、「一気に」とまではいえないまでも、少しずつ加速されつつあるようにみえる。

第I部で言及したように人口減少や社会移動の影響を受けて、地元金融市場はどうしても縮退していく。いまと同数の地域金融機関は不要だろうし、同じ経営モデルを維持して生き残れるとは思えない。人口減少の進展を考えると、単純に預貸ビジネスを中心に据えた銀行モデルでは近い将来、立ち行かなくなりそうである。

社会移動の奔流は、地域銀行にとって市町村単位での営業展開の優先順位づけを行うとともに、県境を超えた展開をも視野に入れさせることとなる。また多くの信用金庫の営業区域を再定義しなければならない様相を呈している。

地域金融市場の縮退と地域格差の拡大に加えて、金融市場や金融機関の経営データをつぶさに眺める限り、いくつかの法則性を見出すことができる。

貸出と預金の資金利鞘（Price）は預貸ギャップという資金の需給関係によって決まってしまう。言い換えると、預貸ビジネスがコモディティビジネスであることを示唆している。

また、個々の地域金融機関の営業経費（Cost）は貸出残高（Volume）によって決まる。事業規模が小さいままではコスト削減に限界があることを示唆している。同時に、規模を拡大する合従連衡であっても、持株会社方式ではコスト削減メリットを享受できず、合併してはじめて規模の経済が生まれることも示唆している。

しかも、これらの変数はＰＶ－Ｃという収益方程式に結びつけることができ、銀行システム全体を記述しているともいうことができる。

こうした法則は、自然科学の法則とは違って半永久的に成り立つものではないかもしれないが、経営モデルを見直すうえで無視することはできない代物でもある。

これらの法則性を前にしたときに、２００５年前後から進められてきた地域金融機関の経営統合や経営モデル改革は、どのように映るのか。また、これから推進すべき経営モデル改革では何を達成すべきなのか。地域銀行、信用金庫それぞれについて客観的な経営のリ・モデリングの選択肢を探ってみたい。

第3章 地域銀行の最終解は合併か独自モデルかの二者択一

1. 預貸ギャップと資金利鞘の関係がコモディティ化を示唆している

資金利鞘の好転に思いをはせて

預金残高は人口減少を高齢化の影響が打ち消し合うためにゆっくりと減少すると見込まれる。また、ゆうちょ銀行からシェアを奪い続ける限り減少しない可能性すらあった。それとは逆に、貸出残高は人口の減少により劇的に縮退しそうな状況にあることがわかった。預貸ギャップは確実に拡大しそうだ。地域銀行の経営にとって、救いがもしあるとすれば、それは資金利鞘が好転し始めることである。

たしかに資金利鞘は市場金利低下の進展に従い、縮小を続けてきた。また、かつては、市場金利上昇に転じれば資金利鞘が上昇したという経験もあった。では、人口減少時代にあっても、市場金利が上昇すれば資金利鞘が拡大するか、それが重要な論点になってくる。

それが正しければ、ゼロ金利のいまからは市場金利は上昇するしかなく、資金利鞘は拡大することになり、貸出残高がさらに減少しても地域銀行は一息つくことができる。はたして、本当にそれは正しいのだろうか。

資金利鞘は預貸ギャップに影響される

モノの価格は何によって決まるのか。経済学は、その基本原理として需要曲線と供給曲線の交わりが価格に結びつくとしている。つまり需給の逼迫度合いが価格を決める。逼迫していれば価格は高くなり、そうでなければ低くなる。大局的には、そうした事象が身の回りで実際に起きているようにみえる。

カネの価格は金利である。あるいは利鞘である。需給関係は、銀行業でいえば、預金という供給と、貸出という需要のギャップに置き換えることができる。つまり、預貸ギャップが需給関係を表している。

図３－１　国内銀行の預貸ギャップと資金利鞘の関係（1998年４月～2015年７月）

預貸ギャップが広がるにつけ、資金利鞘＊が減少する傾向にある……特に預貸ギャップが100兆円を超える2003年頃から、ギャップ拡大にあわせて線形の利鞘減少傾向へ

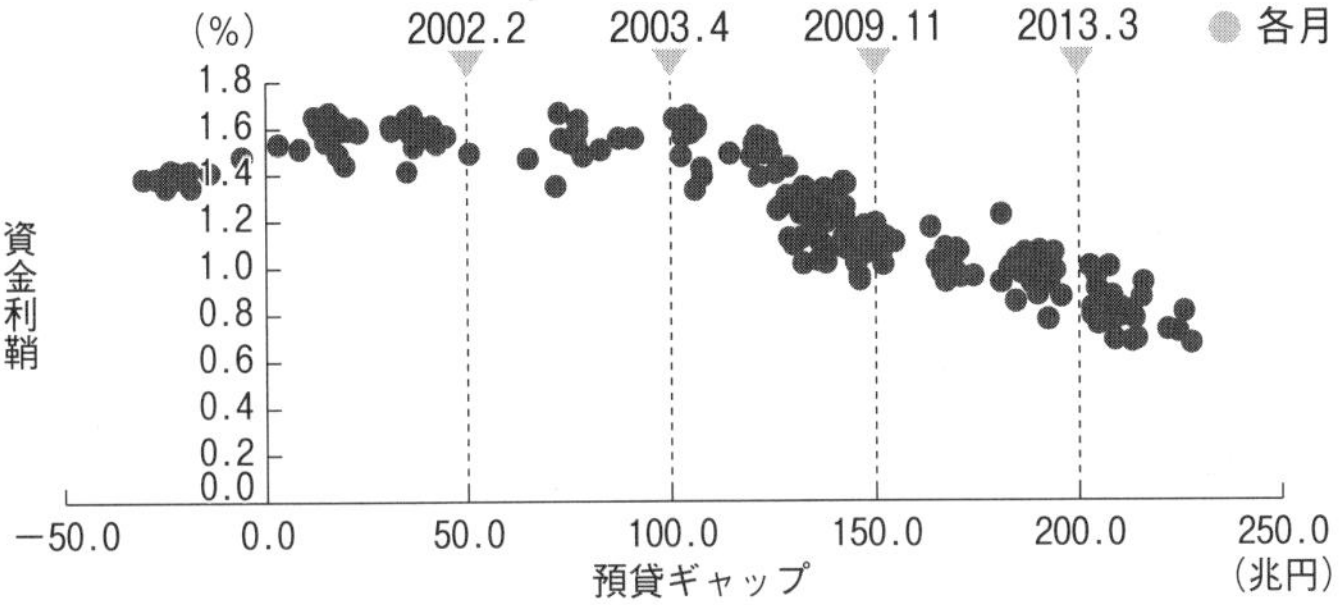

超長期であるために、預貸ギャップ以外の要因による影響についても確認が必要

＊貸出新規約定金利－定期預金新規金利
（資料）　日本銀行

経済学の基本原理のままに、これらの関係を検証してみることにした。図３－１は国内銀行の預貸ギャップ（横軸）と資金利鞘（縦軸）を月次ごとにプロットしてみたものである。資金利鞘については、貸出金利から定期預金金利を引き算して計算してある。日銀統計で両方のデータがそろう１９９８年４月からプロットしている。国内銀行全体で分析しているのは、預貸ギャップに関するデータが国内銀行全体でしか入手できないためである。

ここで、ひと工夫をしたのが、資金利鞘のとり方である。貸出も預金

も新規約定ベースの金利の平均値としている。あえて新規約定ベースにしているのは、資金の需給状況によって、どれくらい預金が欲しい、どれくらい貸出を出したい、とそのつどごとに金利に反映させる、と考えたからだ。

その結果、図３－１は地域銀行の経営には重要な法則性をいくつか示唆している。

１つは、遅くとも２００３年頃から資金利鞘は預貸ギャップの度合いに大きく影響を受けるようにみえる。ちょうど、預貸ギャップが１００兆円を超えた頃から、預貸ギャップが拡大すればするほど、資金利鞘は減少していくことになる。

余っているカネを貸出にまわすには、貸出の価格である貸出金利をどんどんディスカウントしていくという行動が、銀行業の現場で事実、起きていることとも符合する。

もう1つの示唆は、より強烈である。左から右へ預貸ギャップの拡大は、そのまま時系列となり、右に向かうほど現時点に近づく。現時点（２０１５年7月）での資金利鞘は、すでに０・７％程度にまで縮小している。新規約定ベースで計測すれば、資金利鞘の水準が想像以上に低いことが、きわめて深刻な事態を警告している。

財務上は、ストックベースの資金利鞘が資金利益につながり、年度ごとの利益に影響を与える。一方で、新規約定ベースの資金利鞘は、いま、足元で何が起きているかを表す。また、将来の先行指標として、このまま突き進むと近い将来どのようなことが起きるのか、明示することになる。銀行には預金も貸出も、住宅ローンの10年固定型のような一部の例外を除けば長期金利のものはない。そのため、地域銀行のストックベースの金利は一般的には2〜2・5年のうちに約定ベースの資金利鞘に落ち込むことが、図3－2からわかる。

このまま自然体で推移して、2〜2・5年後にストックベースの資金利鞘が0・7％になるとしたら、少なからず地域銀行が赤字転落することになることは、容易に想像がつく。金融システムの安定性が揺らぐことになる。

早目にこうした実態を浮き彫りにさせることが、意図的に新規約定ベースの金利で分析してみたねらいである。また、将来の先行指標であるからこそ、地域銀行の経営としても迅速なアクションにつながる。ストックベースの資金利鞘は、過去の貸出業務の累積であり、いますぐに変えることはできない。それは、反省するか、言い訳をする程度にしか使えないものであり、経営指標としては使い勝手が悪い。

図3－2　約定ベースとストックベースの金利推移（1995年4月～2014年8月）

過去の経緯をみると、地銀、第二地銀ともに2～2.5年前の約定金利が現在のストックベースの金利になっているようにみえる。また、約定ベースとストックベースの金利格差は変動はあるものの0.2%程度のようにみえる

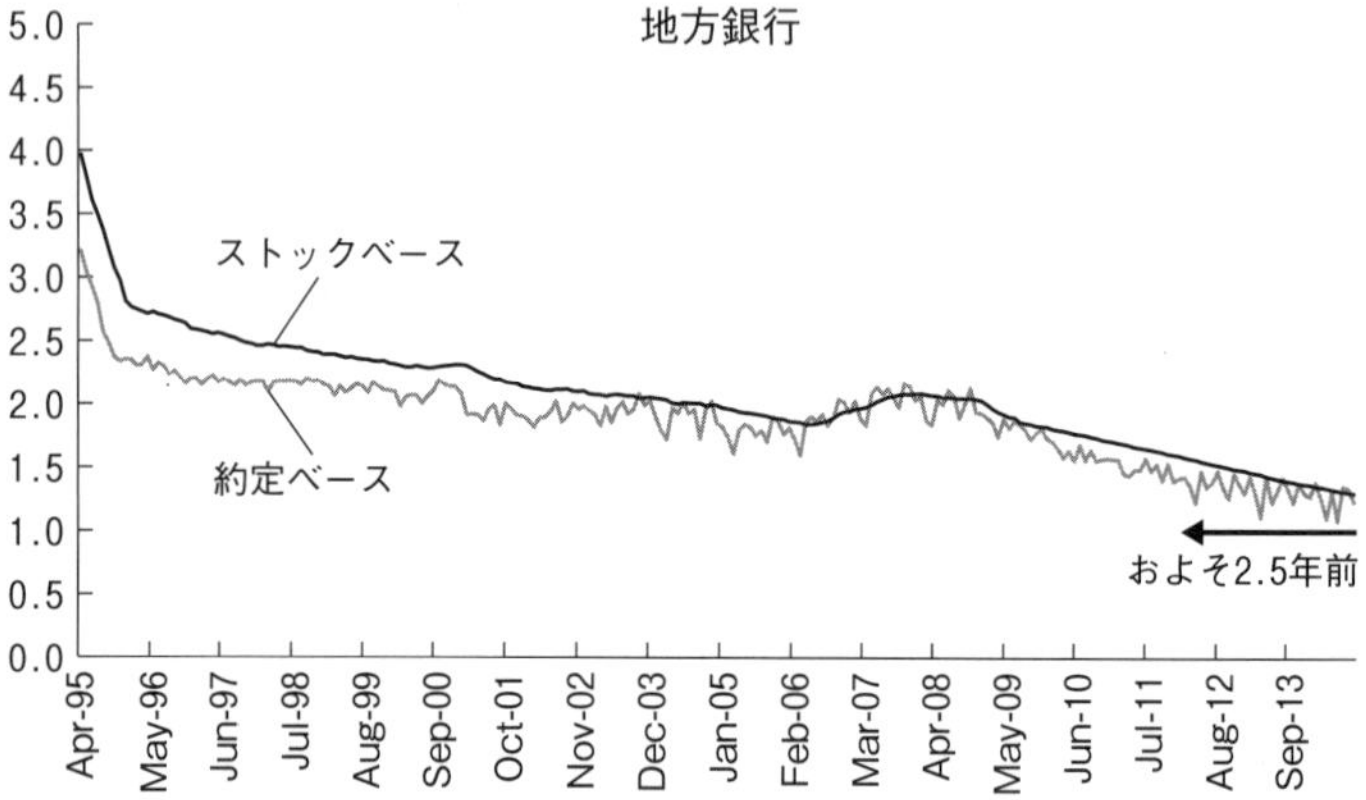

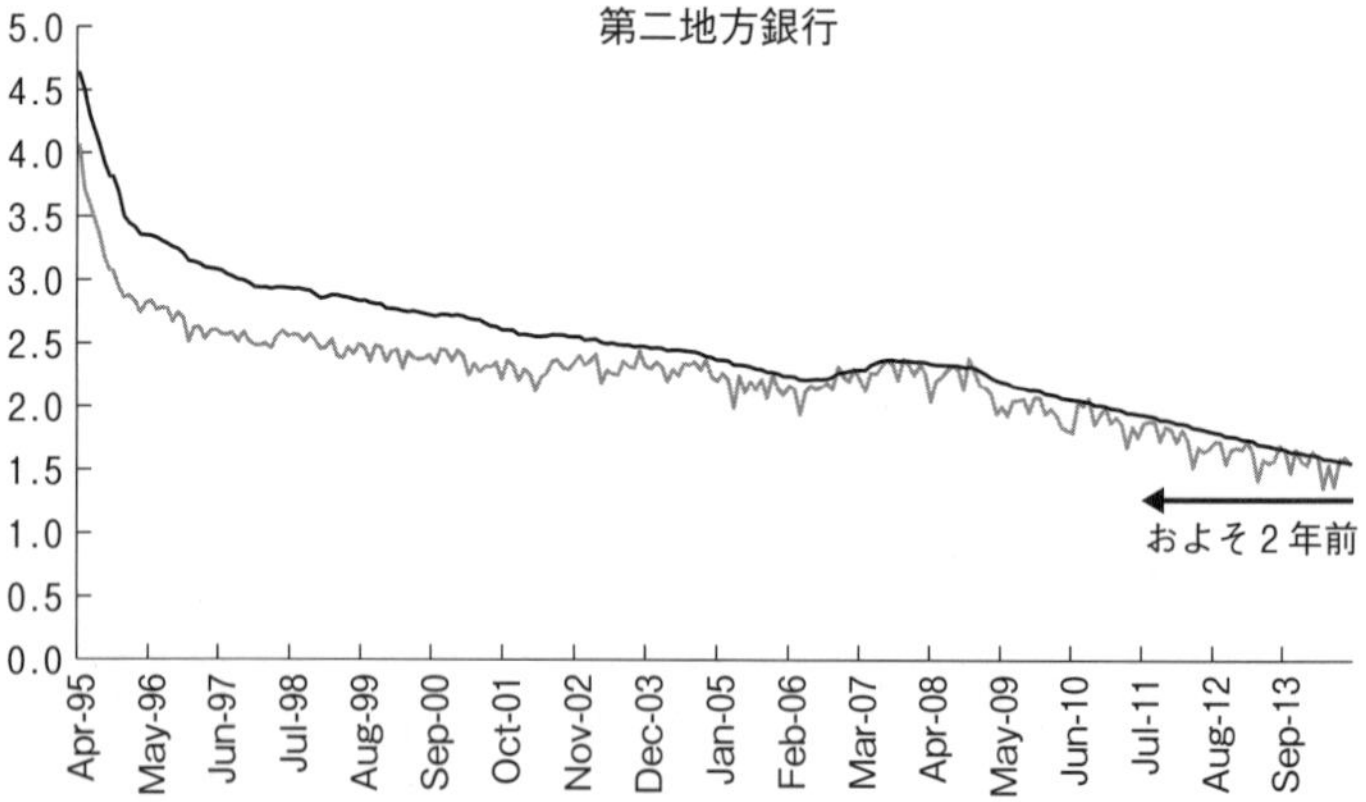

（資料）　日本銀行

当面の課題は人口減少より金利問題

もともと、こうしたシミュレーションは、人口減少が起きたらどのようなストレスが地域銀行にかかるかを見極めるために始めたものである。

しかし、実際にシミュレーションしてみると、個人金融資産や、その主要な部分である預金残高は、人口が多少減少し始めても金融資産を多くもつ高齢者の人口は増えていくので、当面は大きな減少にはならなかった。貸出残高については、生産年齢人口が総人口よりも先行して減少していくので、それなりの影響を与えることがわかった。それでも2014年から2025年にかけてであれば、全国平均で1割の減少にとどまる。

つまり、人口減少による金融市場の縮退よりも、明らかにいま直面している資金利鞘の問題のほうが深刻であることが明確になったのだ。

多くの地域銀行の決算説明会資料を読むと、なかなか業務粗利が上向きにならない説明がなされている。基本的には貸出残高は増加したものの、資金利鞘が縮小して、今期は業務純益が減少した、とする説明になっている。地域銀行として精いっぱい努力したことが伝わる内容になっている。が、ストックベースで資金利鞘を考えた財務的な収益であるので、足元の資金利鞘の深刻さは伝わらない。でも、本当にこのままでよいのだろうか。

このまま自然体で流されていけば、人口減少によって金融市場が縮退する前に、金利問題で破綻に追い込まれる地域銀行が出てきてもいっこうに不思議ではないように思える。かつての生命保険会社の惨状をちょっと思い出してしまう。

ストックベースでの資金利鞘の動向

ここまで、約定ベースの資金利鞘で議論を展開してきた。そうはいってもストックベースの資金利鞘の動向も気になるところである。念のために、同じ分析をストックベースでも行ってみた結果が、図3－3である。

図3－3は、みてのとおり、図3－1以上にシャープな形状になっている。預貸ギャップが資金利鞘にさらに密接につながっていることをうかがわせる。ストックベースとなったことで、すべての貸出案件の金利が加重平均されることになる。約定ベースでは、その月々に約定した貸出案件のみが、資金利鞘算出の対象となった。ストックベースでは、その時点における全貸出案件で平均をとることになる。新規約定

図3－3　国内銀行の預貸ギャップと資金利鞘の関係～貸出金利ストックベース（1998年4月～2015年7月）

貸出金利をストックベースに直してみると、資金利鞘＊は拡大しているが、預貸ギャップの拡大によって低下する傾向は変わらない

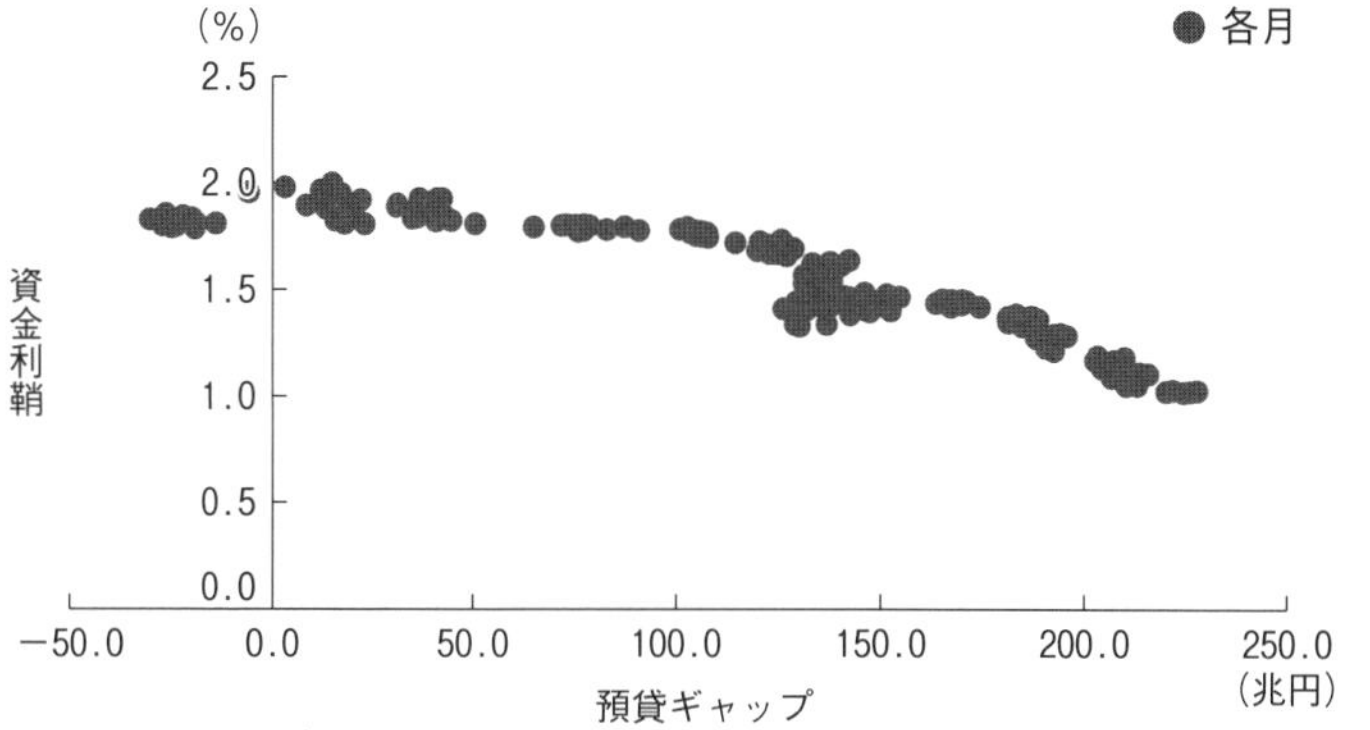

＊貸出金利（ストックベース）－定期預金新規金利
（資料）　日本銀行

金利のブレを消し、細いひも状に並ぶようになった。

唯一、ひもが絡まってこぶ状になっているようにみえる箇所は、リーマン・ショックの直後である。

極端なストレスがかかると、預貸ギャップと資金利鞘のシャープな関係は崩れるようである。ただし、逆の見方をすれば、リーマン・ショックのような極端なストレスがない限り、ひも状のシャープな関係が成り立つともいえる。

どうやら、ストックベースの資金利鞘のほうが、新規約定ベースよりも、より高い精度で予見できそうで

ある。預貸ギャップがこのまま拡大していくと資金利鞘はどうなるのか。ストックベースの場合であっても、確実に薄利となっている傾向をより鮮明に予見している。新規約定ベースにせよ、ストックベースにせよ、預貸ギャップと資金利鞘のあいだには、ある種の法則性があるようにみえる。この法則性が、学問的な水準で統計的に検証できているかどうかは別として、地域銀行の経営を行うという実践的な立場であれば、長期間にわたる、これらの傾向を法則性と呼んでもさしつかえない、と私自身は確信している。本書の目的は、地域金融機関経営のあしたの探り方であって、学問的な検証作業ではないからだ。

預貸ビジネスはコモディティビジネス

もう1つ、これらの図3－1～3から読み取れることは、預貸ビジネスがコモディティビジネスであるということだ。つまり、価格以外では差別化がむずかしいビジネスであるということ。言い換えれば、品質の差が基本的にはないことでもある。

もし預貸ビジネスがコモディティビジネスでなければ、預貸ギャップが拡大しても、なんらかのかたちで付加価値をつけて、資金利鞘の減少を防ぐことができたはずである。しかし、コモディティビジネスであるからこそ、おカネの需給状況（預貸ギャップ）がおカネの値段（資金利鞘）と明快な負の相関関係を保っているのである。

預貸ビジネスを達観してみてみれば、おカネという差別化できないものを集め、それをだれかに貸し出し、きちんと返してもらうというだけのものである。約束どおり返してもらうために、基本的には担保や保証をつけている。貸すおカネ自体は差別化できない。そのため、どうしても特定の銀行から借りたいとまでは思わない。例外はあるにしても、金利のいちばん安い銀行から借りるのが普通ではないか。

たとえば住宅ローンの場合、地域銀行の東京支店がそれなりの成功を収めている。それは顧客が特定の銀行から借りたいという強いこだわりをもっていないことの証左でもある。また、地元市場であっても、基本的には金利競争中心である。

また企業取引をみてみても、運転資金を貸し付けるビジネスで、質の面で本質的な差別化ができるだろうか。きわめてむずかしいはずである。金利が重要な決め手になる運転資金の貸出は、法人貸出全体の7割程度を占める。

残り3割の設備投資資金の貸出において、どこまで事業性を評価して貸出を行っているのだろうか。多くは減価償却ずみの設備の更改、実績のある店舗業態での出店など、確度が高いものが中心ではないだろうか。

もちろん、預金もコモディティである。理論的には、預金は受信業務であり、預金受入金融機関の安定性が品質だということもできる。しかし、預金が受信業務であると認識している顧客はほとんどいない。そのため、ちょっとした金利差でも数千億円単位で預金は動く。ネット専業銀行が預金集めにおいて成功している事実をみれば、それも明らかである。

こうして実際に起きている現象を確認していっても、預貸ビジネスはコモディティビジネスであると、割り切らなければいけない。銀行業に携わる人々のプライドは、コモディティビジネスであることを認めたがらないだろう。しかし、現実は冷淡であり、コモディティビジネスなのだ。

預貸ビジネスがコモディティビジネスならば、経営上の最も重要なのがコスト競争力である。営業経費がどのようなメカニズムによって決まっていくかは、次節で詳しく触れていきたい。

市場金利はそれほど上昇しないのでは

ところで、銀行関係者と話す機会のなかでよく話題にあがるのが、「市場金利があがれば資金利鞘も厚くなる。いまの市場金利はゼロ金利だから、近いうちにあがるはず。そうなれば、なんとか銀行経営も改善していくに違いない」という声である。この点についても念のために確認しておきたい。市場金利と資金利鞘はどのような関係にあるのか。

そこで、市場金利の指標として国債の金利水準を発行月ごとに調べて、資金利鞘との相関関係の有無を調べてみた。

結論は、国債の10年債金利との相関はあるといえばある。ただ、その相関自体も、預金ギャップと国債金利の相関関係を通じて、銀行の、資金利鞘との相関があるようにみえる。

図3－4は、単純に国債の金利が資金利鞘と結びついているどうか、みてみたものである。1年債、2年債、5年債が結びついているようにはとてもみえない。10年債だけが資金利鞘と結びついている。ただし、R^2は0・6258である。

ここでのデータは、2004年4月以降のものとした。それ以前にさかのぼると、

図3－4　国債金利と資金利鞘との関係（2004年4月～2014年5月）

資金利鞘となんらかの結びつきがありそうにみえるのは、10年債の金利だけである

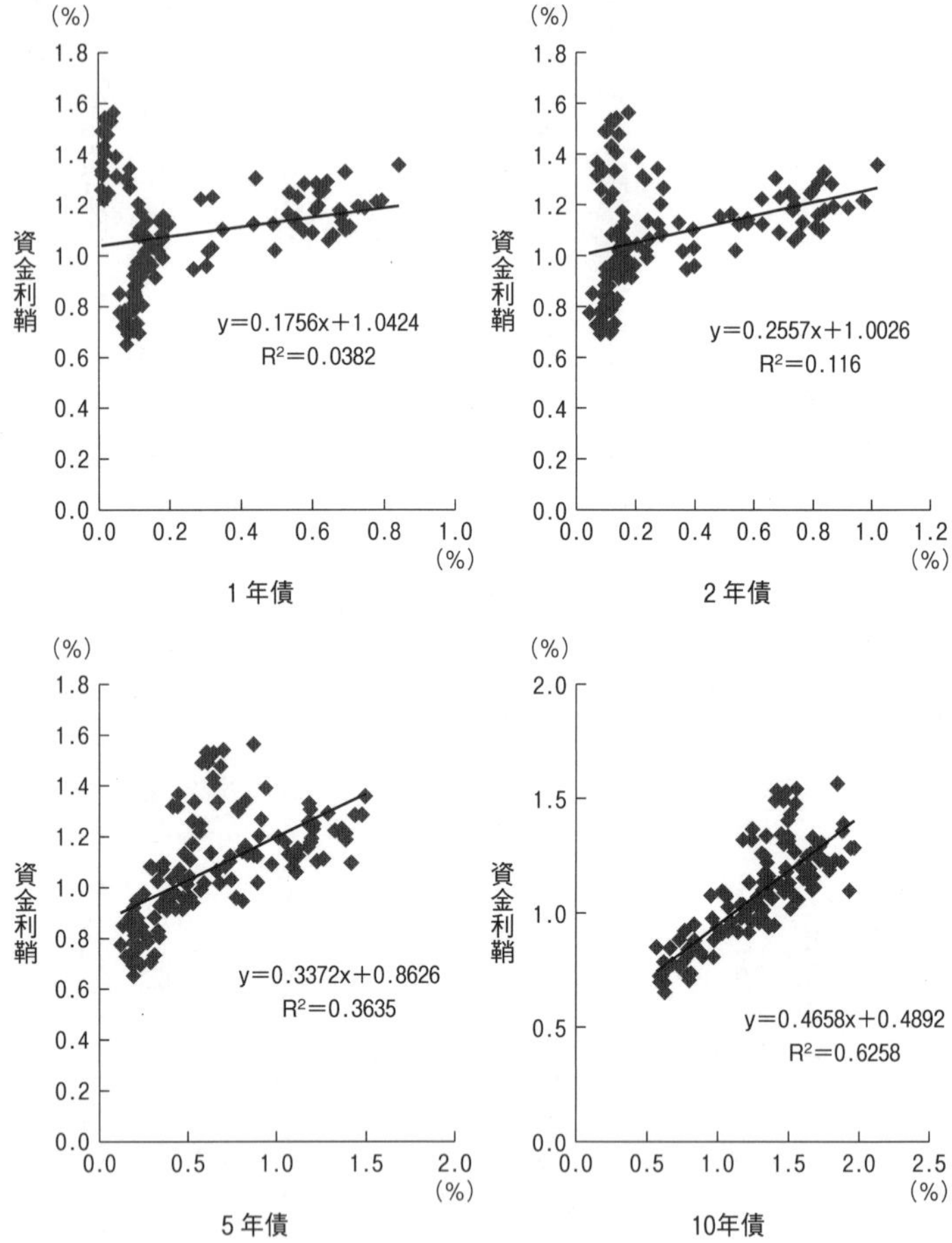

（資料）日本銀行、財務省

10年債との結びつきさえ脆弱になる。そのため、あえて2004年4月以降のデータだけを取り出した。

たしかに、10年債の金利と資金利鞘が連動しているようにみえる。問題は、10年債の金利が上昇するのか、ということである。

そこで図3－5のように預貸ギャップと国債金利の関係を調べてみた。国債金利と資金利鞘との関係と同様に、10年債だけが結びついているようにみえる。事実、銀行は長短の金利格差をねらって、預貸ギャップで10年債を買うことが少なくない。10年債を買う資金が預貸ギャップなら、そのギャップが拡大するほど、10年債の金利も低下するはずである。たしかにそうした関係があるようにみえる。

資金の借り手が、企業や個人であろうと、国であろうと、要は、カネ余りになればなるほど、資金調達コストはさがる、というだけのことである。カネ余りが解消されない限り、市場金利が上昇する傾向に向かないようにみえる。だから、いまがゼロ金利だからといって、近いうちに市場金利があがって銀行の経営が改善されるはずだ、と考えるのは甘い期待以外の何ものでもない。

事実、2014年12月から2015年1月にはマイナス金利が出現している。図

図3－5　預貸ギャップと国債金利との関係（2004年4月～2014年5月）

預貸ギャップが拡大すると10年債の金利は低下するようにみえるが、その他の国債金利とのあいだに明確な関係はないようにみえる

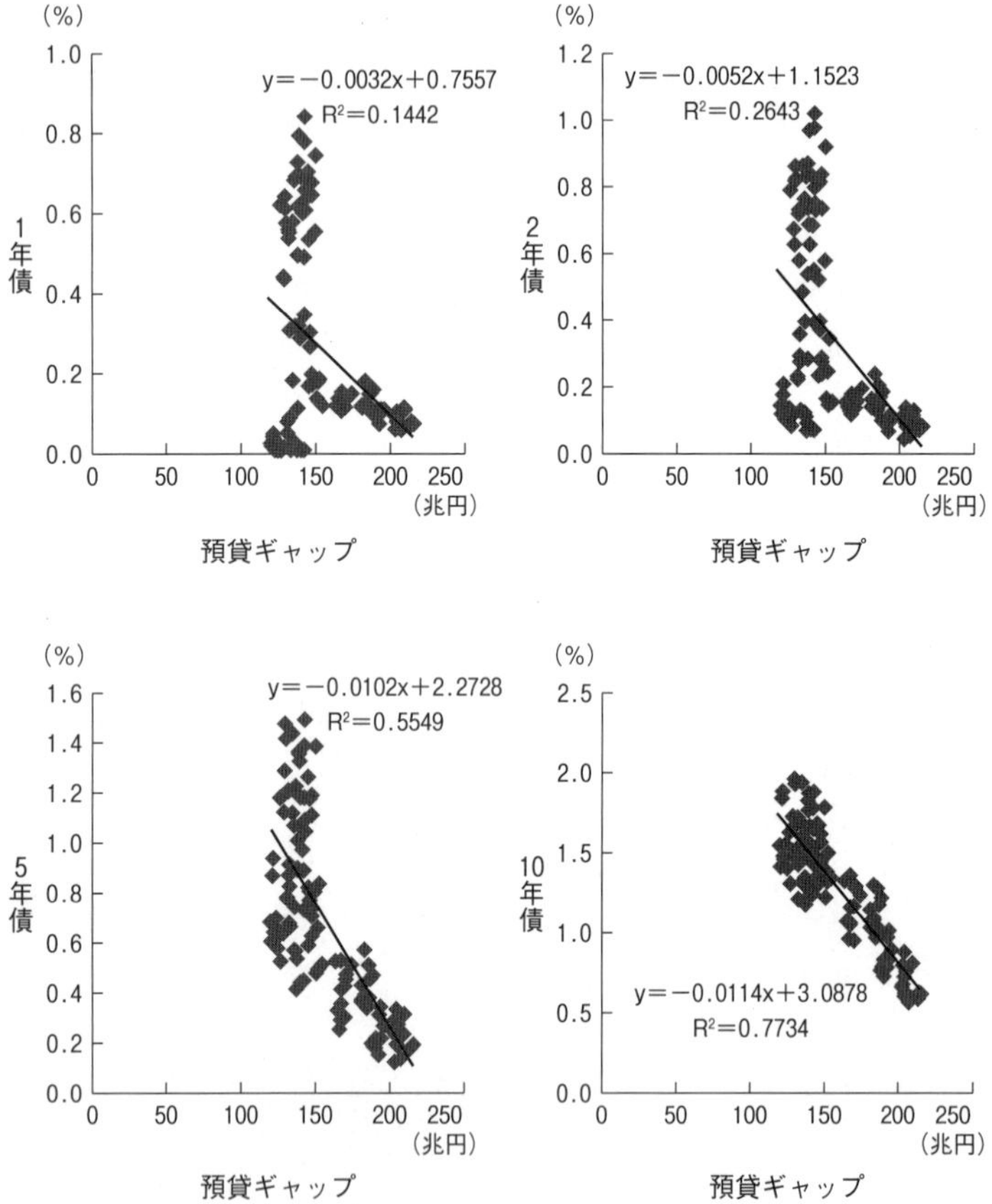

（資料）　日本銀行、財務省

図3－6　国債金利（2015年1月5日）

短期国債の金利はすでにマイナス。10年債であっても0.3%程度である……貸出を大幅に上回る預金を集める意味はあるのか

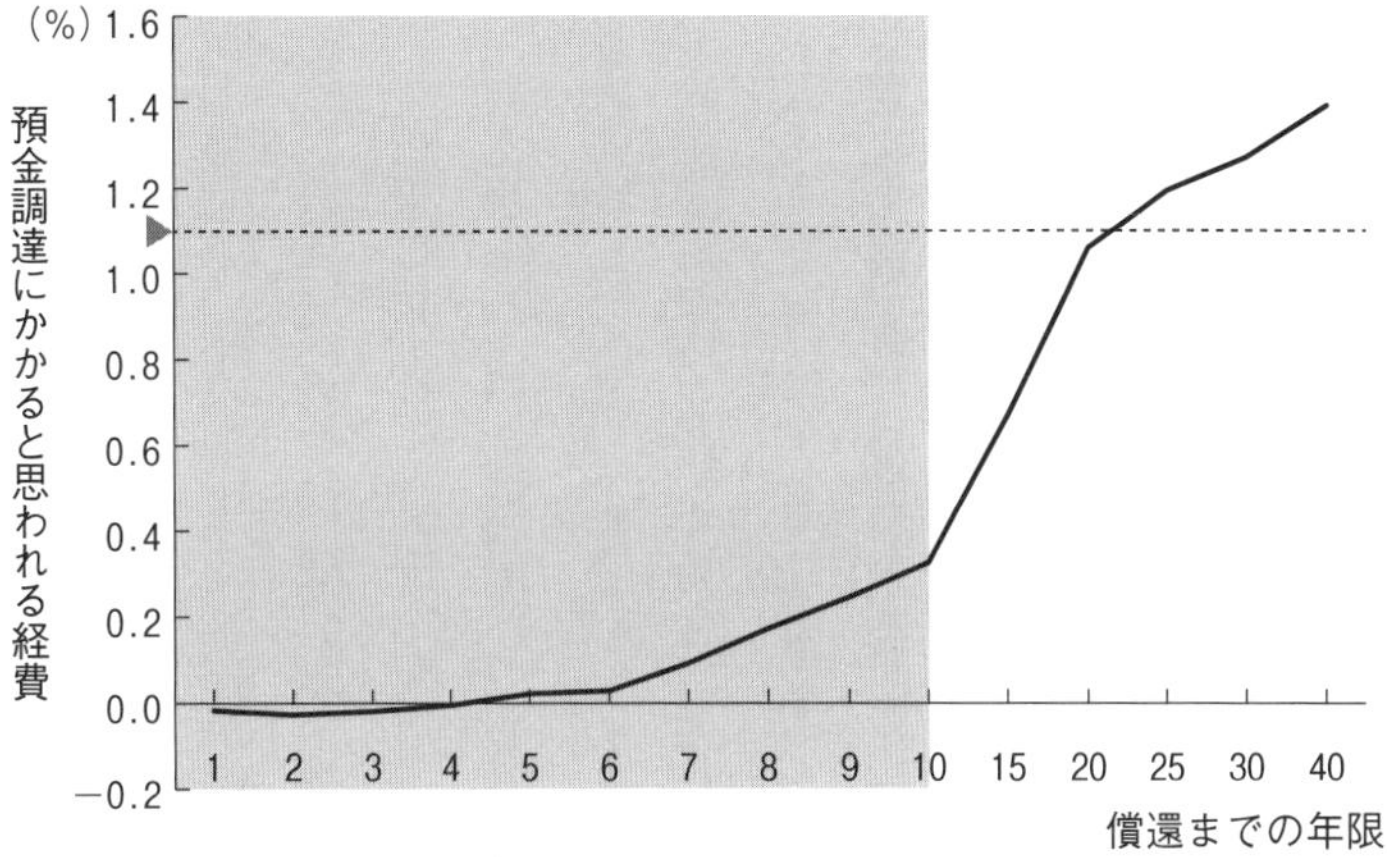

（資料）　財務省

3－6は2015年に市場が初めて開いた日の国債金利である。償還期間が4年以下の国債はマイナス金利である。もはや「ゼロ金利付近だから金利はあがるしかない」は、実際の市場では否定されてしまっているのである。

金利を引き上げるものはあるのか

預貸ギャップの拡大に打ち勝つ金利引上げ要因はないのだろうか。

あるとすれば、1つは、国の信用が揺らぐことだ。さらに大規模な国債残高の積増しがなされ、消費税率なども欧米並みに20％程度となり、

財政改善の余地がなくなるようなときである。

こうした、不連続な市場環境になったときは、日本という国に対する信用不安から国債金利が上昇して、預貸ギャップにかかわらず資金利鞘も拡大するかもしれない。しかし、そうした状況になれば取引先企業や個人の貸倒も増加し、資金利鞘が拡大したところで、信用コストの上昇分を吸収できているかどうかも、定かではない。

もう1つあるとすれば、物価上昇である。特に10年債は、長期金利として物価の先行きを反映しやすいとされている。

理論上、物価があがっていく場合、融資の返済はそれに応じて増額されないと、実質的には目減りしていくことになる。だから、物価が上昇方向に向かうと予想されれば、長期金利も上昇することになる。

しかし、現実はどうかというと、趣が異なる。

そもそも金利の完全自由化が完了したのは１９９４年である。それ以前をみてみても、あまり意味がない。１９９４年以降は、基本的にはデフレ傾向がずっと続いていた。だからインフレになると金利が高まるという現象を見出すことはできない。せいぜい１９９８年の秋口に数カ月間だけ消費者物価指数が１０４程度に上昇しているが、その前後の国債金利は、逆に低下し、すぐにもとの水準に戻っている。

反対に2010年以前に、国債金利が最も低い水準であったのは、2003年5月のことである。2002年11月に10年債の金利が1%を割り込み、再び1%台に回復するのは2003年8月。この間、消費者物価指数は驚くほど安定している。

2014年4月に消費税が8%になり、消費者物価指数は増大した。これから円安に振れていくといわれ、輸入物価の影響から確実に消費者物価指数は増加するとみられる。しかし、10年債の金利上昇が明確にみられるかというと、2014年4月以降も低下し続けている。カネ余りの状況が金利上昇を押さえ込んでいるようにみえる。

消費者物価指数がもっと大幅にあがらないと、金利に影響を与えないということなのだろうか。それとも、カネ余りの影響が常に勝って、金利に目にみえるような影響を与えるということは、起きないというのだろうか。

こうした事実を一つひとつ確認していくと、市場金利があがれば救われる、というのは安易な期待にすぎないことがよくわかる。

図3－7　預貸ギャップによる資金利鞘の推察

市場モデルのとおりに、預貸ギャップが2015年から2040年にかけて240兆～260兆円に拡大するとすれば、資金利鞘＊は0.2～0.4%程度の水準になると予想される

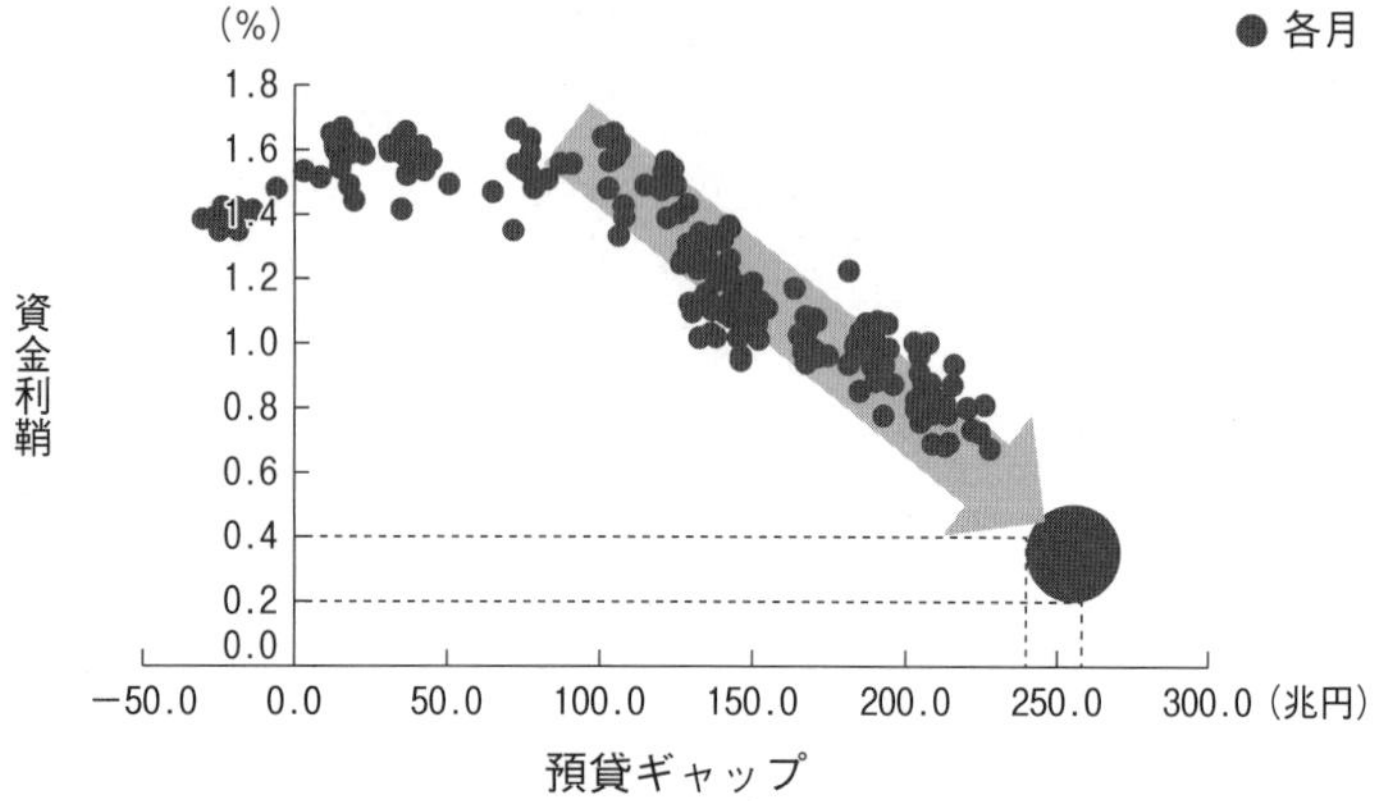

＊貸出新規約定金利－定期預金新規金利
（資料）　日本銀行

預貸による銀行モデルは成り立つのか

話を預貸ギャップと資金利鞘の関係に戻そう。現時点における新規約定ベースの資金利鞘は、すでに0・7％程度に落ち込んでいた。

預金・貸出市場のモデルから、起きてもおかしくなさそうな事態として、預貸ギャップが2025年から2040年にかけて240兆～260兆円になる可能性が示唆されていた。少なくとも2003年以降、継続している預貸ギャップと資金利鞘の規則性が2025～2040年まで続くとすれば、図3－7の

ように資金利鞘はわずかに0・2〜0・4%ほどになりそうである。

新規約定ベースの資金利鞘は、0・2〜0・4%という水準まで落ち込むとすれば、もはや営業経費は確実にまかなえないだろう。現時点での0・7%という水準ですら、現状の営業経費をまかなうのはかなりの無理があるだろう。

こう推論を進めていくと、預貸で儲ける銀行モデルの終焉をつくづく感じざるをえない。財務上はストックベースで利益が生まれてくるから、まだなんとか利益を出しているようにみえる。しかし、約定ベースでみてしまえば、ゲームオーバーである。もはや、地域銀行は新しい経営モデルを探さなければいけない時を迎えている。

2. 銀行規模が営業経費を決める

営業経費率という誤謬

銀行経営を客観評価する尺度として、営業経費率が必ずといってよいほど、登場する。経済が成熟しトップラインが伸びないなかで、あるいは不良債権処理を進めるなかで、営業経費率削減が至上命題になっていた。

しかし、営業経費率とは何かといえば、粗利に対する営業経費の割合である。銀行業の粗利は、製造業の売上げに相当する概念だから、売上経費率であると思い込みやすい。でも、本当か。銀行業の粗利は曲者である。

粗利のなかには、大勢の行員がかかわって預金を集め貸出にまわして得る資金利益や、為替業務や投信・保険の販売のような手数料など、渉外担当者やテラーが汗水流して生まれたものがある。その一方で、市場運用など得られる収益は、少数の担当者が電話1本で動かした資金が、市場に対する担当者の読みと情勢変化によって大きく左右されるものがある。

それでも営業経費率を計算する際には、両者を合算した粗利を用いる。市場運用からの収益は小さくないので、営業経費率は大きな影響を受ける。ある年、市場運用で成功すれば営業経費率は格段と低下する。

こうした営業経費率という指標から、どのような示唆を得ようというのか。「みんなが使っているものはよいものだ」なんていう考えが正しいとは限らない。

図3－8① 営業経費の特性（2015年3期）

営業経費は、2次の回帰曲線によって貸出金残高と密接な関係がわかる。また、この回帰曲線がy軸と交わる交点は、固定費水準を実証的に表している

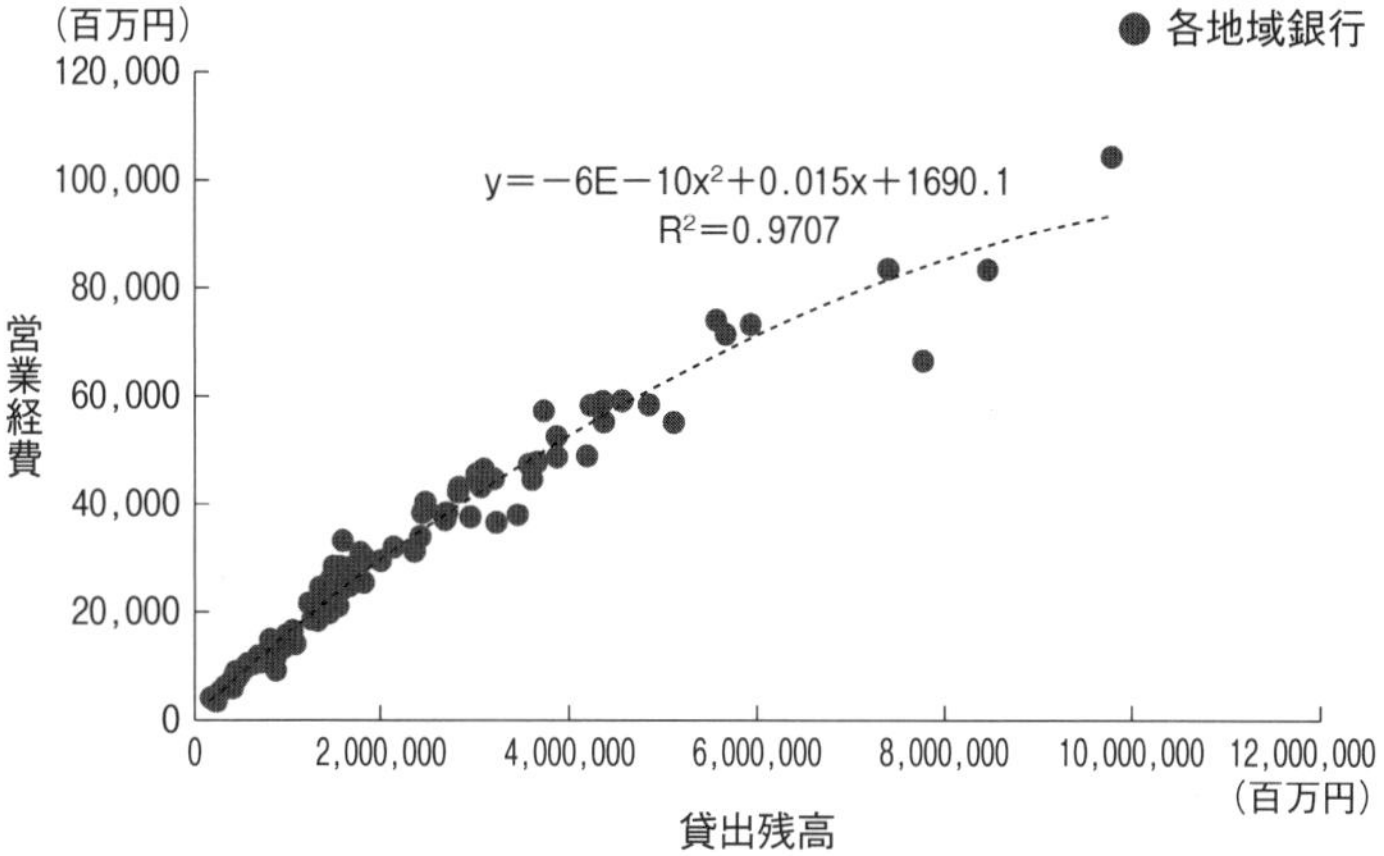

（資料） 全国銀行財務諸表分析

貸出残高が営業経費を決める

ではどうするか。

地域銀行の実態をかんがみれば、営業経費は、実際、預貸、為替、金融商品の販売などにほとんどすべてが投入されているとみなしてもさしつかえないはずである。市場運用に従事する行員もいるが、地域銀行の場合、一般には数名にすぎない。一般的な地域銀行は数千名の行員を抱えるから、数名というのは無視できる程度である。シンプルに営業経費全部が顧客相対のビジネスに投入されているとしてみよう。

一方、その成果は貸出残高に代表

図3－8②　直接経費率と全体経費率（2015年3期）

三角形の左の角の角度が経費率を示している

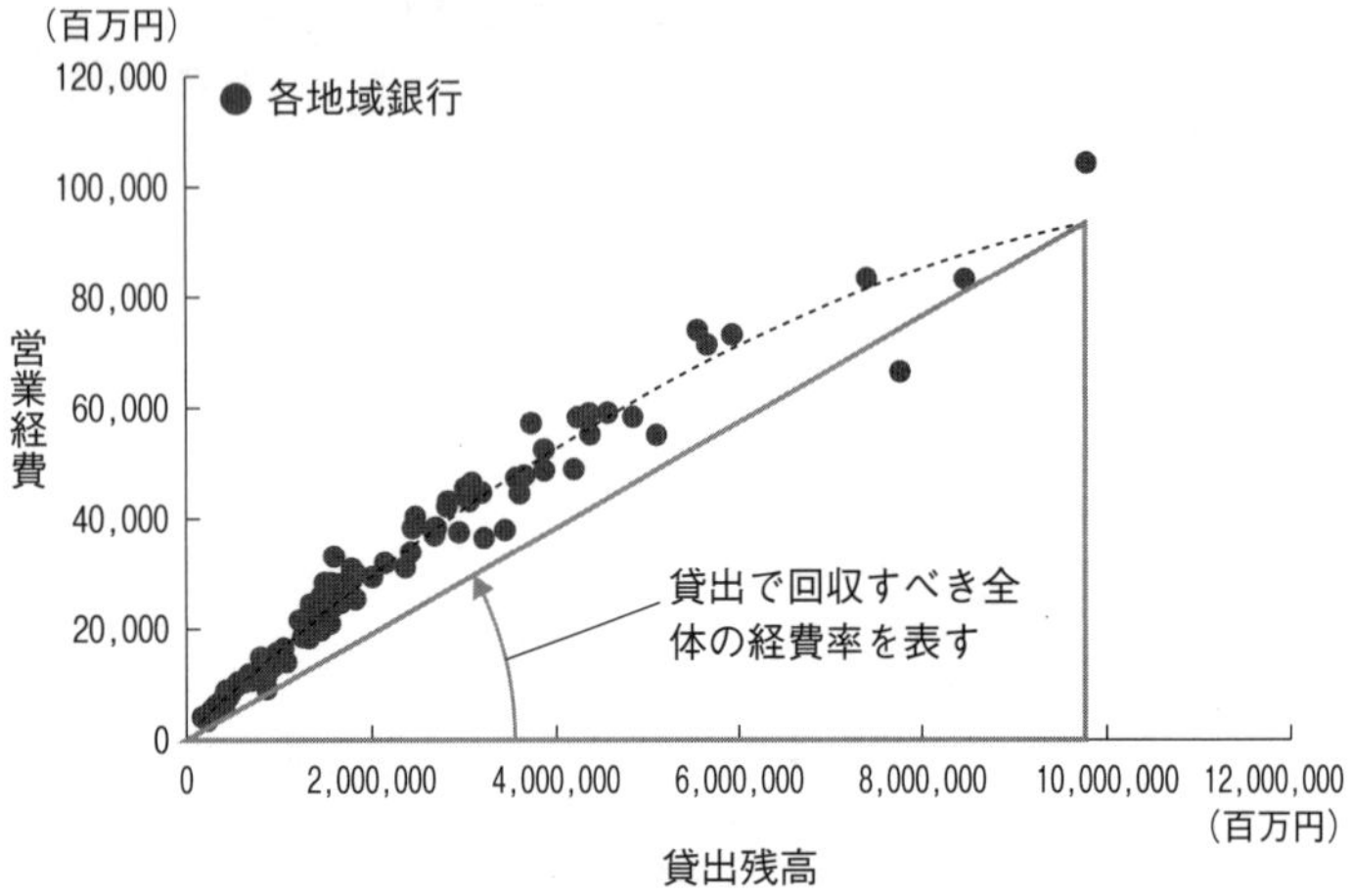

（資料）　全国銀行財務諸表分析

されると考えてみた。預金集めも、貸出残高を積み上げていくための中間成果物だと位置づけることができる。また、為替の利用も金融商品の販売も、預金か貸出かいずれかの取引先であることが大半だ。

　こうした割切りをして、貸出残高と営業経費の関係をみたのが、図3－8①である。各点は地域銀行を表す。地方銀行、第二地方銀行、あわせて全部で105だ。見事なまでに2次の回帰曲線上に載る。R^2は0・9707である。

　この分析結果は、地域銀行の営業経費は貸出残高によってほぼ決まってしまう、ということを示唆している。この2次曲線から大きく離れることはない。いくら一生懸命努力してみても、ギリギリと経費を削減してみても、同程度の貸出規模の他行に比べて自行が特別に低い営業経費で経営できることはないことを示唆している。

ただし、この回帰曲線はどの地域銀行も懸命に経費削減に努めた結果でもある。ある地域銀行が手を抜けば、簡単に上方に移行してしまう可能性が高いことでもある。

図3－8②のなかでは、0点を頂点とする実線の三角形の左角の角度として貸出残高に対する経費率が表れることになる。つまり、貸出残高を1単位増やすために必要な経費額が左角の角度で表れることになる。角度が大きいほど貸出当りの経費率が高く、角度が小さいほど貸出当りの経費率は低いことを表している。

貢献利益と直接経費率による決断

事業を続けていくか、ここで止めるか、企業経営にはよくある分岐点だ。そうした分岐点に差しかかったときに、予想される収益性に基づき決断を下すことが多い。概念的にはそのとおりなのだが、何をもって収益性の尺度とするか、熟慮が必要となる。

たとえば、1億円の融資を1・8％の金利で貸そうと思う。調達コストは、預金保険料も含めて0・2％だとしよう。また内部格付けによる引当は0・3％となっていたとする。直接経費が1・2％、さらに固定費の配賦分で0・2％もかかるとしよう。以上を合計すると1・9％になる。さて、この融資は収益性の観点で実行すべきだろうか。

答えは実行すべきである。固定費配賦分まで含めた収益性はマイナス0・1％となる。しかし、調達コスト、信用コスト、直接経費だけをコストとするならプラス0・1％となるからだ。

奇異な感じがするかもしれない。だが、融資1億円を実行するにあたり、新たに追加でかかる必要コストは1・7％で、年間170万円でしかない。固定費はすでに投資しているものの、償却費であってあらためてだれかに支払を行うというわけではない。その融資を実行したからといって、新たに発生する性格のコストではない。

一方で、融資実行により、1・8％、年間180万円の追加収益が発生する。差額10万円が追加的な儲け。これを固定費の回収にまわすことができる。たとえ、1円だって固定費回収につながればよいのだから、10万円も儲かるのなら実行しない手はない。だから直接費用まで控除した収益性がプラスである限り、その融資は実行したほうがよい。

逆に実行しないとどうなるだろう。固定費回収が遅れる。それだけ、トータルでみた収益性は低くなる。

案件ごとでも、スケールをふくらませて事業単位であっても、追加コストと追加収益の関係で、実行するかしないかを判断するのが合理的なのである。ちょっとでも直接経費を控除した後に儲けが出れば、固定費の回収に貢献してもらえる。その意味で直接経費控除後の利益は貢献利益と呼ぶことができる。

また、銀行業のようなビジネスは固定費だらけである。ITしかり、店舗しかりである。当然、その配賦基準も複雑になる。行内でコンセンサスは得られても、恣意性は残る。一方で、貢献利益を尺度にする限り単純明快。プラスなら「固定費を回収できるのだからやりましょう」、ということになる。

それでもここで問題となるのは何が直接経費で、何が固定費なのか、である。たしかに個別行内で議論する限り、固定費とは何か一つひとつ確認していけばよいという

図3－8③　直接経費率と全体経費率（2015年3期）

回帰曲線がy軸と交わる点が固定費水準を示す。したがって、直接経費はそれを控除した金額となり、y切片を頂点とする破線の三角形の左の角度が直接経費率を示している

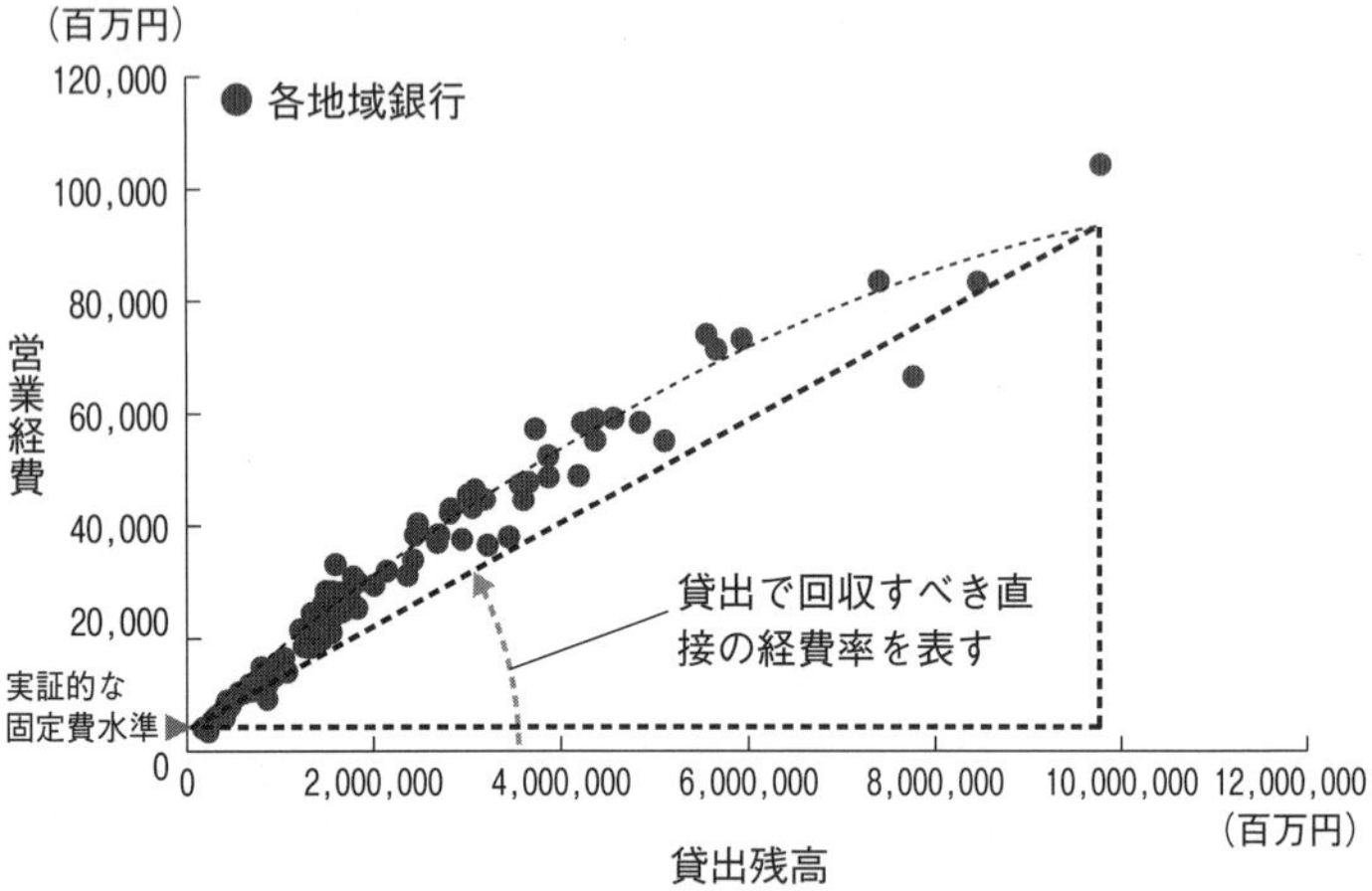

（資料）　全国銀行財務諸表分析

だけのことである。たとえば、IT構築をすませ現在は償却している費用、店舗費用などを固定費としてみなす。

ただ、意外とあいまいでもある。たとえば、本当に正行員の人件費は固定費なのか。日本の人事制度では基本的に解雇はできない。だから固定費のように扱うべきかもしれない。しかし、自然退職も結構あって、5年も採用をストップすると2割くらい行員は削減できる。その意味では固定費ではないようにみえる。実は悩ましい問題である。

1つの解決方法は、実践的に固定費を割り出す方法である。図3－8③の回帰曲線がy軸と交わる、その点こそが、実践的な意味で固定費を表している。

この回帰曲線は105の地域銀行の営業経費から割り出した曲線である。同時に、銀行の個別性によらず貸出残高の規模によって営業経費をかなりの精度で近似している。y軸との交点は、ある銀行がどんどん規模を縮小して、とうとう貸出残高がゼロになったときの営業経費の水準も示唆している。それこそ固定費である。

図3－8③によれば、16・9億円が固定費である。ネット銀行などが創業を始めた頃を思い出すと、近似精度が悪いとは思えない金額である。

また、この図においてy切片を頂点とする破線の三角形の左角の角度が、直接経費率を示すことになる。この角度が小さいほど、貸出残高を増やすために追加的に発生するコストが低いことになる。

市場の呪縛が問いかけるもの

回帰曲線上で予想される経費にぴったりとなる地域銀行をモデル銀行と呼ぶことにしよう。

図3－9　経費率と資金利鞘との関係

モデル銀行の経費率をみると、5兆円規模を超えない限り直接経費でさえも資金利鞘でまかなえない状況になっている……預貸の赤字を市場運用でまかなうモデルへ移行しているようにみえる

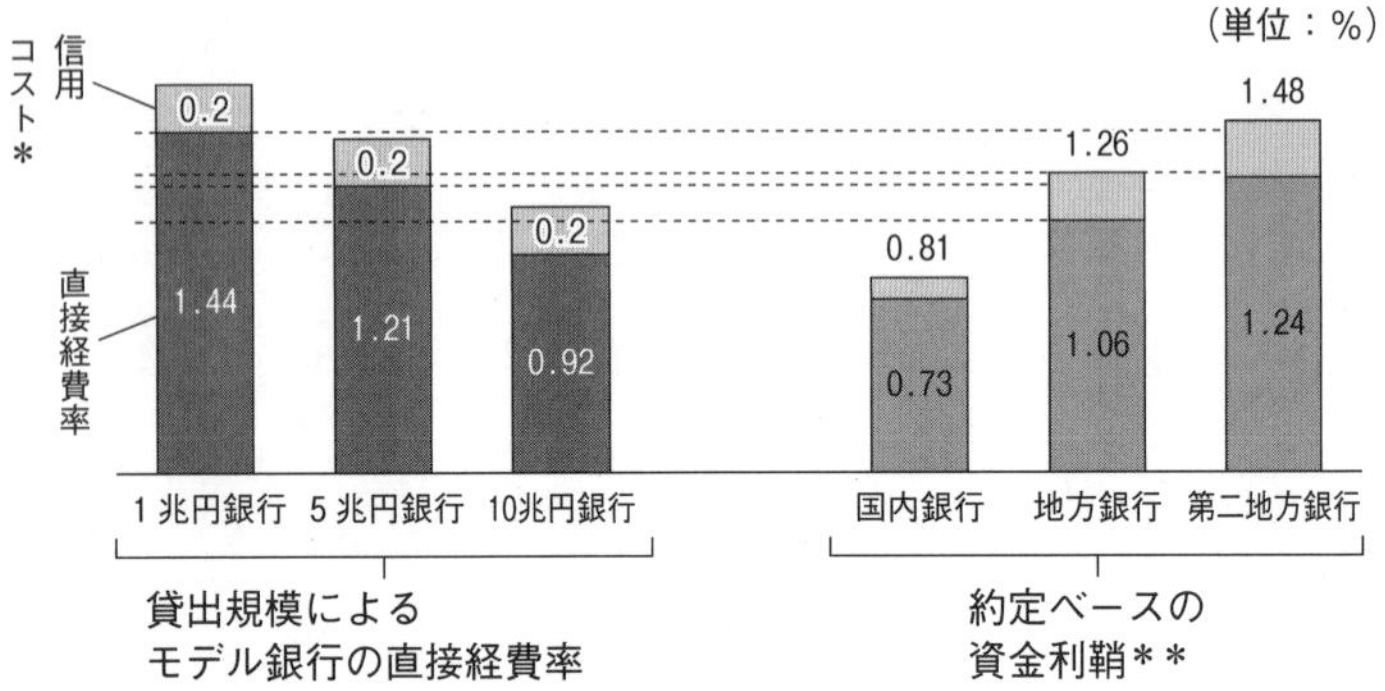

＊信用コストを0.2%程度と仮置き
＊＊2015年4～7月の各月で最低と最大の資金利鞘
（資料）　日本銀行、全国銀行財務諸表分析

モデル銀行の直接経費率は、図3－9のように貸出残高が1兆円、5兆円、10兆円のそれぞれ1・44%、1・21%、0・92%となる。貸出残高の規模が大きくなればなるほど、直接経費率は低下し、規模の経済が働くことがわかる。

実際には、信用コストが、貸出業務を通じて直接回収しなければならないコストとして加わる。信用コストが0・2%くらいだと想定すれば、それぞれ、1・64%、1・41%、1・12%が直接費用ということになる。

しかし、2015年度のはじめ

（4～7月）での新規約定ベースの資金利鞘は、国内銀行全体でみるとわずかに0・73～0・81％しかない。銀行として平均的な資金利鞘しか稼げないのなら、固定費を含めた全体の経費率でなく、直接費用でさえも、もはやまかないきれない現実が浮き彫りになる。

地方銀行だけを取り出しても、新規約定金利は1・06～1・26％にある。10兆円銀行でも信用コストを含めた直接費用は1・12％なので、地方銀行の平均的な資金利鞘では直接費用をまかなうことができるかどうか微妙なところである。そもそも、現段階で最大規模の横浜銀行でも、貸出残高は9兆円台にとどまる。

また、第二地方銀行だけなら同期間の新規約定ベースの月間平均資金利鞘は1・24～1・48％のあいだとなる。信用コストは0・2％としていたので、直接経費率が1・04～1・24％程度なら、資金利鞘でまかなうことができる。しかし、5兆円銀行でようやく直接経費率が1・04％になる。第二地方銀行のなかで貸出残高が5兆円を超えるのは、北洋銀行だけである。

現状の新規約定ベースの資金利鞘と貸出残高の規模では、地方銀行、第二地方銀行の多くは、採算がとれているようには思えない。

預貸率および投信・保険販売による補正

ここにあげた貸出残高と営業経費の関係は、きわめて高い相関にある。ただし、直感的な観点からいくつか気になる点もあるのは事実である。

たとえば、預貸率の格差はどうなるのか。実際、預貸率が１００％を超す北九州銀行や長崎銀行から、預貸率が50％台の七十七銀行、岩手銀行などまで、大きな格差が存在する。この差を補正することができれば、さらに高い相関が得られるものと予想される。

また、銀行の業務は預貸だけではない。為替や投信・保険など金融商品の販売業務、デリバティブ業務などの手数料ビジネスも主要な業務である。

このうち為替業務は、一般的に預貸の取引銀行を活用する傾向がたしかに強い。その意味で、預貸の業務と一体としてみなし、その経費も貸出残高と預貸率によって説明していくこととしてもよいと割り切って考えることにする。

しかし、問題は、投信・保険などの金融商品販売やデリバティブ業務である。投信・保険などの金融商品の販売状況は銀行によって差が大きい。必ずしも預金が大きい銀行が金融商品の預り資産残高が大きいというわけではない。また、収益分野として金融商品の販売を銀行が積極的に進めているため、その営業経費は増加の一途をたどっているはずである。デリバティブ業務もまたしかりである。すでに貸出残高と営業経費のあいだにきわめて高い相関が得られてはいるが、金融商品の販売やデリバティブ業務についても補正項目として取り入れ、さらに高い相関関係を見出したい。

そこで、営業経費と、貸出残高、預貸率、金融商品販売やデリバティブ業務などのその他役務手数料の3つの変数との相関関係を調べてみることにする。

その他役務手数料には、為替手数料は含まれないが、金融商品販売の手数料やデリバティブの手数料のほかに住宅ローンの事務手数料なども含まれる。その他の役務手数料の内訳を示す公開データはないので、こちらを使うことにする。

3つの変数を用いて重回帰分析を行った結果が、図3－10である。R^2はさらに0・978まで上昇する。かなり高い相関関係になっていることを示している。

数式には常に意味がある。この回帰式にも当然のように意味がある。

1行目は貸出業務にまつわる営業経費を説明している。第1項目は、マイナスの係数が掛かっているが、これは規模の経済によって、経費率がどの程度縮小するかを示している。

図3－10　地域銀行の営業経費についての重回帰式（2015年3期）

さらに預貸率や役務収益などの補正項目を加えると、より相関の高い回帰式が得られる

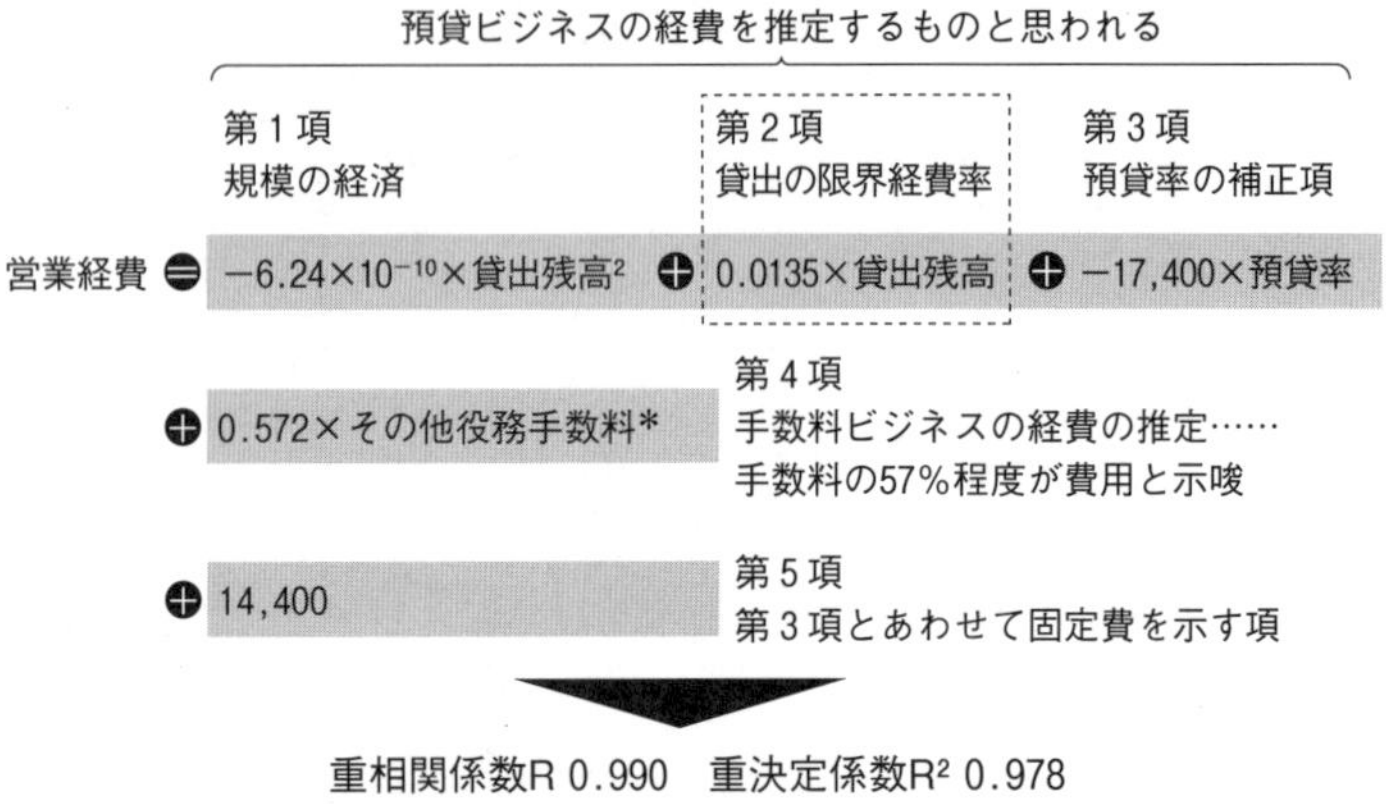

＊投信や保険の販売手数料以外に、住宅ローンの事務手数料なども含まれる

（資料）　全国銀行財務諸表分析

また、第2項は、貸出残高が1単位増えると、営業経費がどの程度増えるかを示している。係数が0・0135、つまり1・35％である。これは1億円貸出残高が増加するごとに135万円だけ営業経費が増えることを意味している。規模の利益を排除すると、貸出の直接経費率は1・35％であるということを示している。

第1項とあわせて、貸出業務に関する営業経費が、上向きの放物線の左半分に沿うようになることを示唆している。

第3項については、預貸率による

補正項目である。マイナス符号の係数が掛かっているのは、預貸率が高いほど、貸出にまわせない無駄な預金をもっていないので、営業経費はかからないということを示唆している。

2行目は、その他役務手数料が1単位増えるごとに、営業経費全体はその他役務手数料の57％分だけ増える傾向にあることを示している。つまり、貸出業務はいまのままにして、その他役務手数料に係る業務を強化して、1億円だけ多くのその他役務手数料を得たとしたとき、5700万円分だけ余計に営業経費がかかっていることを指している。

言い換えれば、その他役務手数料を得るビジネスの営業利益率は43％であるということである。その他役務手数料ビジネスの代表格、金融商品の販売やデリバティブ業務の営業利益率も、おそらくはこうした水準にあるということだ。きわめて収益率が高いビジネスであることも示唆される。

3行目はy軸との交わりを示している。この式の単位は百万円なので、144億円ということになる。貸出残高だけの回帰式では、固定費を示すy切片は16・9億円であったことを考えると、大きな変化のようにみえる。しかし、預貸率が平均的な7割

図3－11　補正後の経費率と資金利鞘との関係

モデル銀行の経費率をみると、5兆円規模を超えない限り直接経費でさえも資金利鞘でまかなえない状況になっている……預貸の赤字を市場運用でまかなうモデルへ移行しているようにみえる

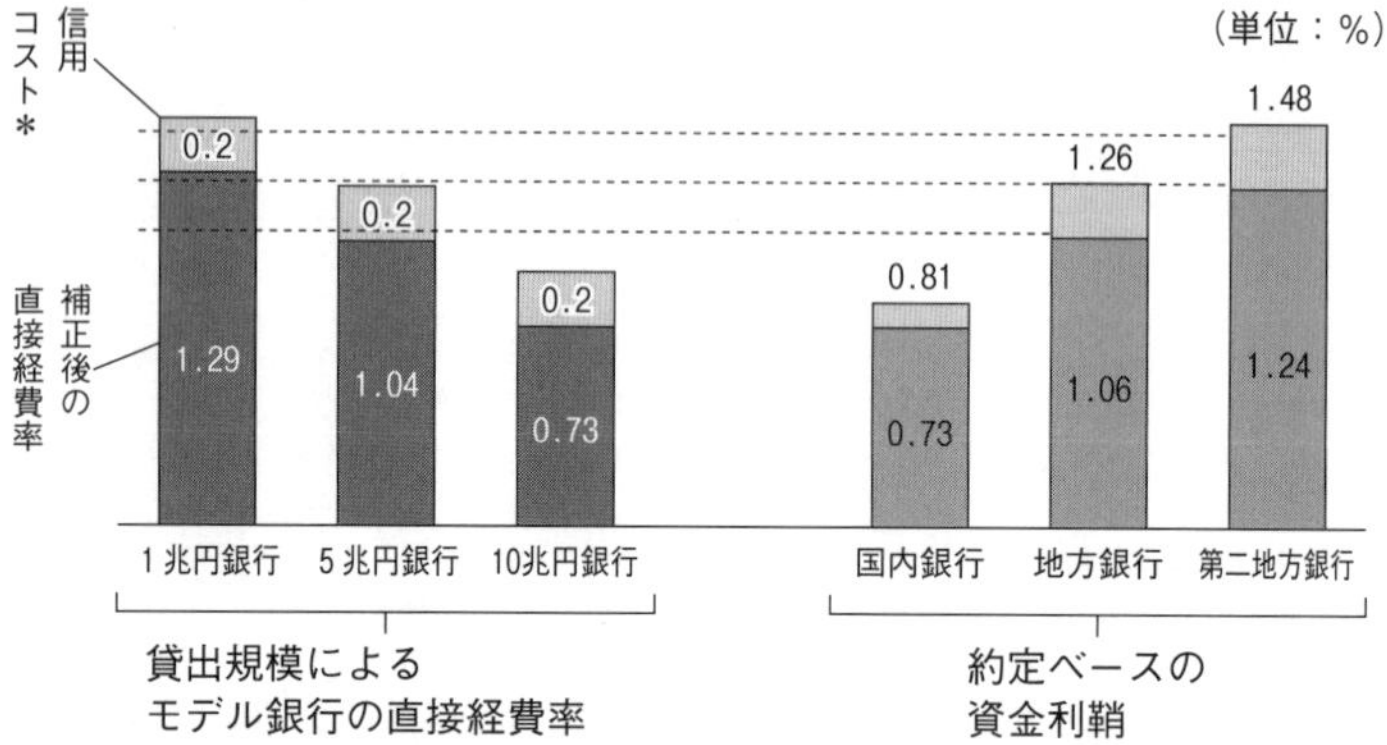

＊信用コストを0.2%程度と仮置き
（資料）　日本銀行、全国銀行財務諸表分析

であるとすると、第3項からマイナス121・8億円が導かれ、第5項と合算でこの場合の固定費は22・2億円となる。その差はわずか5・3億円であり、新しく導いた重回帰式は、貸出残高のみによる回帰式と基調を変えることなく、発展させ精緻化したものであることが、よくわかる。

新しく導いた重回帰式に従って、貸出残高に応じた直接経費率を計算してみよう。図3－11である。1兆円銀行の場合は、1・29％、5兆円銀行は1・04％、10兆円銀行は0・73％となる。補正する前と比べて

0・13～0・19％、直接経費率はさがったことになる。

資金利鞘で回収しなければいけないコストには、さらに信用コストが加わる。それが0・2％なら、それぞれ1・49％、1・24％、0・93％となる。

現在の地方銀行、第二地方銀行の約定ベースの資金利鞘は、それぞれ1・06～1・26％、1・24～1・48％である。貸出残高が5兆円以上の地域銀行は、地方銀行で7行、第二地方銀行で1行しかないことを考慮してみると、多くの地域銀行で1・24％以上の資金利鞘を必要とすることになる。平均的な地域銀行では、おおむね採算があわないであろうことがわかる。

3. トップライン向上よりも合併によるコスト削減効果が勝る

多くの地域銀行に不可避な経営統合

大局的にみれば、預貸ビジネスという事業モデルは、現時点で採算割れしているという意味で壊れてしまっている。資金利鞘が個別の地域銀行で違うので、いくつかの銀行は、例外的に預貸ビジネスは壊れていないかもしれない。しかし、大多数は壊れている。中核事業であるはずの預貸ビジネスのモデルが壊れていることをもって、伝統的な地域銀行モデルは壊れているということができるかもしれない。

ここまで明確に壊れていると言い切れるのは、ストックベースの資金利鞘ではなく新規約定ベースでみることとし、営業収益に対する営業経費率ではなく、貸出残高に対する直接経費率に置き換えたことによる。ストックベースの資金利鞘でみる限り、全国平均1・0%程度であり、まだ大丈夫だと見誤っていたかもしれない。貸出残高などによって直接経費が束縛されている傾向を見出さなければ、頑張ってコスト削減をすれば救われると、甘い見通しを立てていたはずである。1枚1枚ヴェールを脱がせていったからこそ、のっぴきならない事態にすでに陥っていることが明確になった。

さらに預貸ギャップが拡大していけば、資金利鞘はいっそう低下することになる。低下した資金利鞘でも儲けるためには、さらに事業規模を拡大しなければならない。貸出残高が10兆円あっても不足する事態に早晩なるに違いない。

9・8兆円の貸出残高をもつ横浜銀行を別とすれば、この規模にまで自力で積み上げるのは容易ではない。また、経営統合するにしても、最上位クラスの相手先か、複数の相手を求めなければならない。

預貸ビジネスに依存する伝統的な地域銀行モデルを守ろうとするのなら、経営統合は避けては通れない選択肢のようにみえる。

コスト削減には合併が求められる

では、実際に経営統合によってどの程度、コスト削減効果があるのか、確認してみよう。2000年以降に、経営統合を行った地域銀行は15のケースがある。コンコルディア・フィナンシャルグループや常陽銀行・足利銀行のケースは現時点で未発足であるので、この15には入れていない。15のうち8つは持株会社をつくり、その下に地域ごとの銀行が複数並ぶケースである。残りの7つは合併を行ったケースである。持株会社の下に1行しかない池田泉州は、後者のケースに分類した。

図3－12は、図3－8①が地域銀行ごとの営業経費をプロットしていたのに対し、同一の持株会社下にある地域銀行の単体での数値の合計値を□印で付け加えている。また、合併した銀行は▲印でハイライトした。

結果は一目瞭然である。

図３－12　営業経費に対する経営統合効果（2015年３期）

合併行は回帰曲線上にほぼのり、営業経費削減という意味で合併効果を十分に享受している。一方、持株会社方式による経営統合は、回帰曲線の上部に上振れする傾向があり、営業経費削減という意味では十分な成果をあげていないようにみえる

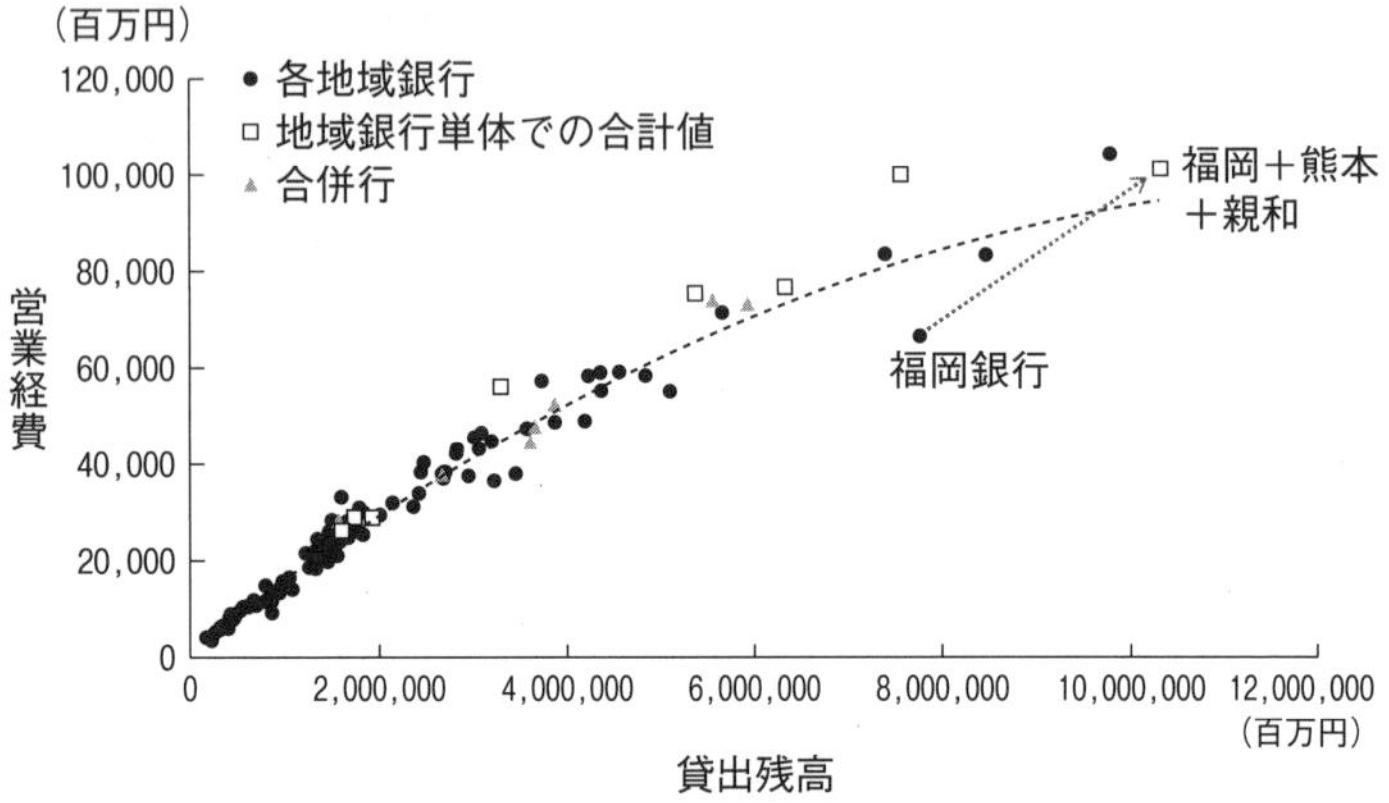

（資料）　全国銀行財務諸表分析

▲印が回帰曲線上にきれいに並ぶということは、合併方式を選択した場合、貸出残高の増大による割安な営業経費の水準を享受できたことを意味している。

ところが持株会社方式で経営統合したケースは、回帰曲線から上振れしている。特に貸出残高の規模が２兆円を超えると、上振れの傾向は明確になる。貸出規模の合計から単独行のように回帰式に従うとして計算した営業経費よりも多く支出している。持株方式の統合によってもコスト削減はそれなりに実現しているのかもしれないが、合併する場合と比

べてコスト削減効果をフルに享受していないことがわかる。

特にふくおかフィナンシャルグループの場合、福岡銀行単独でみる限り、貸出残高による回帰曲線の下方に大きくはずれていて、コスト削減の優等生のようにみえる。しかし、福岡銀行、熊本銀行、親和銀行の3行を合算してみると、逆に回帰曲線の上方に大きくはずれてしまう。傘下銀行と持株会社との兼務発令、コスト負担の仕方などが、こうした現象を起こしているように思われる。

ここで、持株会社方式で経営統合した銀行が、仮に合併方式を選択していたらどの程度の営業経費になったのか、推定してみることにする。推定方法としては、同じ持株会社傘下にある地域銀行の貸出残高を合算して、貸出残高による回帰曲線から算出することにする。

結果は図3－13のとおり、8つの持株会社方式による統合のケースについて、合併方式を選択した場合の営業経費の予測値は、現状の営業経費の合算値を大きく下回ることが判明した。格差の大きいケースで100億円以上、トモニホールディングスを除けば小さくても20億円である。

こうしたコスト削減のポテンシャルを、貸出残高の拡大で達成するのは実質的には

図3－13　営業経費の合併効果予測（2015年3期）

同じ持株会社傘下の地域銀行が合併した場合の営業経費を回帰式から推定すると、大きなコスト削減効果が期待できる

（単位：億円）

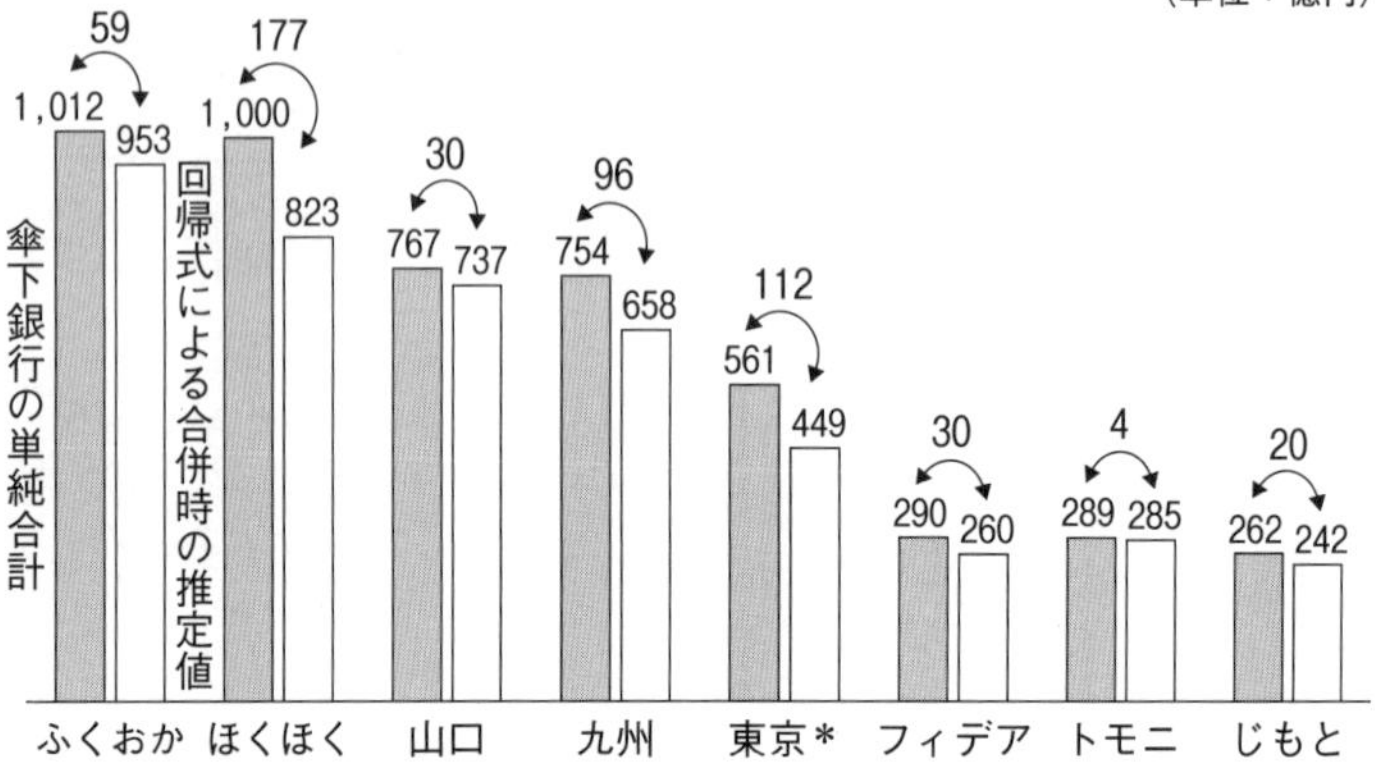

*東京都民銀行＋八千代銀行、新銀行東京を含まず
（資料）　全国銀行財務諸表分析

不可能である。貸出残高の増加で補おうとすると、とてつもない残高成長が必要になるからである。

貸出残高に対する利益率を0・2%程度とすれば、ふくおかフィナンシャルグループの場合は3・0兆円、ほくほくフィナンシャルグループの場合は8・9兆円、山口フィナンシャルグループの場合は1・5兆円の貸出残高の積増しがあってはじめて達成できることになる。また、現状の新規約定金利ベースでは0・2%も利益率がないというのなら、この積増し額はさらに膨大な額にのぼることになる。

これらの3グループは経営統合以来、それぞれ1・9兆円、0・5兆円、1・1兆円ほど貸出残高を伸ばしている。経営統合が行われた2004〜2007年頃の資金利鞘であれば、持株会社方式によるコスト増分を打ち消すような成果だったかもしれない。しかし、現状の資金利鞘にかんがみれば、もはや持株会社方式を正当化できる経済合理的な根拠はない。合併による一本化がいまの環境では妥当な選択肢となる。

預貸ビジネスは、大局的にはコモディティビジネスである。そのため、金利優先で顧客が取引銀行を決める傾向がきわめて高い。地元の名前がついているから選んでいるわけではない。たとえ、「地元行を選びます」というアンケート結果があっても、あてにすべきではない。回答者自身が、言動一致とは限らない。

もちろん、なかには本当に地元の名称がついていない銀行から離反する取引先がいるかもしれない。でも、そうした離反で失われる貸出残高が、コスト削減ポテンシャルを打ち消すような膨大な規模になるとも思えない。

預貸ビジネスが、コモディティビジネスであることを理解してしまうと、地元の名前がついた行名を残すことが必然ではないことが明白となる。地元の名前がついた行名を残す意味は、旧行のプライドの維持であり、組織上の妥協であり、ポストづくりのためでしかない。

経営統合を進めていくための経過措置として、ひとまず持株会社方式で統合することはあるかもしれない。しかし、持株会社方式を長期間継続することは、余計なコストを垂れ流すことにほかならない。なるべく短期間のうちに合併方式に切り替えることが求められる。

つまり、持株会社による経営統合では、合併に向けて進めていくための中間段階にすぎないということである。これからも預貸ギャップが拡大し、さらに資金利鞘が低下することが予想されるなか、最終的には合併方式による経営統合を進めない限り、抜本的な経営改革にはならない。

一方、持株会社方式ではなく合併方式を選択した銀行はどうなっているだろうか。池田泉州銀行をみる限り、合併による大きなコスト削減効果を享受しているようにみえる。２０１５年３月期の営業経費は４７８億円程度である。仮に持株会社方式のもとで、２行が現在の貸出残高の半分ずつをそれぞれ有していると仮定して営業経費を回帰式から計算してみよう。２行合わせて５４５億円の営業経費となると試算される。したがって、合併効果で70億円近いコスト削減を実現したようにみえる。

これだけの効果が得られるとすれば、最終的に経営統合は持株会社方式でなく、合併方式という選択肢しかありえないのである。

方位選択型銀行になればコスト競争から免れる

では、本当にすべての地域銀行が合併を検討しなければならないのだろうか。それは、そうではない。

理由は、営業経費と貸出残高の関係は個々の地域銀行を縛るものだったが、資金利鞘はあくまでも国内銀行全体平均の話だからである。つまり、銀行業は大局的にはコモディティビジネスに違いないのだが、個々の地域銀行をみたときに資金利鞘が平均よりも高い銀行があってもおかしくないのだ。

図3－14は、各地域銀行の地元シェアと貸出金利の関係を示したものである。新貸出金利については単純に財務諸表の貸出利息を貸出残高で除したものであり、新規約定ベースの金利ではない。基本的にはストックベースの金利であり、そのため、新規約定に比べて高めの数字になる。

地元シェアは、本店を置く都道府県での貸出シェアをとった。さらに、地元シェア

図3－14　地元シェアと貸出金利の関係（2015年3期）

一番行は地元シェア＊が30%程度以上あり地元経済全体の影響を受けるため貸出金利＊＊は例外を除き1.5%がキャップとなる。一方、二番行以下は選択的なターゲティングも可能になり高い貸出金利をとることもできるため、ばらつきが生まれる

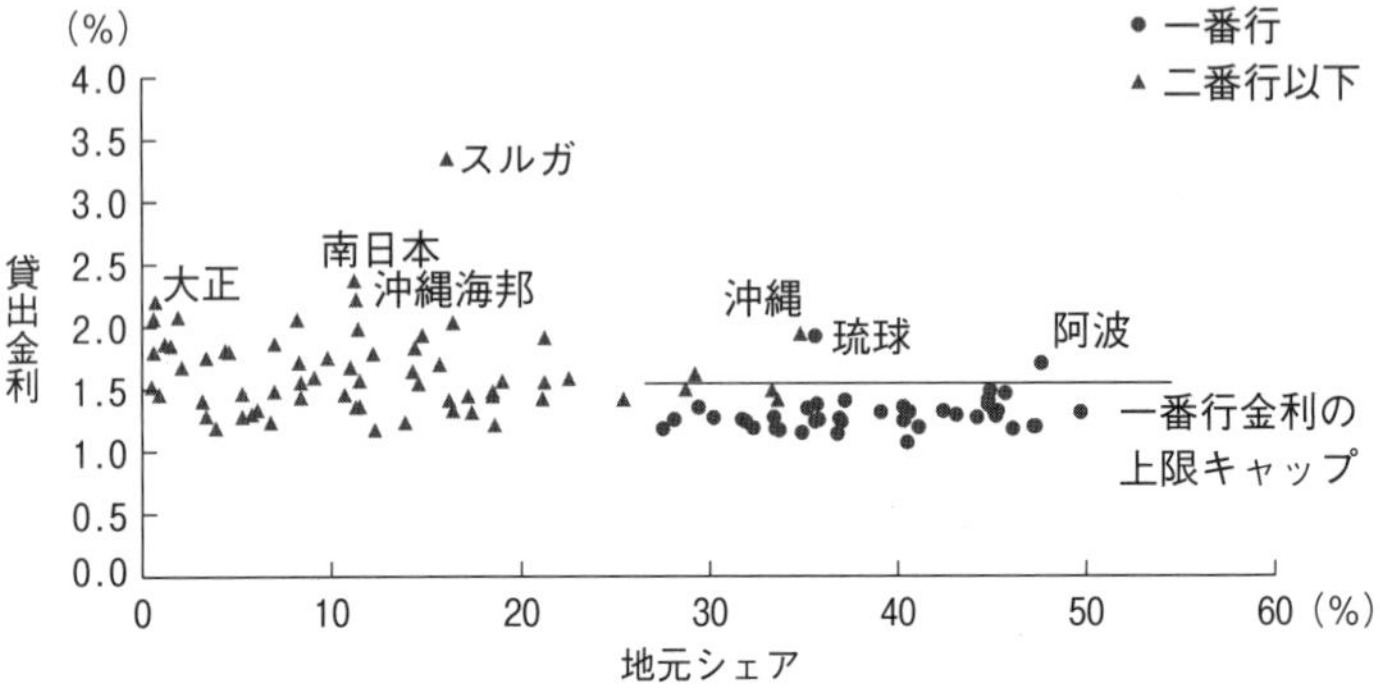

＊本店を置く都道府県における貸出シェア
＊＊貸出利息÷貸出残高
（資料）　全国銀行財務諸表分析、金融マップ

において1位の銀行を一番行として●印、それ以外を▲印で分けている。地元シェアで1位かどうかは地域銀行に限らず、主要行も含めて判定している。そのため、東京都や大阪府では地域銀行はみな二番手以下の銀行として▲印で記されている。

みてのとおり、一番行は基本的には地元シェアが30%を超える。大きなシェアをもつとどうしても全方位型の営業になる。特定のセグメントに絞り込んで営業展開することはできない。そのため、地元経済のマクロ事情を受けるようになる。結果として例外的な銀行を除くと、貸出金

利1・5%が上限となり、それを超えて高い金利を得ることは、実際上むずかしい状況になる。

例外となっている一番行は琉球銀行と阿波銀行だけである。それぞれ沖縄県、徳島県に本店を構えている。どちらも主要行のシェアは3%程度で、そうした環境で高シェアとなると優位性が高まり、貸出金利も高まることは想像にかたくない。また阿波銀行の場合、東京で積極展開していることが功を奏しているのかもしれない。

一番行は貸出金利をあげようにも全方位であるがゆえに一定の限界があるということは、コスト競争を推進していかなければならないことを示唆している。また、コスト構造はみてきたように事業規模によって決まる傾向がきわめて高い。金利競争がこれまでどおり進展していくとしたら、一番行自身積極的に合併戦略をとらなければならないことになる。

これまでの経営統合は、第二地方銀行でしかも規模が比較的小さい銀行同士でなされるケースが多かった。一番行なら規模が大きくて安定しているので経営統合を進んで選択しなくてもよいようにみえたが、そうではないのである。

一方、二番行以下に目を転じてみると、ばらつきが大きくなっている。二番行以下は相対的に小規模な取引先が多いにもかかわらず、一番行並みの貸出金利しかとれていない地域銀行が多数存在している。同時に、1・5%を超す高い貸出金利となっている地域銀行も少なからず存在して、ばらつきが大きい。

地元シェアが低いことは、一番行のように地域経済の活性化に全面的なコミットメントを求められることが、事実上少ない。そのため、全方位の取引をする必要がなくなる。方位選択型の地域銀行として選別的な展開が可能になるということである。その結果、貸出金利2%を超えている地域銀行も存在する。これらの地域銀行は、コスト競争に終始しなくてもすみ、規模の経済を得るために合併をしなくてもすむかもしれない。

しかし、二番行以下でありながら、一番行並みの貸出金利に甘んじている地域銀行は、話が別だ。方位選択機会があるにもかかわらずターゲットが絞り込めず、全方位型の地域銀行となってしまっている可能性がきわめて高い。そのため、金利競争に埋没していくことになる。貸出金利を高めることができないのなら、コスト削減を徹底しなければならないことになり、コストは規模で決まるため、合併が基本戦略になる。

つまり二番行以下のチャンスを生かして方位選択型銀行への移行に成功しない限り、競争力を高めていくために合併を積極的に検討しなければならないのである。全方位型銀行である限り一番行もそれ以外も関係ないのである。

合併を起こすための役員インセンティブ

しかし、これだけ合併することが全方位型銀行にとって経済合理的にかなうことであるにもかかわらず、現実には合併が起きるケースはきわめて少ない。なぜ起きないか、理由はいろいろとあるかもしれない。でも、本音のところでは人事、特に役員人事の問題がいちばんの障害になっているはずだ。

会社法にも銀行法にも、銀行の頭取が複数ではいけないとは書いていない。だから共同頭取も制度上はＯＫということになる。

しかし、共同代表がうまくいった事例は、古今東西ほとんどない。銀行の事例では米国のシティグループがある。１９９８年にジョン・リード率いるシティコープと、サンディ・ワイル率いるトラベラーズ・グループが合併し、両者が共同ＣＥＯに就任したが、２年もたずにサンディ・ワイルに一本化された。

銀行が合併するなら、一方の頭取がＣＥＯとして頭取を続け、他方の頭取が会長になることが自然な流れだ。しかし、会長になるということは、ＣＥＯだった頭取職から一歩退くことになる。結局のところ、どちらが頭取にとどまり、どちらが会長になるのか、パワー・ゲームの問題がすぐに想起されて、合併の議論は進まない。

一歩、さがって達観してみたら、どうだろう。

先にもみたように合併効果は少なくても数十億円の経費削減ポテンシャルがある。合併をして実際に数十億円の合併効果を顕在化できたのならば、経営者に対して成功報酬が支払われてもおかしくないだろう。数十億円のコスト削減効果があるのなら、役員全体で数億円くらいの成功報酬であってもよいだろう。この成功報酬をうまく使えないだろうか。

もっと直接的にいえば、合併前は年間報酬が５０００万円の頭取が、合併によって会長職になるとしても、合併の成功報酬によって１億円の年間報酬になるとしたら、考えを変える頭取もいるかもしれない。会長１・１億円、頭取１億円というバランスもあるのかもしれない。

同じように、次の頭取をねらっている役員にとっても、合併してしまえば、頭取になれる確率は半減してしまう。だから、合併にはあまり気のりしない。しかし、合併によって役員報酬が倍増される可能性があれば、それもまたよいかなとポジティブに考える役員もいるはずだ。

こうした考え方に対して、カネで釣るのか、という批判が起きるかもしれない。しかし、合併したほうが地域銀行のコスト競争力を高めることができる。その結果、株価も改善するだろうから、株主にとってはよいはずである。コスト削減の顕在化分はコモディティビジネスの競争力にもなり、また配当にまわせる。銀行経営の持続性も高まり、預金者にとってもプラスになる。借入れをしている顧客からみても、より有利な金利で借入れができるチャンスが広がる。みんなが得をすることになるのだ。

そして、何も経営者たちが不労所得を得ようとしているのではない。合併の意思決定をして、実際にオペレーションを統合してコスト削減に成功してはじめて成功報酬を得ることになる。銀行経営者がプロフェッショナルであれば、当然のことでもある。

このままの態勢を維持すれば経営破綻すると思われるとき、一般の社員に対しては、早期退職制度でおカネをインセンティブに解決を図ることがある。役員に対するインセンティブも同じではないだろうか。処遇、ポストで解決できないのなら、金銭的なインセンティブを検討することが現実的な代替案になるはずだ。きれいごとだけでない策も検討すべきである。

思考実験の取締役会――独立取締役の使命

もう1つ、付け加えたいのが、コーポレート・ガバナンスからの視点である。東証のコーポレート・ガバナンス・コードでは、社外取締役、できれば独立取締役を取締役に加えることが推奨されている。ただ、社外取締役、独立取締役が形式的に加わればば、よい経営ができていることには決してならない。

特に、独立取締役は一般株主の立場で経営状況を取り締まることが期待されている。一般株主とは、少数株主、個人株主を指している。一般株主の多くは、株価向上や配当を期待しているのである。したがって、独立取締役は、株価向上や配当がきちんと支払われるように、取締役会で意見を述べたり、質問したりしなければならない。そのためには、社内取締役とコンフリクトを起こしても、必要とあらば行動しなければいけない。合併は多大なコスト削減機会に結びついている以上、合併について取締役会で検討するように発言をしなければならない。

おそらく、地域銀行の取締役会で相手が具体的になる前に、合併についての基本方針（能動的に動くべきか、どのような銀行に飛躍するための合併でどのようなパートナーへアプローチするべきかなど）を事前に議論したことはほとんどないのではないだろうか。独立取締役自身が、銀行経営や合併効果について知見がない場合が多いかもしれない。もしそうだとすれば、独立取締役にふさわしくない人材を、取締役会などが推薦し、最終的には株主が選任してしまっていることになる。

また、もし独立取締役が取締役会で合併の必要性、合併の具体的な候補の選定などを問題提起したとしたら、どうなるだろうか。社内の取締役たちは、きちんと合理的な理由を説明して、合併という経営上の選択肢を棄却できるだろうか。北海道や沖縄県のように隣県といっても海の彼方でオペレーションの統合がむずかしい場合や、低シェアではあるが独自の事業モデルで高収益をあげており、一般的な銀行と合併して規模の利益を得るよりも、独自の事業モデルを維持したほうがよいと主張できるような場合を除いて、反論するのはむずかしいだろう。

形式要件を満たすということではなく、一般株主の利益にも考慮した実質的なコーポレート・ガバナンス態勢が確立できているのなら、地域銀行の合併がもっと頻発することになるはずだ。起きていないということは、コーポレート・ガバナンスが実際には確立できていないということでもある。

規模拡大の効用1――専門性の強化

合併を通じて規模を拡大することの利点は、実はコスト削減にとどまるものではない。専門性を高めるチャンスである。

地域銀行の現状をみるにつけ、現実には顧客ニーズを満足できないことが多い。端的な事例が海外進出支援である。取引先のなかでも成長ポテンシャルの高い企業ほど、海外進出を進める。もちろん、地域銀行もそれに応えようとして、さまざまな努力を積み上げている。海外支店をつくれない国内基準行であっても中国や東南アジアの国々に駐在員事務所を設けている。ただし、1～3名のスタッフで運営されている。駐在スタッフは、現地のプロフェッショナルをネットワーキングして、取引先のリクエストに応える。地元県、あるいは隣県まで含めても、取引先で海外進出している企業数を数えると、東南アジアの場合、せいぜい数十社から100社、150社程度になるので、どうしても体制の充実には限界がある。駐在員事務所を開設し、現地情報の収集に懸命に取り組んでいる。

しかし、メガバンクは、本部に国ごとに専門の担当者がチームとして控えている。同時に、海外の現地支店のサポート体制も充実している。東南アジアの国の現地支店に行くと、日本人数名に加えて、英語か日本語を話せる現地の優秀なスタッフがぞろぞろと現れる。人件費水準が違うので、それくらいなんでもない。結果として、国ごとに、しかも業種その他の分野ごとの専門化が進み、事実、高いサービス水準になる。

取引先は、こうした地域銀行とメガバンクを比較して海外支援の依頼をすることになる。ここまで、メガバンクと地域銀行とのサービス体制の違いを明確に把握できてはいないが、それでも違いがあることにはうすうす気づいている。0か100かの話ではないが、多くの取引先は、その体制が充実していること、経験が多そうなこと、その結果として専門性が高そうに思えるメガバンクを選択したがることに異論はないだろう。

また、ビジネス・マッチングのようなサービスでも同じことだ。よいビジネス・

マッチングを繰り返し可能にしていくには、ネットワークが大きいことが必要になる。規模が大きいことが有利に働く。そのため、どうしてもメガバンクとつきあいがあれば、そちらに相談することが多くなる。いまや、ほとんどの県にメガバンクの法人拠点はあり、県内の成長企業との取引を進めている。たしかに地域銀行も複数行が連携してビジネス・マッチングに取り組んではいるが、それには限界はある。

付加価値を高める、専門性を極めるのも、実は規模のゲームであるということ。規模が一定以上ないと、専門性の高いサービスを提供できないのだ。

地域銀行にとって、規模の追究は効率性を高めていくための手法のように思われていたのかもしれない。そのため、質の高いサービスは規模がなくてもできると思われていたかもしれない。

スーパーマンのような専門家はいない。大抵は、広い知識だが浅いか、深い知識だが狭い、のどちらかである。それを克服していくためには、チーム体制が必要となりどうしても規模が求められるということだ。

規模拡大の効用2——仕組みが必要な分野の強化

規模の効用がもう1つ如実に表れるのが、仕組みで動かす分野である。仕組みづくりは、基本的に固定費が増すことになる。固定費がかかっても思い切って強化することができるようになる。その恩恵を最も受けるのが個人分野である。

たとえば、消費者金融分野の強化には、マーケティングから効率的なセンター・オペレーションまでが必要になる。

個人顧客から一定の認知を受けるためには、どうしても広告活動が必要になる。ネットなどのメディアで顧客開拓するにしても、テレビや新聞、雑誌などのマス媒体での刷り込みがまったく不要だとはならない。ネットでリスティング（検索連動型）広告やアフィリエート（成果報酬型）広告を出すのなら、顧客獲得数やクリック数に応じた変動費だ。しかし、マス広告は固定費であり、規模が小さい銀行は顧客に広く認知を得られるほどには投入しづらい。一方で、メガバンクは有名タレントを使いテレビ・コマーシャルで積極的に宣伝をしていることをみれば、規模があってこそのビジネスであることの実感が湧いてくるはずだ。

また、消費者金融は基本的にノンバンクから保証を受けて、審査業務や回収業務をアウトソースすることになる。この部分については、保証料を通じて残高に応じた変動費が支払われる。その一方で、初期督促を担うコールセンター部門は集中業務センターであり、固定費部分がそれなりにある。地域銀行が単独で行えば、コールセンター・オペレーターの数も10〜20人くらいではないだろうか。こうした規模でコールセンター業務を行っても効率が悪い。しかも、初期督促においても話法などのスキルが重要である。スキルを確立していくためにも、どうしても一定の規模が必要になる。

加えて、消費者金融ビジネスは、あらためて市場開拓していく努力が求められている。上限金利18%のもとでは、多くの金融機関から借入れをしている消費者にさらに貸し出すことはむずかしい。それ以上に、社会問題化したこともあって個人の顧客が借入れをしなくなった。

銀行による消費者金融残高は2000年で無担保が21兆円で2012年には14兆円となる。ちょうど3分の2に縮小したことになる。いまの市場は新しい貸金業法が規定する以上に縮退している可能性が高く、もう一度伸びそうな気がする。

こうした市場開拓をあらためて行うにも、企画スタッフが懸命に努力をしなければいけない。片手間でできる仕事ではない。そのため、どうしても規模が求められるのである。

こうした事情を考えれば考えるほど、地域銀行が現状の規模で消費者金融をメガバンクなどの水準に引き上げていくことはむずかしいように思う。ここでも合併という経営判断が福音をもたらすはずだ。

4.「地域」銀行から本当の意味での「地方」銀行へ

地域銀行合併で求められる地理的な広がり

ところで、地理的には、どこまで広域化していくのであろうか。1つの方向性を社会移動の実態から見出すことができる。

社会移動は決して県内にとどまるものではないことを思い出してほしい。図2－3でみたように、北海道と沖縄県を除けば、住んでいた市町村を離れる場合、県内にとどまる割合は、4割前後である。周辺市町村から県庁所在地の市を目指して、社会移動が終わるのではなく、県庁所在地の市からは、その地方にある求心都市や東京都特別区に向かうフローが起きている。

地方における求心都市がない県の地域銀行はどうなるのか。県庁所在地であっても中継都市である。人口は求心都市に向かって流出し、自然減を打ち負かすほどの社会増を得られないことも多い。その結果、自然減とあわせて人口減となる。そうした県庁所在地の場合、10年単位で考えれば、市場を深掘りしてみたところで、成長には限界がある。

求心都市をもたない県の地域銀行同士が合併しても、成長の限界という問題の解決にはならない。コスト競争力は高まるだけである。

地域銀行が、こうした事態を回避し、成長やコスト競争力を向上させるためには、合併を通じて広域化して地方の求心都市を目指すことが必然となる。文字どおり「地方」の銀行になるということでもある。

同時に合併による「地方」銀行が生まれることで、求心都市における銀行数は減少することになる。おそらく、地方ごとに2、3の主力「地方」銀行に収斂していくのではないだろうか。

そうなれば、現在のように多数の地域銀行が求心都市に押し寄せ、金利低下に拍車をかける事態も解消されるのではないだろうか。

同一県内での合併はありうるか

よく考えてみれば、コスト競争力を追求するためだけなら、同一都道府県内での合併でもよいはずである。

東京都や大阪府のように地域銀行よりもメガバンクがシェアの多くの部分を獲得している地域では、地域銀行同士が合併したところで大したシェアにならない。一方、人口が減少している県になればなるほど、2程度の地域銀行でシェアの大部分を複占していることが多くなる。そうした県内での合併が独占禁止法の観点から許されるかどうか議論の余地がある。

ただ、独占禁止法の観点からではなく、人口の社会移動の観点から同一県内の合併の効用はクリアである。求心都市のある県であれば、その合併効果は長期にわたる可能性があるが、中継都市や周辺市町村ばかりの県内での合併効果は一時しのぎとなる可能性が高い。

求心都市は、これからも人口の流入が続くとみられる。その都市で地域銀行が合併すれば、合併行は長期にわたり人口流入の恩恵を受けることができる。

一方、中継都市や周辺市町村ばかりの県の場合、長期的には人口が流出していく。周辺市町村の多くで、すでに人口流出が始まっているし、中継都市で近い将来同様の可能性がある。そうした県内で合併しても、たしかにコスト競争力は高まるが、成長できる可能性は乏しい。一時的にコスト削減ができ、短期間は業績が回復するはずではあるが、次の一手を見つけてこないと次第に業績は低迷を始めるはずだ。

つまり、どの県であっても地域銀行同士の合併には短期的効果はある。しかし、人口が流出していくような県では一時しのぎにすぎないということだ。本質的には求心都市を目指して広域化を図るための合併が必要となる。

県を越えた経営資源のシフトを起こすべき

地域銀行が複数の県にまたがる「地方」銀行になった後、どのように経営を進めていくべきか。

それぞれの県のなかに、中継都市と周辺市町村があり、また地方に1つの求心都市がいずれかの県にあるはずだ。求心都市、中継都市、周辺市町村のレイヤーでこそ戦略を練るべきであり、当然のことに、このレイヤーに従って経営資源を優先的に投入していくべきである。たとえ集中的に人員を配置しても、行員1人当りの市場規模はそれでも求心都市や中継都市のほうが周辺市町村よりも多くなることが、一般的だ。県単位で議論をしては絶対にいけない。

一方の県に求心都市と多くの中継都市が存在するのなら、その県に多くの経営資源を割くように戦略を練り上げていくべきである。その結果、一方の県に他方の県から人員が多数シフトすることになれば、それこそ「地方」銀行に進化したメリットを成果として収穫することになる。

逆に県を越えた経営資源のシフトが起きないようであるなら、「地方」銀行に進化した甲斐があったかどうか怪しいものである。複数の県が同じはずはなく、少なくともどちらかの県にしか地方に1つの求心都市はないはずである。県を越えたシフトがないのは、結局のところ、旧行を意識した事情が、合理的な戦略を阻んでいるようにみえる。

第I部で検証したように、社会移動は必ずしも県を意識して起きているわけではない。地方というくくりで少なくとも考えなければいけない。県を前提に経営すること自体、もはやナンセンスなのである。

戦略は市場、すなわち人口の社会移動に従い、組織は戦略に従うべきものである。また、合併をすることが目的ではなく、合併した後、よりよい「地方」銀行へと進化していくことが目的なのだ。

5. 2つの意味でアセット・マネージメント会社たれ

預貸率50%割れの経営モデル

もう一度、地域金融市場の将来シナリオに戻ってみよう。2025年時点で27の府県で預貸率は50%を下回りそうだった。それが2040年には37の道府県に拡大していくと見込まれている。たとえ、地域銀行が「地方」銀行に広域化しても、大多数の県で預貸率が50%を下回るために、事情は変わらない。

つまり、地域銀行が合併という意思決定をして預貸ビジネスにおける収益力を向上できたとしても、それだけでは解決できない可能性が高いということを意味している。営業経費率が低下し貸出の収益率が高まっても、肝心の貸出ボリュームが伸びないのなら収益額は伸びないだろう。

したがって、どうしても預貸ギャップを縮小するために、預金の一部を投信や保険などの金融商品に代替していくか、あるいは余資運用において市場運用のスキルを磨いて運用利回りをあげていかなければならない。

前者はアセット・マネージメント商品の販売であり、後者は自らアセット・マネージャーとして高度化していくことである。地域銀行の経営モデルを考えると、2つの意味でアセット・マネージメント会社としての機能を強化していかなければいけないことになる。

また、全方位型の地域銀行のなかで、どうしてもふさわしい合併相手が見つからない場合には、単独での生き残りを模索することになる。その場合においても、収益性の高い金融商品の販売、もしくは余資運用の強化に活路を見出すしかなく、2つの意味でアセット・マネージメント会社の機能を強化していくことに変わりはない。

金融商品の販売会社としての生き方

では、アセット・マネージメント会社としての機能を強化していくというのは、どういうことなのか。まずは、金融商品の販売について考えてみよう。

一般の個人顧客からみて投信や保険などの商品選びほど、わかりにくいものはない。営業担当者から商品の販売資料をもらい、家に帰って資料を読み返しネット検索をして評判を確かめ、それでもやっぱりわからないことが多い。最後にもう一度、営業店に行って肩押しされてようやく決心がつくようなプロセスが普通だ。

だから、ネット・チャネルだけで投信や保険を売ろうとすると限界がある。事実、ネット証券でさえ投信をネットではそれほどさばききれず、IFA（独立系フィナンシャル・アドバイザー）などの人的チャネルを強化しつつある。また、ライフネット生命も年換算新規保険料では早くもマイナスに転じて、来店型保険ショップのほけんの窓口との提携を始めた。

金融商品の販売会社になるということは、ネットなどでの情報提供を強化しつつも、人的なチャネルによる相談能力を重点的に高めていくことである。

そのために、いくつかの地域銀行がすでに始めているように証券子会社を設立して、証券会社に送客を図ることも解決案の1つである。

あるいは、いまや成長著しい来店型の保険ショップのようになることも別の解決策である。来店型保険ショップは、その販売体制や手法について問題にはなっているが、中立的な立場の人に相談して保険商品を選びたいという強い顧客ニーズがあるのは事実である。また、地域銀行に比べて相対的に小規模であっても、保険の手厚い手数料に支えられビジネスとして成り立っている。銀行免許をもってはいるが、預貸ビジネスより投信・保険の販売が中核になる銀行が現れてもおかしくない。

こうして金融商品の販売力を強化することは、実は預貸ギャップを縮小し、預貸ビジネスにもプラスの波及効果をもたらすことになる。

実際、公募投信の純資産残高は現時点で100兆円を突破している（2015年8月時点）。アベノミクスの前までは、なかなか60兆円の壁を超えることができず、50兆円前後で行ったり来たりする状況から脱した。預金金利があがらず、円安傾向へ振れていくのなら、まだまだ伸びる余地がある。加えて、投信を保有した経験のない顧客は、全体の4分の3に達する。地域銀行をはじめとする金融機関が投信の普及にさらに力を入れていけば、純資産残高が120兆円、150兆円になっても不思議ではない。

投信の純資産残高が仮に120兆円となって、いまよりも20兆円増加したとしよう。銀行のシェアを5割と仮定すると、これによって預貸ギャップを10兆円ほど縮小させることになる。投信の純資産残高が150兆円なら、預貸ギャップの縮小幅は25兆円になる。法人や超富裕層向けの私募投信の増大も銀行預金の削減に貢献するであろうから、2025~2040年にかけて想定していた預貸ギャップの拡大をほぼ相殺することができる可能性は十分にある。いまと同じ預貸ギャップなら資金利鞘も同水準にとどまると予想される。

金融商品の販売会社として地域銀行が力をつければつけるほど、伝統的な預貸ビジネスは、預貸ギャップの縮小という恩恵を受け再浮上する。皮肉なような気もするが、一挙両得である。

そのためには、販売を担当する人材の育成にあらためて力を注ぐべきである。

1998年12月に投信の窓販が解禁されて以来、20年近い歳月が流れたが、それでも銀行窓口での販売スキルは高まらない。おっかなびっくりのまま投信を説明するきらいがある。研修の多くは知識教育、コンプライアンス教育となっているが、数少ない優秀な担当者のやり方をベースに技能教育として推進しなければいけないことに早く気づくべきである。また、技能の中核に「聞く力」があるということにも。

それでも金融商品販売にはスキル・カルチャーの面でもの足りないところがあるのなら、いくつかの地域銀行が先行しているようにリテール証券会社を傘下にもつことも積極的に検討すべきように思う。

アセット・マネージャーとしての生き方

思い切って預貸ビジネス中心の伝統的な銀行から市場運用会社になることを考えてみよう。

これまで、一般的な地域銀行で行われてきた市場運用業務は、国債の運用がほとんどすべてだった。それを数人の規模で業務として行ってきた。そのため、一見、運用利回りが高くみえる地域銀行でも多くの場合は、デュレーションの長い国債を買って期間のミスマッチ・リスクを冒して収益を確保している。

債券にもいろいろある。国債と事業債でも違いは大きい。また、国債にも日本国債から外国債まで幅がある。事業債も円建てや外国通貨建てと多様性がある。もちろん、こうした債券類のほかにエクイティ投資も管理可能な範囲で、直接、あるいはファンドなどを通じて間接的に行うことも考えられる。また、私募投信を買うことも、特別な手段ではない。多様な投資対象が存在している。

しかし、地域銀行の運用体制は、現実には数名規模のことが多い。そのため、商品を紹介してくれる証券会社、投信投顧会社、あるいは格付け会社などの意見を参考にしながら運用の意思決定を行うことになる。

これから預貸率が低下し余資運用額が膨大になることを考えると、こうしたやり方を改善していかなければならないことは明白である。どちらかというと、預貸ビジネスよりも余資運用が中核業務になっている可能性もあるのだから。

そのためには、余資運用のフィロソフィーを明確にしたうえで、それにふさわしい体制やシステムの充実などを進めていくべきである。人的な資源の拡大はもとより、ポートフォリオ構成の決め方、アセットクラスごとの銘柄の選び方、リスク管理フレームワークなど、仕組みを構築していかなければならない。

ただし、よい運用をしようとするには、一定以上の規模の確保が重要になる。複数の地域銀行が合同で運用する体制を築く、あるいは合併によって銀行自体の規模を拡大していくことが、この選択肢においても重要であることにも留意しておくべきだろう。アセット・マネージャーを極めようとすれば、経営統合の道から逃れることができきるわけではないことも忘れてはならないと思う。

新しい地域銀行モデルをデザインするとき

結局のところ、地域銀行のあしたを考えるにつけ、全方位型銀行にとっては合併が有力な選択肢であることはたしかである。事実、金融商品の販売会社になることを除き、多かれ少なかれ規模を求められる。こうした方向性は、データや分析結果が、そう示唆しているのである。

また、データや分析結果の示唆だからといって、自然科学のような精度での予見ができるわけではない。社会科学である以上、どこかに隘路があってもおかしくない。ただし、隘路があるかもしれないといって、好都合な選択肢が見つかるまで、経営の意思決定をしないでよいというものではない。

合併を避けたいし、保険代理店のようなことはあまりしたくもないと思うなら、それ以外の具体的な将来像を、地域銀行経営者は株主や預金者にいますぐ提示していくべきである。それができずに、ないものねだりを続けるのは、恥ずべきことではないだろうか。

翻ってみれば、1県におおむね1つの地方銀行という体制が構築されたのは、戦前にさかのぼる。それから70年あまり。交通システムも通信システムもまったく異なる水準に達している。もはや県別に経済活動をとらえても意味があるのだろうか。

いま、大切なことは、新しい地域銀行モデルをデザインすること。ちょっとしたオペレーションの改善を繰り返しても、あしたにつながらない。オペレーション改善から経営モデルのリ・デザインへ、モードを切り替えなければならないときなのだ。

第4章

信用金庫は個別の多様化とシステムとしての見直し

1. 信用金庫も銀行業として同様の傾向をもつ

信用金庫はどこまで個別に考えるべきか

地域銀行については、預貸ギャップと資金利鞘の関係、貸出残高と営業経費の関係、そして地元シェアと貸出金利の関係が明らかになった。個々の地域銀行の多少の違いはあるにしても、どのような方向に経営の舵を切らなければならないのかが明確になった。個別事情をあげて、言い訳することができないことがわかってきたのである。

地域銀行が多くの場合、県域全体をカバーしているので、県庁所在地などの人口規模の大きな市の事情と、中小規模の市町村の事情が相殺されてどの地域でも似たような傾向、法則性に支配されていてもおかしくはない。

しかし、信用金庫の場合はどうだろうか。信用金庫は、市町村単位で営業地区を設定することになっている。地域銀行とは違い、もともとは県域全体をカバーしていなかった。そのため、個別の市町村の社会経済動向の違いが色濃く反映されるように思われる。信用金庫の場合は、地域銀行でみられた傾向や法則性を見出すことができないと、直感的に思う。

ところが、いざ同様の分析を信用金庫のデータを用いて行ってみると、地域銀行と同様の結果が得られる。一見、個別事情が強く、そのため、傾向や法則性など何も表れそうに思えない信用金庫も、淡々とデータをみていくと、傾向や法則性が明確に表れる。資金利鞘や営業経費については、信用金庫も地域銀行同様、個別事情をことさら取り上げては言い訳することができないということになる。

あしたの信用金庫の経営モデルを提示していく前に、まずはいまの信用金庫について、地域銀行同様の傾向、法則性がみられることを確認したい。

図４－１　信用金庫の預貸ギャップと資金利鞘の関係（1998年４月～2015年７月）

信用金庫の新規約定ベースの資金利鞘＊も預貸ギャップが拡大すればするほど低下する傾向にある

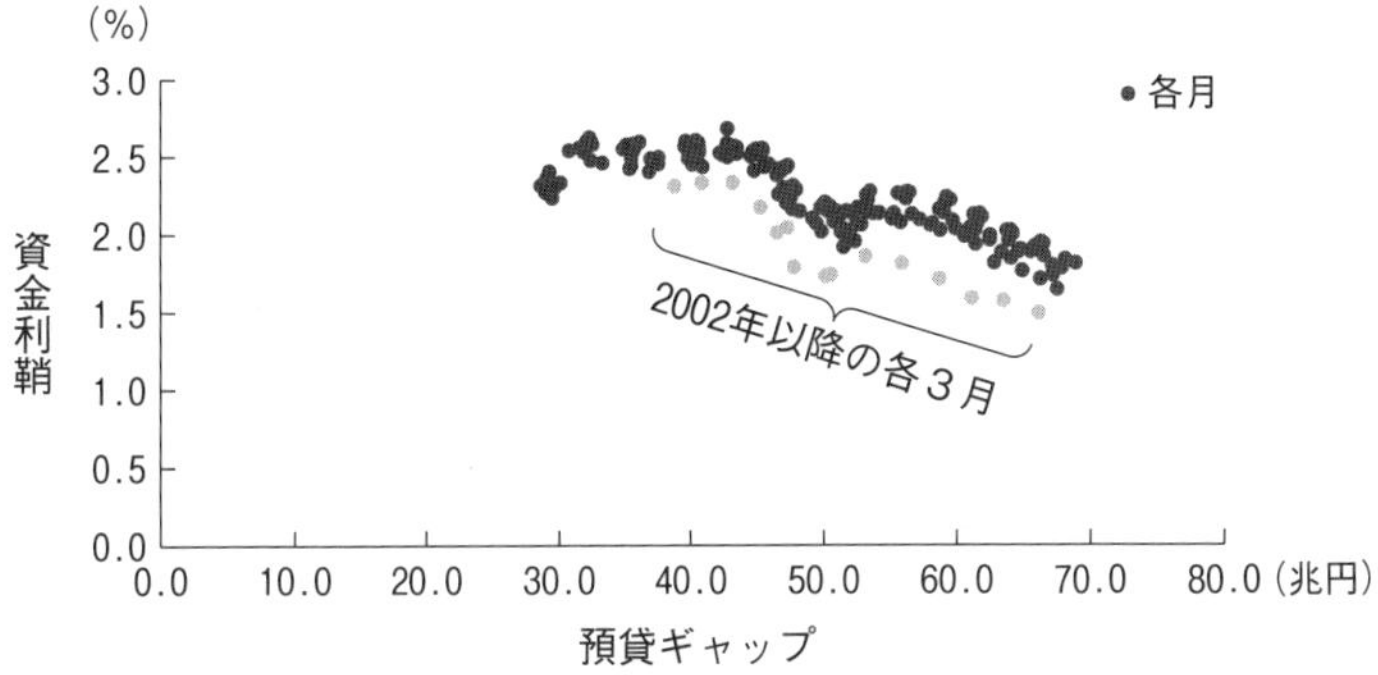

＊信用金庫の貸出新規約定金利－国内銀行の定期預金新規金利（預金金利について信用金庫のものがないため国内銀行と大差ないとして代用した）
（資料）　日本銀行

信用金庫の資金利鞘の傾向

図４－１をみてみよう。信用金庫の場合、預金金利のデータがないため国内銀行のデータを代用して計算してある。預金金利については、信用金庫も国内銀行も大差がないとみなして、こうした計算を行っても問題ないだろう。

結果は、みてのとおり、基本的には預貸ギャップが拡大すればするほど資金利鞘は低下していく傾向にある。国内銀行で見出すことができたのと同じ傾向が、信用金庫についてもみられるということである。

わずかな違いは、信用金庫の場合

のほうが資金利鞘のばらつきが大きいことである。同程度の預貸ギャップの場合でも、資金利鞘のブレ幅が大きいことだ。

しかし、その違いもよくみてみると、大した問題でもないことがわかる。この分布のやや下方に離れて点在する月は、２００２年以降の毎年の3月に当たる。つまり、季節要因だということだ。年度末を迎え、少しでも貸出残高を積み増しておこうとする信用金庫が、金利を思い切って引き下げて貸出を伸ばそうとした形跡がうかがわれるのである。涙ぐましい営業努力の結果でもあるようだ。

これらの3月分を除いて、同じ図をあらためて眺めてみれば、国内銀行並みに明確な預金ギャップと資金利鞘の関係があることが浮かび上がる。

また、国内銀行と同じように念のためにストックベースの資金利鞘でも預貸ギャップとの関係を確認しておきたい。図４－２をみればわかるように、こちらも国内銀行の場合と同様に、信用金庫のストックベースの資金利鞘は預貸ギャップが拡大すれば拡大するほど低下していく傾向にある。

ストックベースになると、２００２年以降の3月の特殊要因も、他の月に約定された貸出案件と相殺されるので、ひも状の細い曲線の上に各月が整列していくことにな

図4－2　信用金庫の預貸ギャップと資金利鞘の関係～貸出金利ストックベース（1998年4月～2015年7月）

信用金庫のストックベースの資金利鞘＊でみれば、預貸ギャップの拡大に対して逆相関している関係がより明確になる

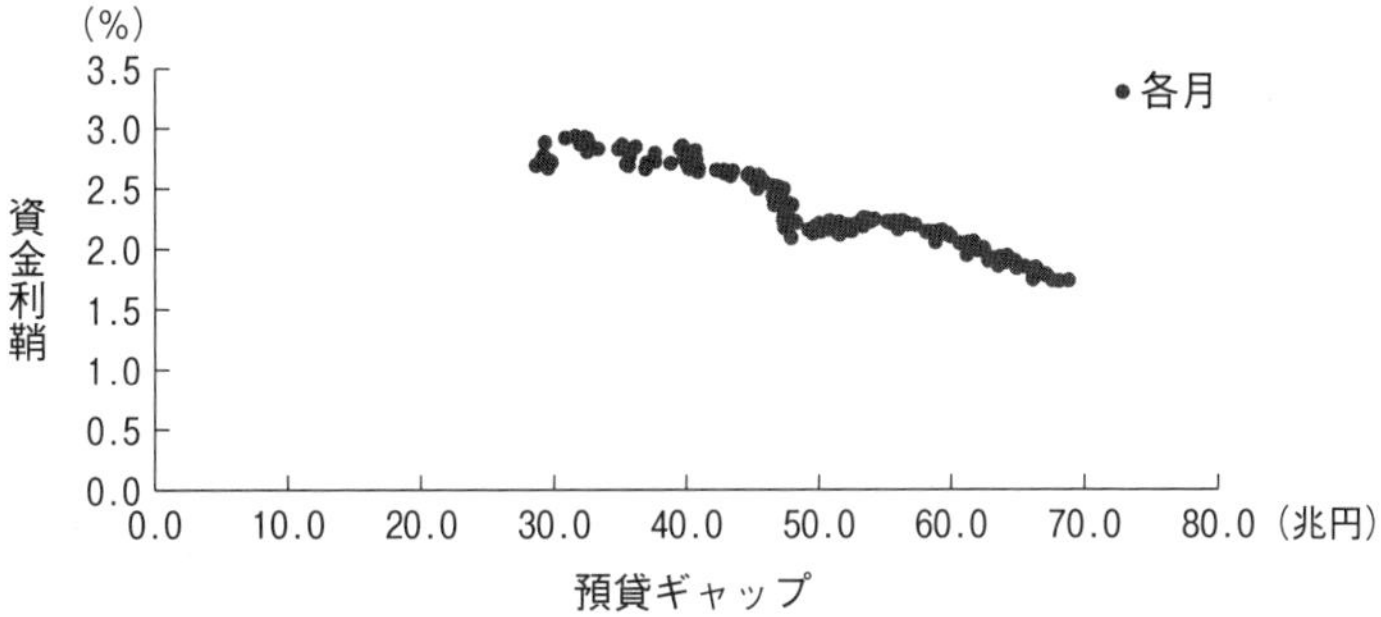

＊信用金庫の貸出金利（ストックベース）－国内銀行の定期預金新規金利（預金金利について信用金庫のものがないため国内銀行と大差ないとして代用した）

（資料）　日本銀行

る。

国内銀行との違いは、信用金庫の場合、資金利鞘の絶対水準が新規約定ベースでもストックベースでも高めになることくらいである。資金利鞘が高めになることは、取引先企業がより小規模になるために、信用コストや貸出規模当りの事務コストが上昇する結果であり、当然の帰結でもある。

こうして、資金利鞘についての傾向は、国内銀行と基本的に同じであることが明らかになったわけである。同時にそれは、信用金庫による預貸ビジネスがコモディティビジネ

スであることも示唆している。

信用金庫の営業経費の傾向

では、地域銀行でみることができた営業経費と貸出残高などの関係はどうなるだろうか。営業経費こそ、信用金庫が営業地区とする市町村の個性によって大きく変わりそうに思われる。東京や大阪のような大都市であれば、たしかに店舗の賃料などは高くなるが、取引先も近隣にあり営業効率もよくなる。総じて営業経費は割安になりそうだ。逆に過疎地の町村であれば効率が悪くなり、営業経費は割高になりそうなものである。

しかし、現実は図4－3にみるように営業経費と貸出残高のあいだにはきわめて高い相関関係がある。2次の回帰分析を行えば、R^2は0・9667となる。地域銀行の場合と同程度のきわめて高い相関である。

つまり、信用金庫の営業経費は、営業地区とする市町村の違いを反映しないということだ。むしろ信用金庫であっても、貸出残高によって営業経費は決まってしまう。営業地区の特性を理由に言い訳することはできないことがわかる。

図4－3　信用金庫の貸出と営業経費（2014年3期）

信用金庫の営業経費は、貸出残高を説明変数としてほぼ説明がつく……逆に金庫間で多様性に乏しいがゆえにR^2が著しく高い

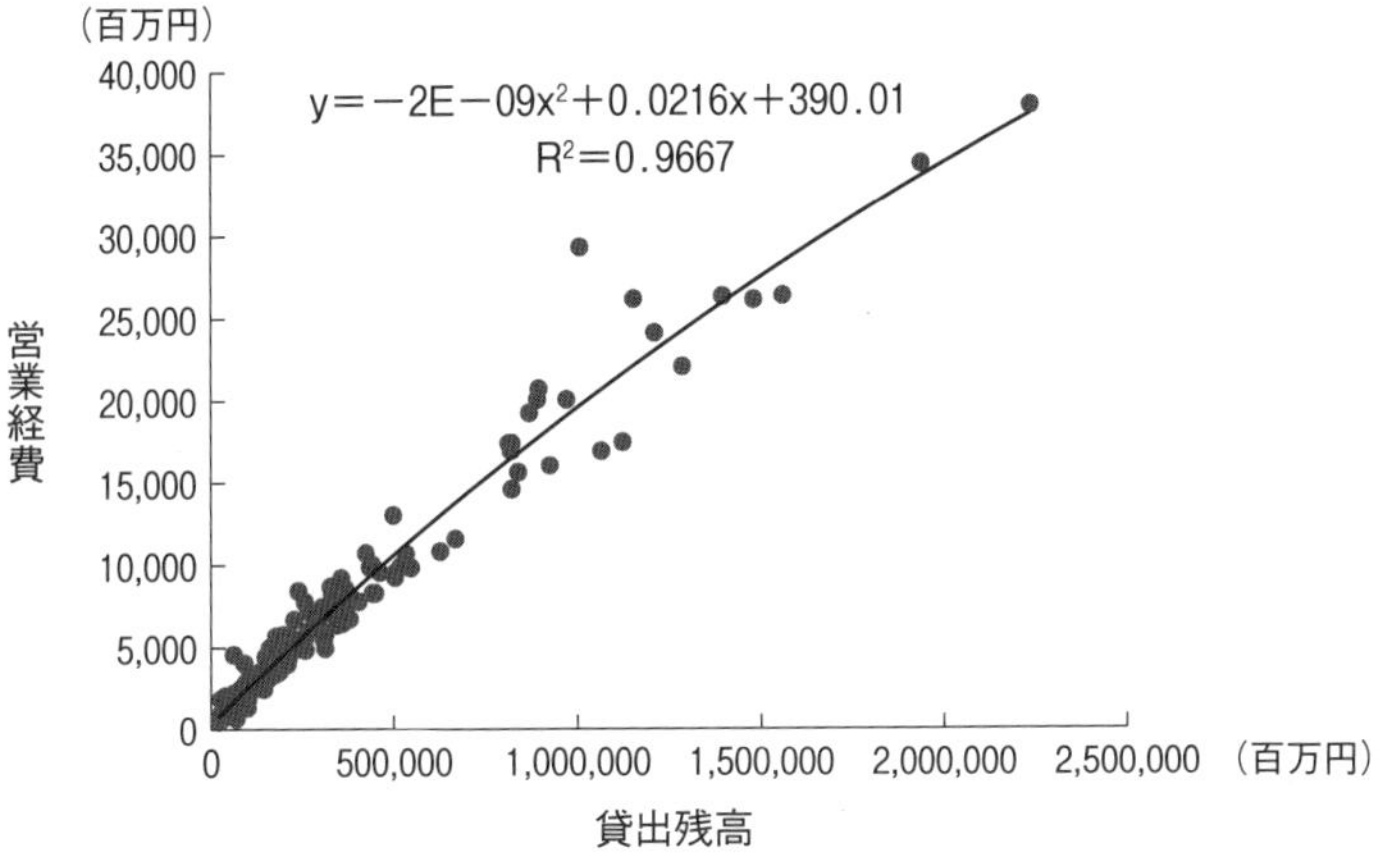

（資料）　全国信用金庫財務諸表

しかも、地域銀行と同じように緩やかな曲線の上に信用金庫が分布していることで、規模の経済が働いていることが示されている。地域銀行と同じように、合併がコスト削減を進めるうえで有力な選択肢であることを示唆しているわけである。

もちろん、地域銀行の場合がそうであったように、預貸率や役務収益など事業内容を補正する変数を加えれば、さらに高いR^2となる。

図4－4が、これらの補正項目を加えた重回帰式である。こちらのR^2は0・974であり、相関係数が向上している。

図4－4 信用金庫の営業経費についての回帰式（2014年3期）

さらに預貸率や役務収益などの補正項目を加えると、より相関の高い回帰式が得られる

預貸ビジネスの経費を推定するものと思われる

第1項 規模の経済

第2項 貸出の限界経費率

第3項 預貸率の補正項

営業経費 ＝ −6.54×10⁻¹⁰×貸出残高² ＋ 0.0192×貸出残高 ＋ −4380×預貸率

＋ 0.920×役務収益＊

第4項 手数料ビジネスの経費の推定…手数料の92%程度が費用と示唆

＋ 2,390

第5項 第3項とあわせて固定費を示す項

重相関係数R 0.987 重決定係数R^2 0.974

＊信用金庫の場合、役務収益の内訳は公開されていない

（資料） 全国信用金庫財務諸表

地域銀行と同様に、第1項は規模の経済を表す項になり、マイナスの係数が掛かる。係数自体は地域銀行よりも絶対値が大きく、規模の経済が効きやすい性格をもつことがわかる。

第2項は貸出残高を1単位増やすために必要となる営業経費を示している。ここでは、0・0192、つまり貸出残高に対して1・92%の営業経費がかかるということである。これは、地域銀行の1・35%を上回る。おそらくは、信用金庫の営業が体制面ではより労働集約的であり、また、営業面でも相対的に少額の貸

出案件が多いことを反映させた結果であると思われる。

第3項は、預貸率の補正を行う項である。マイナスの係数が掛かっているのは、貸出以上に預金をたくさん集めすぎてしまうと営業経費が増大する性質を述べている。

第4項は、金融商品の販売などの手数料ビジネスに必要な営業経費を示す項である。しかし、信用金庫の場合、開示情報は役務収益1本で決済、その他の役務収益にすら分かれていない。涙を飲んで、手数料ビジネス全体でかかる営業経費を示す項としてある。係数が0・92であることから、手数料ビジネス全体で考える限り、収益の92%が経費となることを示唆している。

信用金庫の場合、手数料ビジネスはこの重回帰式でみる限り、高収益ビジネスとは言い切れないようである。ただし、両替や集金のように、手間暇はかかるが収益に結びつかない業務が混在している実態も含めて、今後の研究課題としたほうがよさそうである。もしかすると、金融商品の販売などを切り出すことができるのなら、高い収益性を地域銀行と同様に享受しているのかもしれないからだ。

第5項は、預貸率の項とあわせて固定費を示唆する項である。信用金庫の平均預貸率は50%程度である。したがって、預貸率50%の信用金庫の場合は、23・9億万円−

43・8億万円×50％＝2億円ということになる。

こうして、一見すると営業地区の市町村の違いが大きく反映されそうな信用金庫の場合であっても、営業経費は貸出残高などの事業規模に応じてシンプルに決まることが明らかになったわけである。営業地区に過疎地の市町村が多いから効率が悪いなどの言い訳はきかなくなった。

信用金庫は必ずしも効率的ではない

地域銀行も信用金庫も、営業経費が事業規模を表す説明変数による回帰式でかなり精度よく表されると、面白い比較が可能になる。それぞれの回帰式で示されるモデルケースの地域銀行、信用金庫の営業経費を比較してみることができる。

直感的な図で理解しやすいように、貸出残高のみの1変数による回帰式で比べてみることにする。それが、図4－5である。地域銀行と信用金庫それぞれについて、営業経費と貸出残高の2次回帰式を重ねてみた図である。

信用金庫で最大の貸出規模を誇るのが、京都中央信用金庫である。その貸出残高は2・2兆円程度なので、横軸は2・5兆円までにしている。回帰式は、それをつくる

図4－5　地域銀行と信用金庫の営業経費モデル比較（2014年3期）

回帰式による営業経費のモデル比較をしてみると、信用金庫が効率的な経営モデルであるとはいえないことがわかる

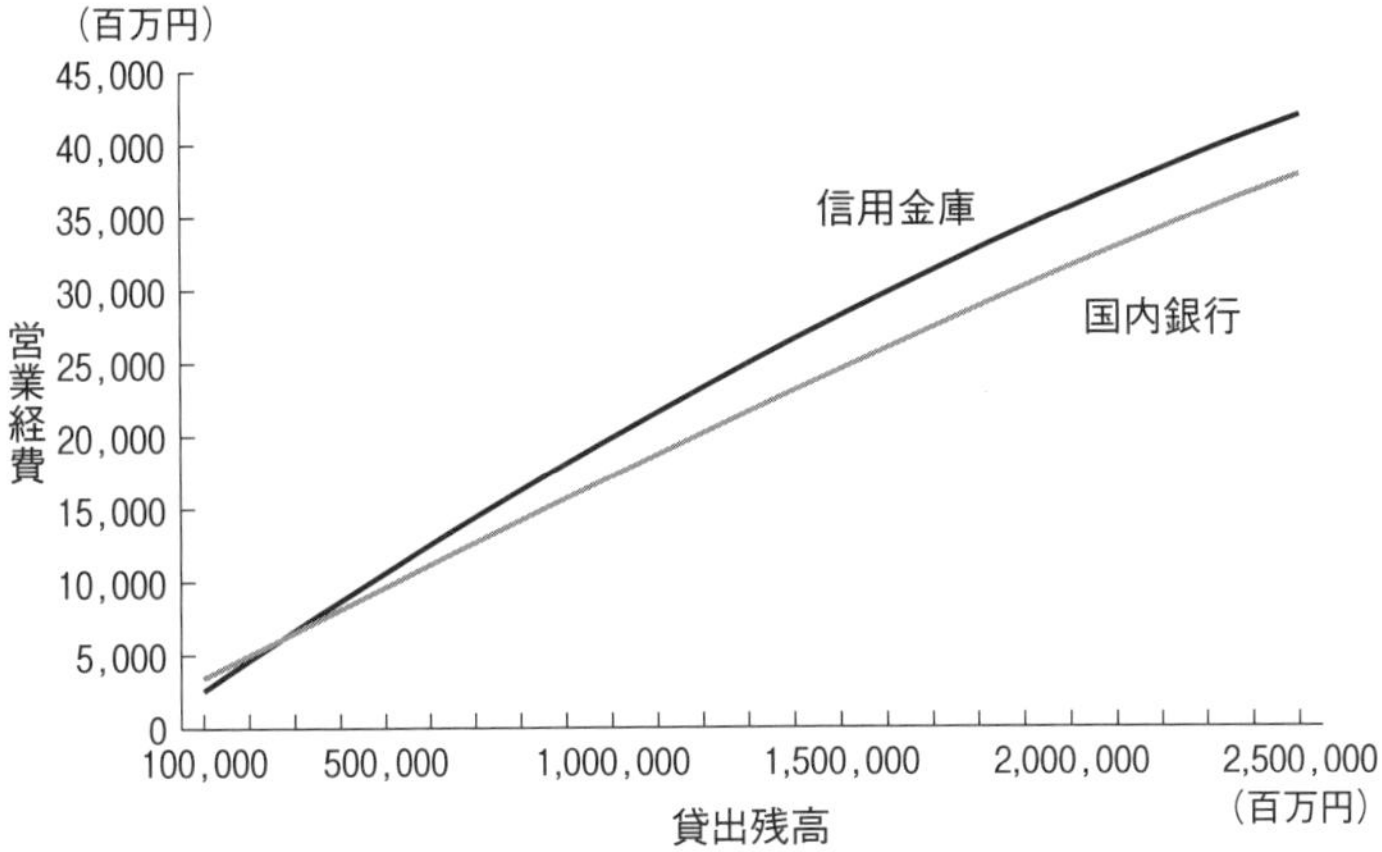

（資料）　全国銀行財務諸表分析、全国信用金庫財務諸表

ときに利用したデータの近くでしか使えない。信用金庫の回帰式で貸出残高5兆円の場合の営業経費を計算することは、たとえ数学的に計算できても、そうしてはならない。その意味で、もともとのデータが地域銀行、信用金庫ともにそろう2・5兆円で比較している。

この図からわかることは、貸出残高が同規模の場合は、地域銀行よりも信用金庫のほうが、営業経費が実は高いことである。一見すると、信用金庫のほうが1人当りの人件費も低く、庶民的な店舗は銀行よりもコストが低そうにみえるため、信用金

庫のほうが低コストモデルのように思える。だが、貸出残高をベースに比べてしまうと、印象とは違った結果になる。

もちろん、この背景には、信用金庫の貸出は、中小企業のなかでも零細企業が多く、1件当りの貸出規模が小さいこともある。

それでもこの図からは、同規模の信用金庫と地域銀行が貸出金利の引下げ競争をした場合には、地域銀行に引下げ余力があることを読み取ることができる。

また、貸出の直接経費率は、回帰曲線上の点とy軸との交点を結ぶ直線の傾きであった。そのため、この図は、規模の大きな地域銀行と規模の小さな信用金庫が金利競争をすると、規模の大きな地域銀行に分があることも示している。

最近は、地域銀行と信用金庫が同じ取引先で競合をすることが少なくないという。そうした場合に、地域銀行が驚くような低金利を提示して、信用金庫が取引できないという嘆きの声もよく聞く。この図は、まさにそうしたことが起きうるということを、示唆しているのである。

営業経費は、回帰式で算出される数字から大きく乖離することはない。そのため、現在の規模のまま信用金庫がいくらコスト削減活動を行っても、金利競争で打ち勝つほどの営業経費になることはない。合併という選択肢を通じて、貸出規模を非連続的に伸ばし、経費率を引き下げるしかないのである。地域銀行との金利競争で優位な展開を図るためには、信用金庫にとっても合併は有力な選択肢なのである。

地域金融機関という枠組み

こうして地域銀行で成り立つことが、基本的には信用金庫でも成り立つことが示された。地域銀行と信用金庫では根拠法が異なり、その出自、成立ちも違うのだが、経済的な視点で考察する限り、きわめて似た存在である。

信用金庫の規模も、バブル崩壊以降、継続して行われてきた合併により大規模化が進んでいる。いまや1兆円を超える信用金庫は30金庫ある。逆に預金残高が1兆円に届かない地域銀行も17行ある。規模の差による境界もあいまいになってきている。

こうした現状をみるにつけ、信用金庫だけを特別扱いにしてみていく必要もないようにみえる。むしろ、地域銀行の脅威は信用金庫でも同じように脅威になるため、地域金融機関問題として、これからの人口減少問題に応えていくべきように思える。

2. 広域化しなければならない信用金庫のディレンマ

社会増減の影響を大きく受けるのは信用金庫

たしかに人口減少問題は地域銀行にも信用金庫にも経営モデルを変えていかなければならない強い影響を及ぼす。しかし、市町村間で起きている人口獲得競争の優勝劣敗は、信用金庫により大きな影響を及ぼしている。

地域銀行の場合、基本的には都道府県単位でマザーマーケットとも呼べる市場を有している。マザーマーケットとする県のなかで、同一県内の社会移動が4割程度を占めることから、それなりに社会増減は相殺されて、対象顧客の大きな減少とはならないことが多い。また、たとえマザーマーケットの県自体が大きな人口減少を余儀なくされていても、隣県などに店舗展開するなどにより、ダイレクトな影響をかわすことは可能である。

問題は信用金庫の場合である。営業地区は市町村単位で決められる。営業地区の市町村がすべて社会減に悩む周辺市町村であるのなら、自然減以上に人口が減少し、その信用金庫の経営に大きな影響を与えることになる。

人口減少を回避するためには、営業地区を広げ、社会減を緩和するしかない。しかし、営業地区は財務局の認可事項であって、信用金庫が自由に拡大することはできない。県境をまたぐ営業地区が認可されてもいるが、それでも現実には限界があるようだ。

信用金庫の経営は、地域銀行とは比べものにならないほど人口の社会増減の影響を受けることとなる。

現実の信用金庫に何が起きているか、対照的な和歌山県と北海道の実例をみることにしたい。前者は半島の先端部、後者は海に隔てられた島であり、どちらも比較的クローズドな社会・経済圏である。ある意味では社会実験の理想的な実験場かもしれない。そこには将来の信用金庫像を描くためのヒントがあるように思う。

究極の経営統合――和歌山県の場合

和歌山県は、バブル時代からすでに人口が減少し始め、2011年に人口100万人を割り込む事態となった。現時点では96万人ほどになっている。9つの市と21の町村からなる。しかし、図4－6のように、岩出市を除き、いずれの市も社会移動はマ

図４－６　市町村の人口動態～和歌山県のケース（2013年）

岩出市を除くと社会増はマイナス、岩出市の社会増も17人であって、和歌山県は全域でその他市町村の扱いが妥当なようにみえる。一方で、地方内には大阪市のように、社会増により人口が増加している都市がある

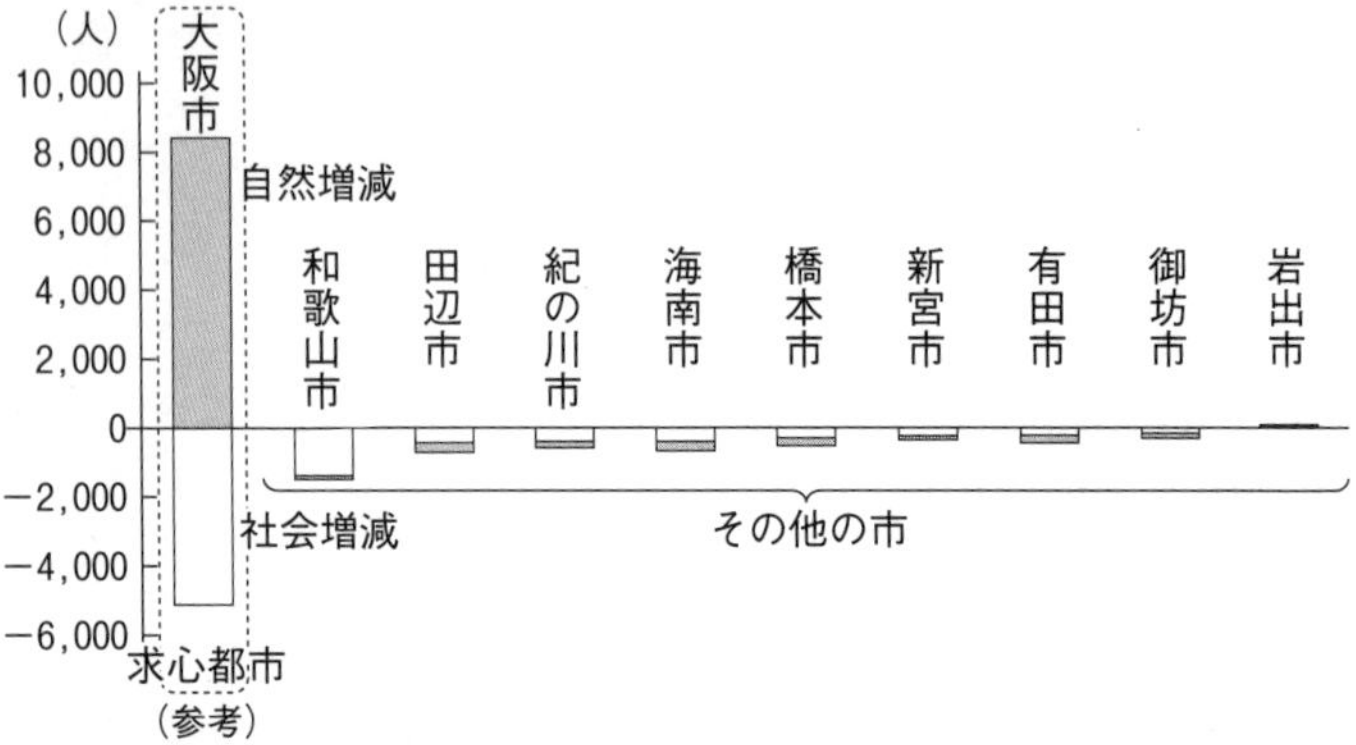

＊住民基本台帳ベース、外国人も含む
（資料）　総務省

イナスで、和歌山市を含めて、周辺市町村とみなしたほうがよい状況にある。

実際に和歌山県の貸出残高の動向を追ってみることにする。ピーク時はバブル崩壊後の１９９６年３月期で、全業態あわせて３・２兆円近くの残高であった。現時点では２・３兆円。３割近く残高が減少したことになる。

この県が特徴的なのは、地域金融機関の経営統合が究極的に進展していること。１銀行、２信用金庫、１信用組合となっている。

かつて存在していた阪和銀行は１

996年に経営破綻し、和歌山銀行は2006年に紀陽銀行と合併した。結果として、和歌山県に本店を置く銀行は紀陽銀行のみとなった。

信用金庫は、さらに早く1993年に南海、和歌山、紀州の3金庫が合併して、きのくに信用金庫になっている。県東部の新宮市に本拠を置く新宮信用金庫もあるが、きのくに信用金庫と営業地区が重なるのは、古座川町のみである。人口3000人足らずの町である。和歌山県の人口の0・3%程度にあたるこの3000人弱しか、きのくに信用金庫と新宮信用金庫の両方を使うことができない。新宮信用金庫は8店舗で、預金量1000億円程度、貸出は400億円足らずの小型信用金庫である。一方、きのくに信用金庫は、預金量が1兆円近くで、貸出も3000億円を超える。こうした状況にかんがみると、和歌山県の大半は実質的に1信用金庫の市場であるといっても過言ではないだろう。

信用組合は、和歌山県医師信用組合という業域信用組合が1つあるだけである。業域であり、かつ医師に限られるため、事業規模は預金が200億円ほど、貸出が60億円ほどの小規模な組合である。

和歌山県は、紀陽銀行ときのくに信用金庫がほぼ地域をカバーし、信用組合、労働金庫、農協がそれぞれ独自分野を補完、カバーする、他県に例をみない寡占構造となっている。つまり、和歌山県には1銀行、実態的に1信用金庫、1信用組合に集約化された究極的な金融機関構造になっている。

銀行なら県境は簡単に越えられる

和歌山県の社会・経済環境のもとで、紀陽銀行は県外展開を積極的に進めている。物理的な店舗は全部で107。そのうち、和歌山県には67店舗を数えるだけだ。残りは大阪府下に37店舗、奈良県に2店舗、東京都に1店舗と、県境を大きく越えて広域化している。特に、関西地方の求心都市、大阪市には大阪支店（堂島）、新大阪支店、大阪中央支店（本町）など7店舗を構えている。

県外に支店が多いことで、地元を軽んじているわけではない。和歌山県下の30市町村のうち23市町村に出店している。この23市町には、人口が1万人にも満たない町も含まれる。そのため、23市町村での人口カバー率は、図4－7のように和歌山県の95％に及ぶ。和歌山県で徹底的に事業機会を追いかけたうえで、大阪府などに進出しているのである。

図４－７　和歌山県の人口集中度（2015年）

２行庫のある市町村人口で県人口の85%程度をカバーしている。逆に民間金融機関のない町村の人口は３%程度にすぎない

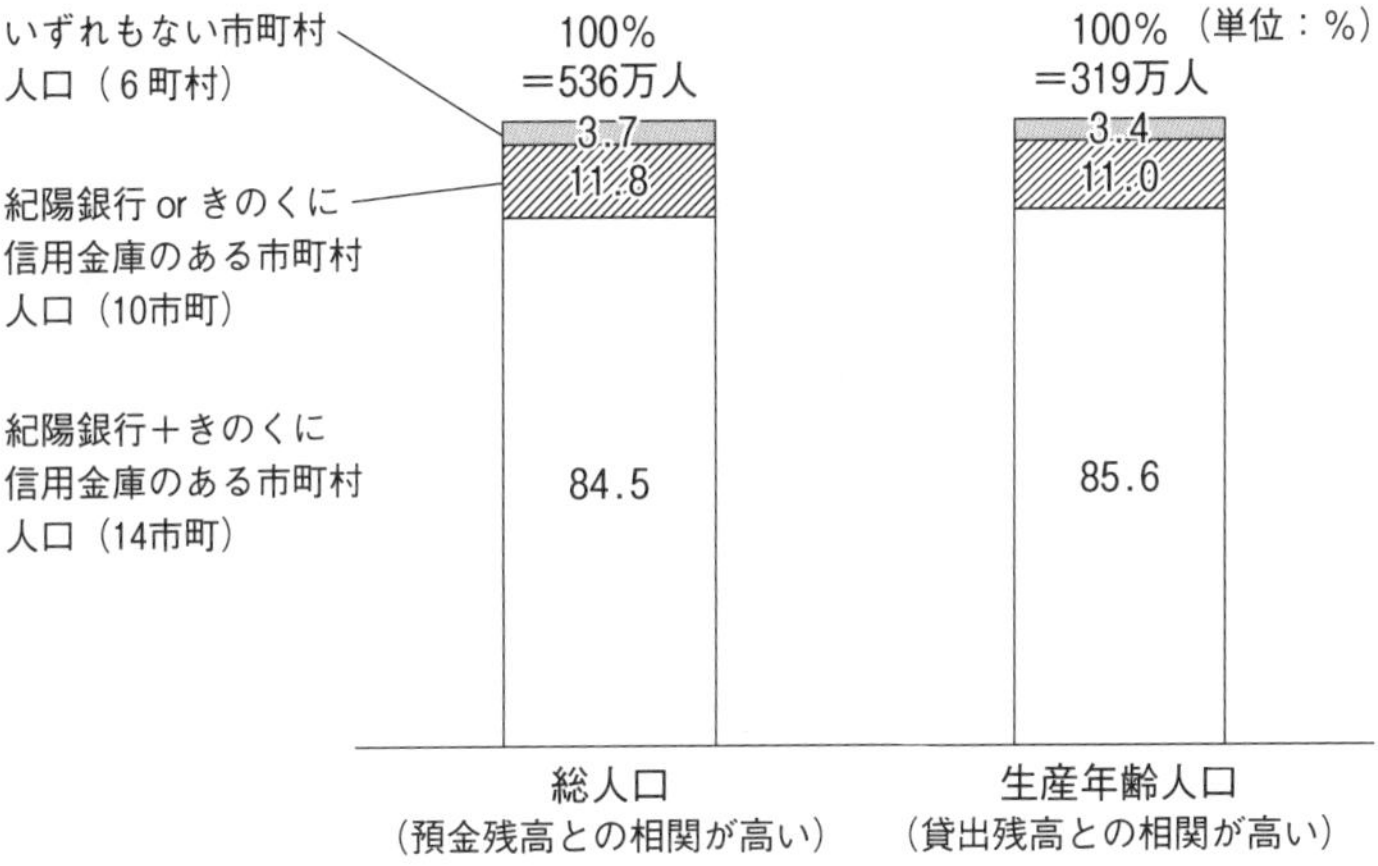

（資料）　国立社会保障・人口問題研究所、各社ホームページ

２０１４年３月期の貸出残高をみてみると、図４－８のようにちょうど半分が大阪府、４割弱が和歌山県という構成になっている。貸出残高という意味では、もはや大阪府の銀行になり始めている。これは、和歌山県の貸出市場が縮退しているなかで、銀行として日本全国どこでも自由に出店できることを最大限生かした戦略展開の結果でもある。紀陽銀行は、当然のことながら和歌山県の経済だけに依存するつもりはないようにみえる。

図4－8　紀陽銀行の地域別貸出残高（2014年3月期）

紀陽銀行の貸出の半分は、大阪府で行われていて、県境を越えた事業展開となっている

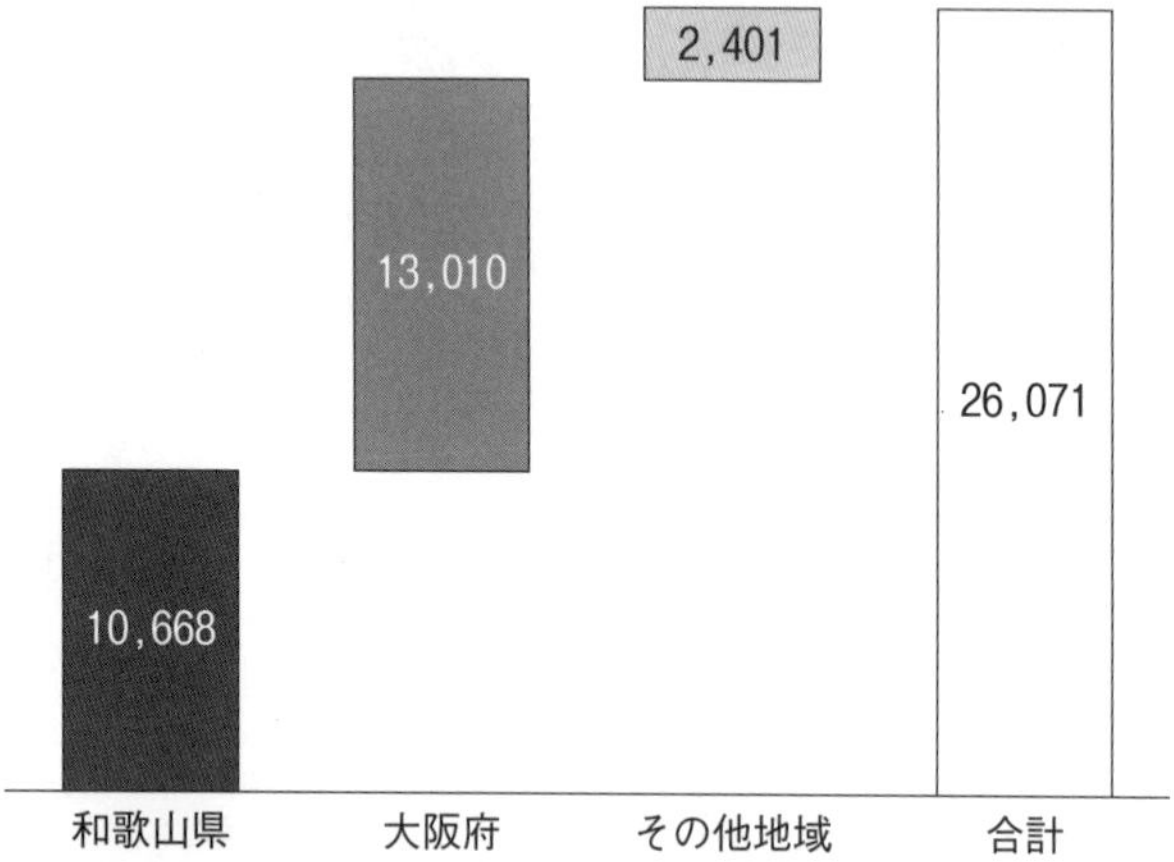

（資料）　金融ジャーナル「金融マップ」、紀陽銀行

きのくに信用金庫のディレンマ

次に、きのくに信用金庫をみてみよう。店舗は全部で47ある。うち45は和歌山県にあり、8市7町をカバーする。その人口カバー率は和歌山県の86％となる。

未カバーの市町村が15あるもの、そのうち1市8町はすでに紀陽銀行が出店している。この1市は新宮市で、新宮信用金庫の営業地区となっている。また、銀行も信用金庫もない6つの町村は、平均人口が6000人を下回る。おそらく単独で出店しても採算がとれない地域なのだろう。

つまり、きのくに信用金庫も和歌山県の市場については紀陽銀行と同様、できる限りの営業努力を払い、貸出機会を探しているようにみえる。実際、きのくに信用金庫の県下での貸出シェアは、この10年間16％前後で横ばいを続けている。

ただし、47店舗のうち2店舗だけは、県境を越えて大阪府内に出店している。県境を越えた、すぐ先にある阪南市と熊取町にそれぞれ1店ずつある。営業地区は、阪南市、泉南郡から泉佐野市、貝塚市、泉南市まで広域に広がる。現実の問題として、実際に足しげく営業にまわれる範囲には限りがあると思われる。

そのため、きのくに信用金庫の和歌山県以外での貸出残高を推定してみると、140億円ほどにすぎない。全体では3500億円ほどであるので、わずかに4％程度ということになる。

きのくに信用金庫が、さらに県外に出店したいという意思があるのかどうか、確認してはいない。ひょっとすると意思はあっても当局が許していないのかもしれない。ただし、前節でもみたような社会移動をみれば、関西地方の求心都市、大阪市へ進出しないことには、人口減少の荒波に飲み込まれることは間違いない。貸出を伸ばしていける機会も少ないだろう。

いまの店舗ネットワークである限り、基本的にはほぼ和歌山県の市場で営業展開することに専念することになる。言い換えれば、周辺市町村ばかりの和歌山県の市場とともに運命をともにせざるをえない状況である。

課題先進地域としての北海道

もう1つ示唆に富む地域がある。それは北海道である。1980年以降、北海道の人口は約550万人で、35年間にわたり横ばいを続けている。

しかし、域内での社会移動が最も激しい地方でもある。図4-9のように大半の市町村で人口の流出が進んでいる。一方で、札幌市が社会増減では一人勝ちを続けている。1980年の人口が140万人。2014年時点で194万人。人口が4割近く増加し、東京都特別区、横浜市、大阪市、名古屋市に次ぐマンモス都市になった。この地方における明白な求心都市の地位をほしいままにしている。他の市町村とのあいだにこれほど明白な濃淡がつく地方はない。

また、北海道は行政的には県レベルの広域自治体でもあるが、面積は8・4万平方キロメートルで、2番目に大きい岩手県の1・5万平方キロメートルの5倍以上であ

図4－9　市町村の人口動態～北海道のケース（2013年）

多くの市町で自然減を上回る人口の流出がある一方、札幌市が大幅な自然増を享受し、一人勝ちの状況が続いている

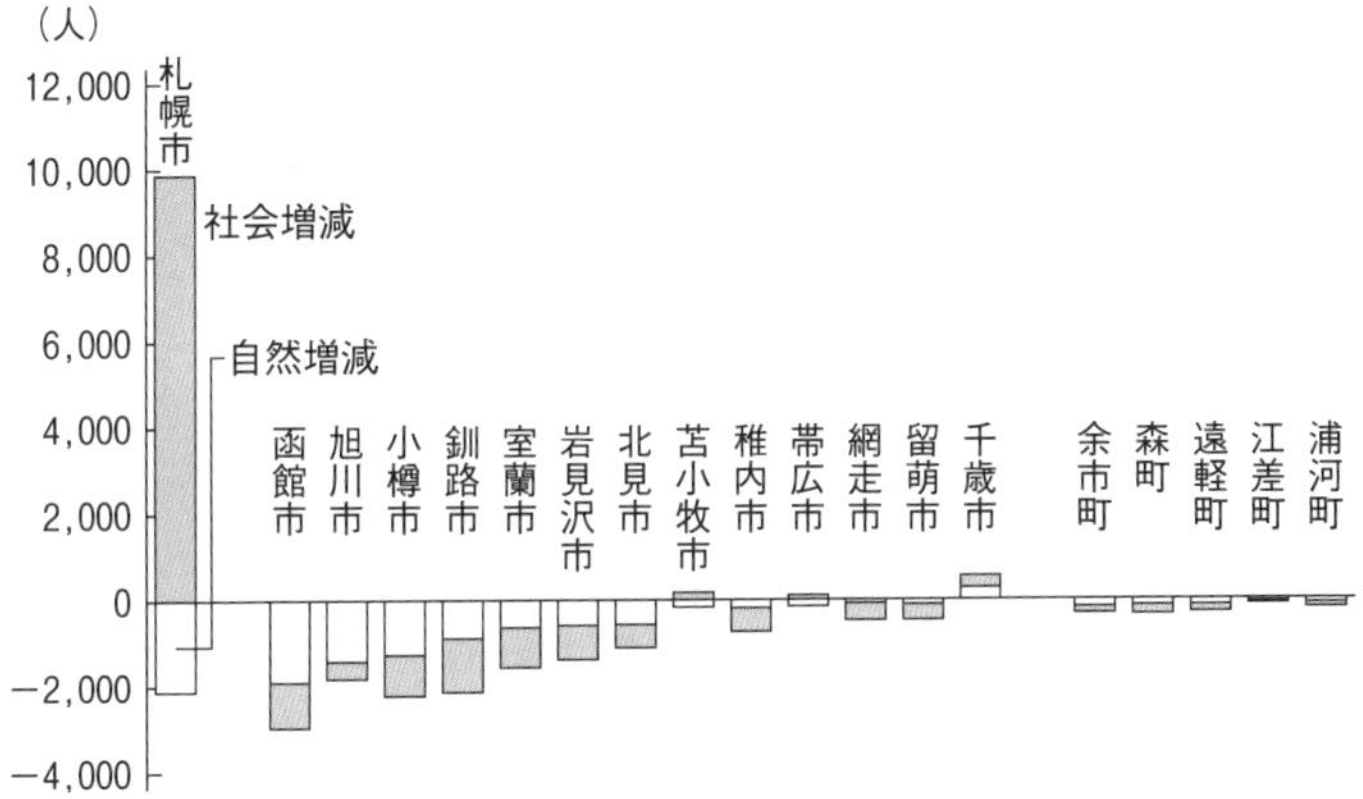

＊住民基本台帳ベース、外国人も含む
（資料）　総務省

る。面積のうえでは、決して一般的とはいえない。

地方のなかに、もし県境がないとしたら何が起きるだろうか。県という行政単位を意識せず、社会や経済の環境変化にあわせて自由に動けるとしたら、金融機関はどのような行動を起こすのだろうか。そうした問題意識をもって金融機関の行動を観察するには、北海道は理想的な地域なのである。

広域化が進む北海道の信用金庫たち

北海道には、地域銀行が2つ存在する。北洋銀行と北海道銀行だ。両

図４－10　北海道の人口集中度（2015年）

札幌都市圏で全体の45%前後、その他26市町を加えると８割を超える人口集中度となる。総人口、生産年齢人口がそれぞれ預貸残高と相関が高いことを考えると、預貸残高の集中度も同様とみられる

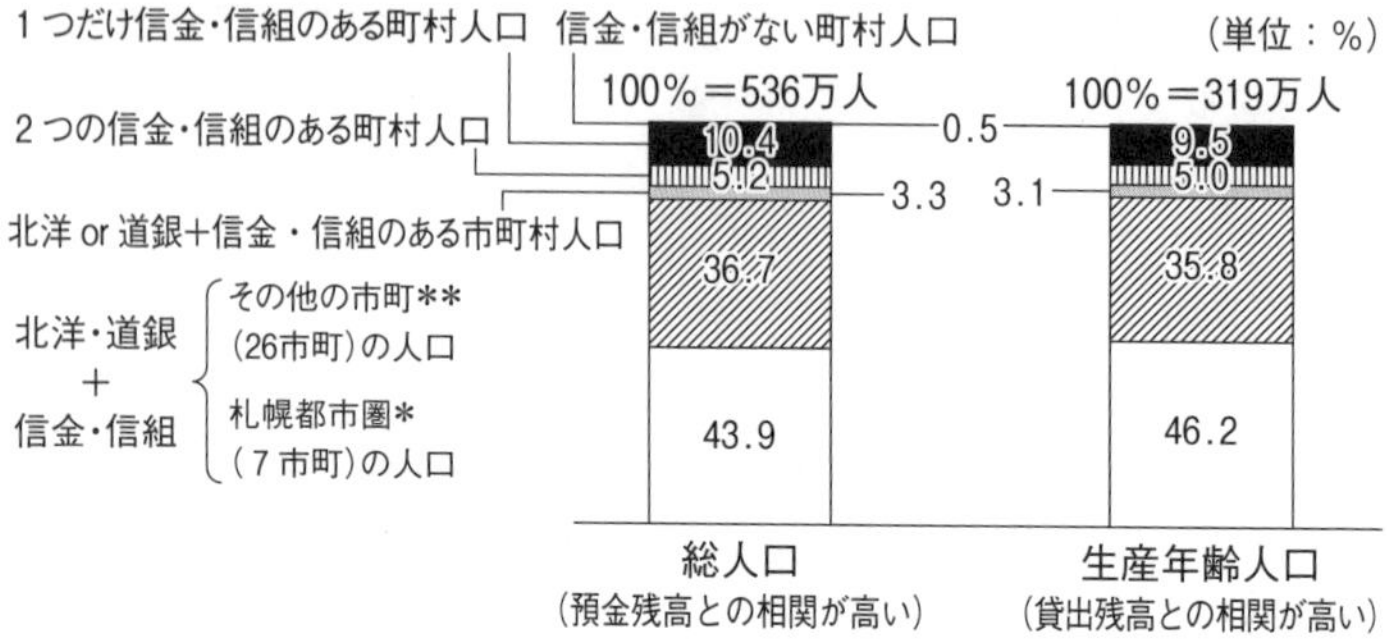

＊札幌市、江別市、千歳市、恵庭市、北広島市、石狩市、当別町
＊＊小樽市、旭川市、函館市、苫小牧市、帯広市、釧路市、北見市、稚内市などの中核都市が含まれる
（資料）国立社会保障・人口問題研究所、各社ホームページ

行とも、当然のことながら北海道内をくまなくカバーしている。図４－10のとおり、人口カバー率は８割を超える。銀行のカバーしていない市町村は、人口規模も小さく、すでに社会減も大きい。

両行の店舗展開をみてみると、北洋銀行は道内１７４店舗のうち75店舗が札幌市にある。北海道銀行も道内１３２店舗中58店舗が札幌市である。道内店舗に占める札幌市内店舗の比率は、それぞれ43％、44％となる。ぴったり道内人口のうち札幌市の占める割合と一致する。両行とも全道をカバーしているとはいって

も、札幌市を重視していることは明らかだ。

一方、信用金庫はどうだろうか。バブル崩壊後の1991年以降、合併によって9つの信用金庫が姿を消し、現在は全部で23の信用金庫が存在する。

一つひとつの信用金庫の店舗展開をみていくと、図4－11のように驚くべき事実を確認することができる。

函館信用金庫や帯広信用金庫など、本店を置くマザーマーケットの市の経済規模が相対的に大きければ、その周辺市町村を営業地区としている。しかし、23のうち札幌信用金庫と他市町に本店を置く14の信用金庫（合計15金庫）が、札幌市に店舗を構えている。道南から道北、道央、道東の信用金庫まで出そろう。札幌市までの距離が300キロメートル前後に至るケースもある。東京から名古屋市までの移動距離にほぼ匹敵する。一般的な県の面積なら、3つ4つの県にまたがるということになる。

また、旭川市も同様に、旭川信用金庫以外にも、6つの信用金庫が進出している。

こうした店舗は、北海信用金庫が札幌市をマザーマーケットする道央信用金庫と合併して得たのを除けば、自前での新設にほかならない。しかも、人口減少が声高に叫ばれるようになった2000年代から始まったわけではない。札幌市への一極集中傾

図４－11　北海道の信用金庫の市町別拠点数（2015年１月）

北海道の信金は、すでに地元から広域化し、市場が大きいと目される札幌、旭川などの市に拠点を少なからず設置している……地銀が貸出増をねらって東京支店を設置するのに類似

	札幌市	函館市	小樽市	旭川市	室蘭市	釧路市	帯広市	北見市	岩見沢市	網走市	留萌市	苫小牧市	稚内市	名寄市	根室市	滝川市	深川市	伊達市	森町	江差町	余市町	遠軽町	浦河町	その他
札幌信用金庫	24																							14
函館信用金庫		7																						4
小樽信用金庫	4		9																					1
旭川信用金庫	5			27																				10
室蘭信用金庫	2				11							3						1						10
釧路信用金庫						14	2																	2
帯広信用金庫							15																	18
北見信用金庫				2		1	3	16						1										12
空知信用金庫	8								6															7
網走信用金庫						2	1	3		6														9
留萌信用金庫	4			4							2													7
苫小牧信用金庫	2											17												9
稚内信用金庫	3			3									5											12
北星信用金庫	1			5										5										9
大地みらい信用金庫						7									4									10
北門信用金庫	8								1							5								12
北空知信用金庫	1			2												1	3							6
伊達信用金庫					2													5						6
渡島信用金庫	1	4																	1					6
江差信用金庫		1																		2				8
北海信用金庫	14		2																		2			17
遠軽信用金庫	4			5				3														6		5
日高信用金庫	1																						2	5

本店所在地

（資料）　各金庫ホームページ

向がだれの目にもみえるようになった１９８０年代頃から20年、30年という時間をかけて営まれてきたことである。

１９８０年代には、コンタクトセンターもインターネットチャネルもなかった。貸出機会をつくるには出店せざるをえなかった。健全な経営を維持するための、ギリギリの決断が遠隔地であっても出店させたのだと思う。

また、３００キロメートル離れていても、そこには県境があるわけではない。信用金庫も、営業地区を認可する財務局も、同じ広域自治体のなかである限りにおいては広域化する決断をしやすかった、認可しやすかったに違いない。

ただし、所在地別の店舗数を信用金庫全体でみてみると、札幌市に偏重しているわけではない。23信用金庫は、全道で５１０の店舗を構えている。しかしながら、札幌市の店舗は82にすぎない。わずかに16％だ。信用金庫は広域化するにしても、遠慮がちだということなのかもしれない。あるいは、これからさらに札幌市への出店を加速することになるのかもしれない。

けれども、他地域にはみられないような広域展開する信用金庫が誕生している事実には変わりがない。経済的な合理性を追求し、それを抑制する行政的な姿勢や意識がない場合において必然的に広域化することが、うかがわれる。

人口の社会移動からみた求心都市は地方単位で1つであることを思い返せば、信用金庫の営業地区は県境を越えて限りなく地方という単位に近づくということである。

「銀行」化という広域化の代償

ただし、マザーマーケットから遠く離れて広域化した信用金庫は、もともとの強みである地の利を生かした預貸ビジネスを展開することはむずかしくなっているはずである。マザーマーケットでできるように、取引先企業の社長と長年つきあい能力や人柄を理解し、また家族や親戚筋の裏事情まで目配りして判断する貸出業務を遠隔地ではできないだろう。どうしても、銀行と同じように企業なら決算書を読み、個人なら徴求書類に基づいて判断していくケースが主流になっているはずである。

貸出需要を求めて広域化していくことは、同時に経営モデルも「銀行」化していくことになる。

札幌市進出を果たした一つひとつの信用金庫がどこまで「銀行」化しているのか、個別に調査をしてはいない。しかし、それでもいえることは、広域化することは単に地理的に広い範囲を営業地区とすることにしただけではなく、経営モデル自体も修正を求められているということである。存続していくための新しいチャレンジがそこにはあるのだ。

信用金庫のディレンマ

和歌山県と北海道、対照的な2つの地域をみてみると、信用金庫経営が直面する難題がみえてくる。

人口の社会移動を追いかけていけば、必然的に広域化する。広域化すれば、貸出機会は増えるが「銀行」化は進む。

一方、広域化せずにマザーマーケットの地域、県にとどまるのであれば、信用金庫モデルを永続することはできるが、貸出機会は減少していく。その地域の社会増減がマイナスの方向に振れているのなら、その地域にとどまる限り、多くの場合、事業規模は縮小していくことになる。

広域化して「銀行」化するのか、あるいは、その地域にとどまり事業規模は縮小しても信用金庫モデルを永続していくのか、決断が迫られることになる。

3. 多様化を目指すのが信用金庫の本分

社会移動にあわせた信用金庫の経営モデルとは

株式会社である地域銀行は株主に対して利益を還元することが必定である。そのため、基本的には合併を通じて規模を拡大しなければならなかった。その結果、当然、広域化が進展することになる。

しかし、信用金庫は基本的に非営利組織である。必ずしも利益を極大化していくことが求められているわけではない。広域化して規模の利益を追求するのも1つの選択肢であるなら、逆にマザーマーケットにこだわって事業規模の縮退を受け入れるのもまた1つの選択肢である。

では、広域化をするにしてもどのような広域化をするべきなのだろうか。もともとのマザーマーケットが求心都市、中継都市、周辺市町村の、どこを営業地区とするかによっても、選択肢が異なり、経営モデルも違うのではないか。あるいは、単独で生き延びていくことができるとしたら、どのような経営モデルになるのだろうか。

いくつもの疑問点が湧き上がる。市町村が社会移動でいっそうの格差が生まれるとしたら、信用金庫の経営モデルはいっそう多様化しそうである。

信用金庫という、市町村単位で営業地区が決まる金融業態の経営モデルについて、ミクロな視点から、もう少し丁寧な考察を行ってみよう。

モデル1――自力で広域化した信用金庫の銀行化

人口が流出していく、周辺市町村をマザーマーケットとする信用金庫が預貸ビジネスにこだわった経営を続けていきたいのなら、貸出需要を追いかけ広域化を図らなければならない。人口の流入が大きな求心都市は、地方に1つの存在である。だから、信用金庫も、営業地区の認可がおりるのなら、最終的には県境を越えて地方単位で広域化することになる。

広域化には、2つの選択肢がある。1つは自前で広域化するという選択肢。もう1つは、他の信用金庫、銀行と協力して、求心都市の貸出需要を深掘りしていくという選択肢だ。

仮に自前での選択肢を選ぶのなら、高いハードルを越えなければならない。周辺市町村からは遠隔地にある求心都市では、マザーマーケットと同じような情報収集力は望めないからだ。たとえ求心都市にも、マザーマーケット出身の企業顧客や個人顧客がいたとしても、それは限られる。

地の利を生かした情報を収集できなければ、企業顧客の決算書、個人顧客から徴求した各種の書類から、貸出先としてふさわしいかどうか、ドライな判断をしなければならなくなる。顧客の企業規模の大小を除けば、銀行における貸出ビジネスと同じような方法で、顧客とつきあう機会が多くなる。

つきつめると自力で広域化した信用金庫の経営モデルは、どんどん銀行に近づいていくことなる。その結果、何を強みとする地域金融機関なのか、きわめてむずかしい問いに答えなければならない。はたしてこうした選択肢をとった場合、どこまで永続的なのか疑問が残るところである。

ただし、こうした信用金庫が生まれてくるのも、北海道のケースでみたように不可避である。単独信用金庫では解決できそうにない問題を信用金庫システムのなかでどうとらえていくべきかについては次節で述べてみたい。

モデル2——中継都市・周辺市町村の信用金庫の段階的な合併

2番目の選択肢は、経営統合による広域化である。しかし、周辺市町村の信用金庫が求心都市の信用金庫と統合し、広域信用金庫に発展する可能性は実際には低い。

現行制度下では1対1の対等合併しか認められないから、起きにくいというわけではない。もし仮に制度が変わって、事業規模や収益規模に応じて合併や持株会社を通じた統合が許されたとしても、なかなか進まないだろう。

なぜなら、求心都市における信用金庫が、周辺市町村の信用金庫と経営統合を進めるインセンティブが見当たらないからである。社会移動によって人口が増加している求心都市の信用金庫からみれば、人口流出がこの先も止まらないであろう、周辺市町村の信用金庫と統合することは、貸出機会の少ない地域を取り込むことであり、重石を抱えることでもある。

例外は、よほど、深刻な事態が想定されるか、求心都市の信用金庫が経営不振に陥り、中継都市や周辺市町村の信用金庫が救済に乗り出すときである。

それ以外は、人口が減少していく中継都市の信用金庫と周辺市町村の信用金庫との経営統合が増えていくことになる。

中継都市は、県庁所在地かもしれないが、人口は減少傾向に向かい、マザーマーケットでの貸出機会は減少していく。周辺市町村の信用金庫と、基本的な事情は同じである。事情が同じもの同士が経営統合の道を進むことは多い。また、信用金庫においても規模の経済が働くので、コスト効率をあげるには合併がいちばん効く。こうして、合併による大型信用金庫が生まれていく可能性がある。

大型化した信用金庫では、コスト削減はもとより、貸出基準の統合、信用リスク管理の強化など、それぞれのノウハウを持ち寄ってスキルを高めていく機会にも恵まれるはずでもある。

合併による広域化は、まず県単位で始まり、次いで地方単位に拡張していく。段階的なステップを踏む可能性が高い。

和歌山県のきのくに信用金庫のケースは、こうして県単位まで信用金庫が拡大したものととらえることもできる。これから地方単位の信用金庫を目指していくことも視野に入れるべきようにも思う。

また、北海道の北海信用金庫のケースもそうだ。1991年以降、4回の合併を繰り返し、東は札幌市から西の積丹半島、南は長万部まで広がり、さらに飛び地として夕張市を営業地区に加えている。さらに２０１８年1月には札幌信用金庫、小樽信用金庫と合併し北海道で最大の信用金庫になることが発表されている。２０１５年３月期の最終利益が35％減少したこともきっかけだったかもしれないが、全35店舗中14店舗が札幌市にあり、貸出残高からみればすでに札幌の信用金庫になっていたのかもしれない。

一般的な県でも営業地区が県域全体に広がる広域信用金庫へと進化しているケースがみられる。青森県の青い森信用金庫、茨城県の水戸信用金庫なども合併による大型信用金庫であり、実際に全国各地に生まれつつある。

合併による大型信用金庫は、マザーマーケットを統合して巨大化していくものである。組織の大型化によって、業務の進め方について一定の見える化が求められ、合併相手にも現場の実情が相互にわかるようにしなければならない。しかし、それでも、信用金庫が従来から強みにしてきた地の利を生かした経営モデルは、基本的に維持できるはずである。同じ広域化する信用金庫であっても、自前で広域化する場合とは、まったく違った経営モデルとなるはずである。

モデル3――預貸から預証への経営モデル変革

周辺市町村の信用金庫には、もう1つ選択肢がある。それはマザーマーケットの市町村にとどまり、預貸率の低下を甘受していくことである。そのかわり、市場運用力を高めて、預証ビジネスによる経営モデルに移行することである。

実態としてどれくらいの数の信用金庫が預証ビジネスに軸足を移しているか、確認しておこう。図4－12は貸出残高に対する有価証券残高の割合別に信用金庫がどのように分布するかを分析してみたものである。みてのとおり、すでに貸出残高を上回る有価証券残高の信用金庫は全体の15％を占めるに至っている。また、この割合が80％以上の信用金庫は全体の27％、この割合が60％以上の信用金庫とすると全体の57％までふくらむ。すでに相当の割合で信用金庫は預証ビジネスに軸足を移しているのである。

第3章で地域銀行を通じてすでに考察したアセット・マネージャーとしての機能強化にも規模が重要であることは、信用金庫についても同様に当てはまる。しかし、相対的には信用金庫のほうが地域銀行よりも小規模な事業体であることはいうまでもない。預金量が3000億円に満たない信用金庫が半数以上である。

図４－12　有価証券運用残高／貸出残高の割合別の信用金庫分布（2014年３月期）

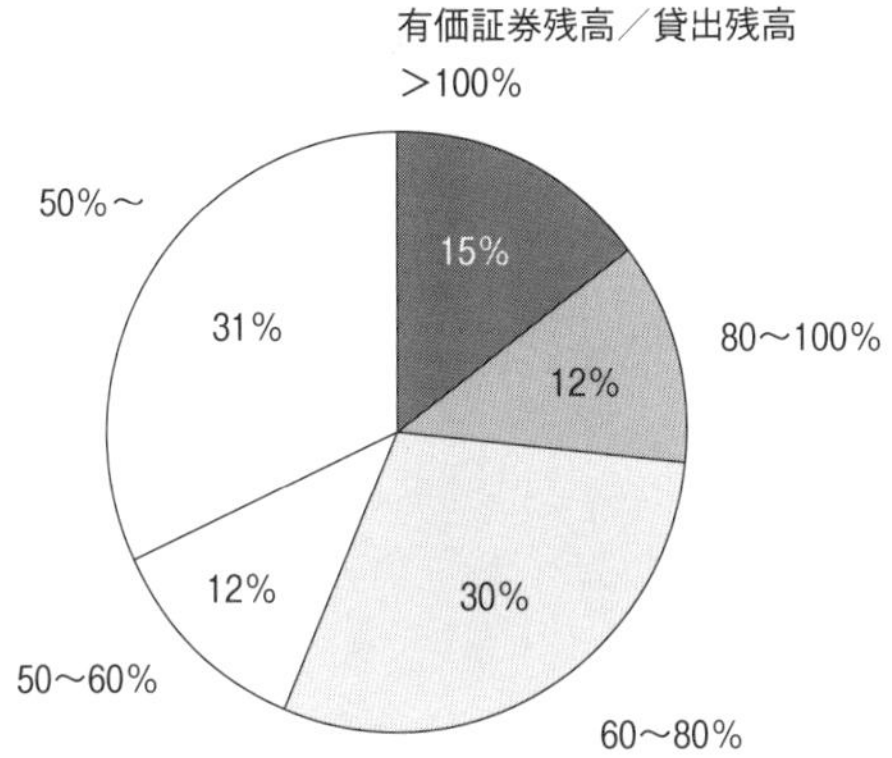

（資料）　全国信用金庫財務諸表

そのため、信用金庫が単独で預証ビジネスを強化しようとしても、その体制面での強化を図るのは容易ならざることである。

単独信用金庫では解決できないのであれば信用金庫同士の合併が１つの選択肢になることは当然の帰結である。ただし信用金庫の場合には、系統金融機関として信金中央金庫が中央組織として存在する。別の選択肢として、信金中央金庫により個別信用金庫の預証ビジネス機能を強化する支援を進めていくことも十分に考えられるのではないだろうか。

モデル4——代理店として金融インフラに徹するという選択

周辺市町村において、あともう1つ考えうる選択肢は、金融インフラになりきるという選択肢である。

周辺市町村には、1つの信用金庫しか存在しない市町村もある。そうした市町村は、そもそも人口規模が小さい。仮に新規参入しようとする信用金庫や銀行があったとしてみよう。そうした場合、小さな市場を分かち合い共倒れになる可能性が高い。だから、新規参入者はない。したがって、狭い地域ながら、実質的な独占状態が続くことになる。

将来、人口の自然減、社会減が進行していくと、なおさら市場規模が小さくなる。存在する1つの信用金庫としても、採算が悪化していくことになる。

しかし、金融サービスは社会・経済活動に不可欠なものである。だれかが提供していかなければならない。

1つ残った信用金庫は、トップラインの低下にあわせてサービスの簡素化を図るであろうし、店舗もフルサービスできる体制から必要最低限のサービスを提供することにフォーカスすることになるだろう。

さらにこうしたことが営業地区の多くの地域で起きれば、その信用金庫は極端なコスト削減をしなければならなくなる。コスト削減をつき突めていけば、自金庫で預貸を行うことを捨て、他の信用金庫や銀行の代理店となることも、1つの選択肢となる。

むしろ代理店として、複数の信用金庫や銀行の預金、貸出商品を提供することが、多様な商品を選択できるようになり顧客利便性は向上することになる。さらに投信や保険をいま以上に取り扱うことができるようになれば、金融商品の販売会社として新しい活路を見出すことができるかもしれない。

幅広い視野でみれば、販売代理店として金融インフラになりきるという決断も、現実的な選択肢となりうる。

モデル5――求心都市の信用金庫の隙間ビジネス

ところで、求心都市の信用金庫はどうなっていくのか。彼らは求心都市においてシェアが低いことがいちばんの強みだ。小規模であることというよりも、シェアが低いことだ。

周辺市町村の信用金庫も小規模であることが多いが、周辺市町村の市場では高シェアになってしまう。そのため、特定セグメント向けの隙間ビジネスで高い貸出金利を得ることはできない。その市町村全体の企業や個人が顧客になるため、どうしても貸出金利は世の中並みの水準となってしまう。場合によっては指定金融機関のことさえあり、事務コストの負担が大きくなり、なおさら収益率は低下する。

ところが、求心都市でシェアが低い信用金庫は、高い経済力をもつ求心都市のなかでいいとこ取りができる立場にある。隙間ビジネスで安定した基盤を構築することができる。しかも、人口流入による社会増が効いていて、自然減が進行してもしばらくの間は人口が減少しない。そのため、カバーする市場の規模も大きく減少することはないとみられる。

図4－13をみてみよう。これは、求心都市の1例として東京都特別区と大阪市を取り上げ、そこに本店を置く信用金庫のリスク控除後の貸出収益率をみてみたものである。みてのとおり、決して小さくない収益率格差が生じている。

特に大阪市の場合は、きわめて大きな格差が生じている。大阪厚生信用金庫や大阪商工信用金庫は、独自の取組みを行っているようだ。経営改革・経営再生向けの無担

図４－13　求心都市の信用金庫の貸出収益率～東京都特別区および大阪市（2014年３月）

東京都特別区であっても大阪市であっても信用金庫の貸出収益率＊には大きな格差がある

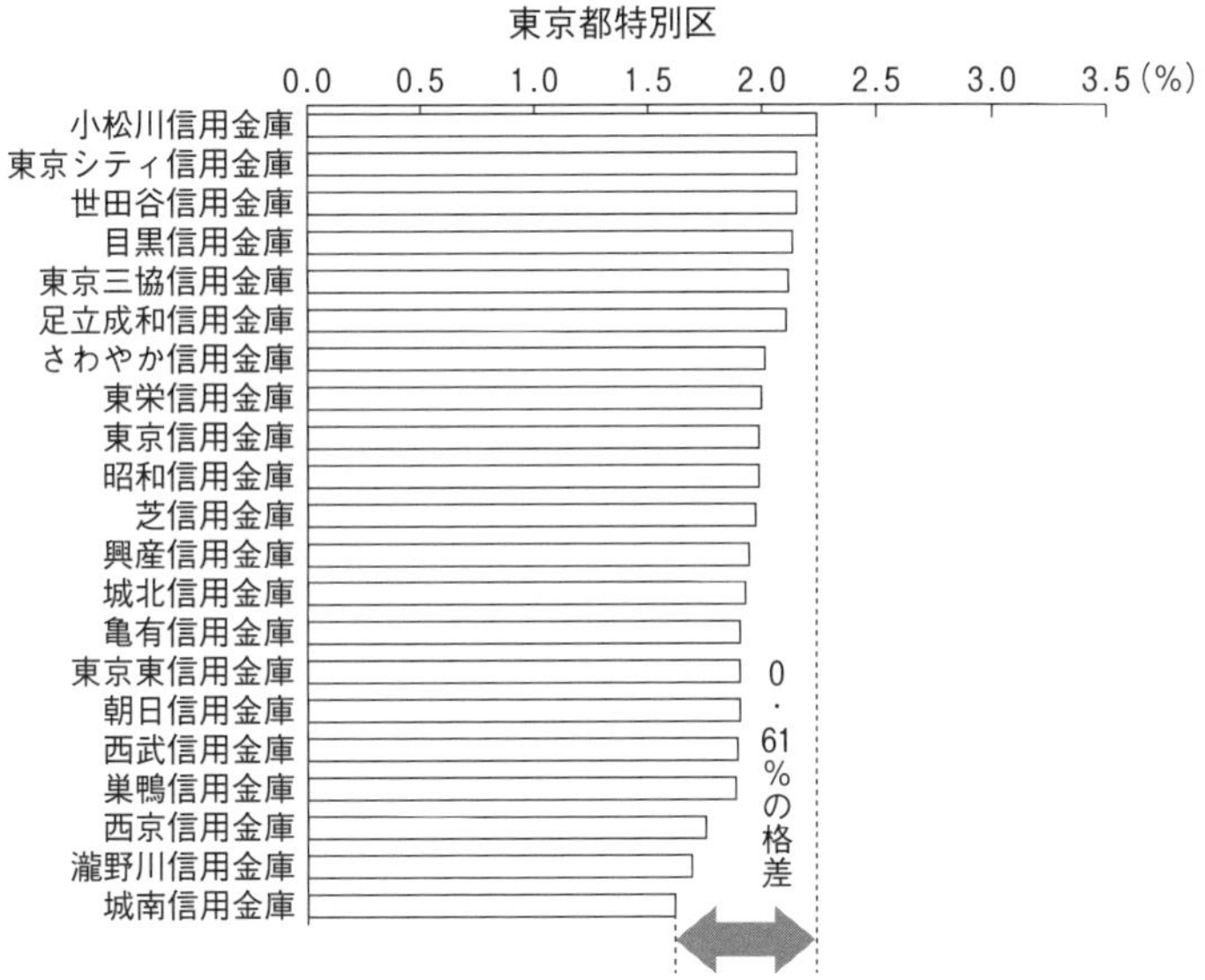

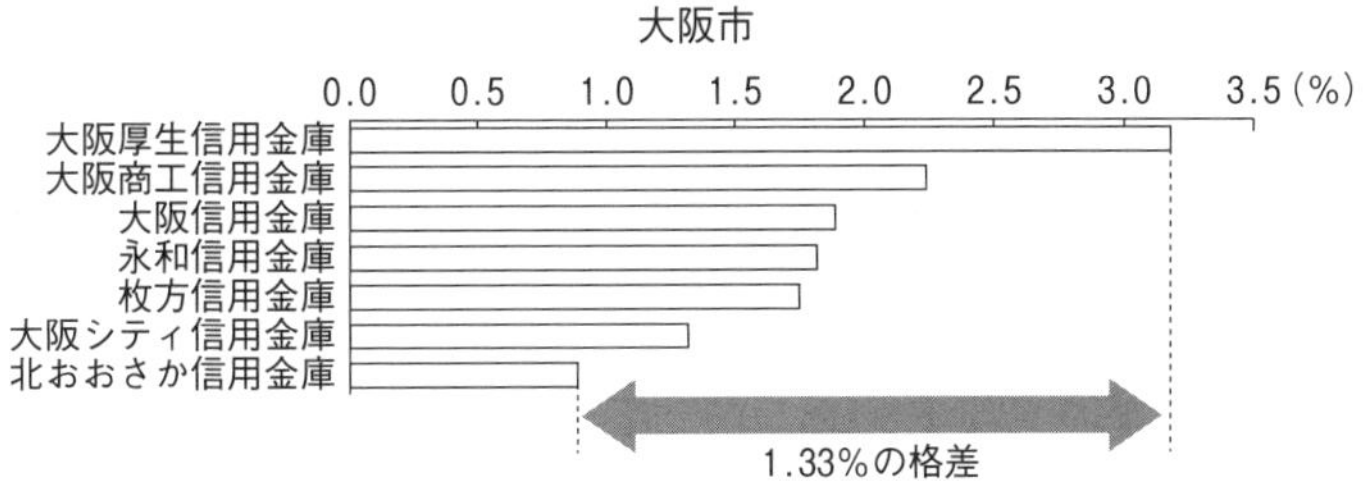

＊（貸出金利息－貸倒引当金繰入－貸出金償却）÷貸出残高

（資料）　全国信用金庫財務諸表

保ローンや自社ビジネスマッチング・サイト、あるいはオーナーズクラブ、経営者フォーラム、経営相談など、それぞれ創意工夫をこらしている。「週刊金融財政事情」(2015年7月20日号)によれば、大阪商工信用金庫の取引先は、ほぼ1金庫取引の企業が多く、15~20年にわたる超長期貸出や法人部による顧客への付加価値提供を通じて、貸出金利を確保しているようである。それぞれの貸出が3100億円、2600億円ほどあり、決して大きくないこともあって、信用金庫として隙間ビジネスを見つけて成功している。

モデル6――潜在的な脅威に備える求心都市での合併

一方、求心都市のなかで隙間ビジネスが見つからない信用金庫はどうなるのか。見つからなくても、中継都市や周辺市町村に存在する信用金庫に比べて脅威がずっと少ないというのも、また事実である。

人口が急速に減少していくわけではない。また、一般的に預貸率も高い水準にある。そして何よりも信用金庫が得意とする中小・零細企業の分野の市場も、競合状況を考慮しても厚みがある。銀行がコスト構造のままで簡単に参入できる市場でもない。

当面は、この規模の中小・零細企業セグメントには、地域銀行が進出するにも限界がある。そのため、信用金庫同士の競争になることが多いだろう。

ただ、与信の仕方やチャネル、あるいはフィンテック絡みなどで何か新たなブレークスルーが起きてしまえば、参入してくる可能性は一気に高まる。銀行も成熟市場に対峙して、少しでも成長できる機会を懸命に探しているのだから。

そうした潜在的な脅威を考慮したとき、求心都市であっても信用金庫がコスト競争力をより高めるために前向きに合併をしていくことも1つの選択肢となるはずである。

合併を検討するのであれば、後になればなるほど、合併相手などの選択肢が限られてくることも忘れてはいけない。追い込まれる前に、いまから理想のパートナーを見つけ将来の経営モデルについて具体的なビジョンをもつべきである。

多様性という信用金庫の本質

市町村間の社会移動の実態をふまえて、これからの信用金庫のあり方を整理してみた。大きく分けても6つの経営モデルがある。しかも、その6つは一つひとつで大きく異なる。1つの経営モデルが、1つの金融業態であるといってもさしつかえないくらいだ。明らかに地域銀行以上に多様化が進むように思える。

地域銀行は県内の地域経済を支えることから解放されないという制約を受ける。一方、信用金庫は、営業地区内のシェアが高い市町村では地域銀行同様に地域経済の担い手として期待されるかもしれないが、それ以外の地域では比較的、自由な選択ができる。

加えて、信用金庫がマザーマーケットとする市町村自体が多様である。求心都市、中継都市、周辺市町村のどこに本店を置くかで大きな違いが生まれる。さらに、周辺市町村のなかにも大きな違いがみられるからいっそうの多様性を生むことになる。そのため、6つの経営モデルのなかに、さらにバリエーションが生まれてきそうである。

結果として信用金庫は、個別事情に応じて多様な展開をしなければならない。それぞれの抱えるマーケットの状況と、自らのスキルや強みをうまく生かせるように、自分たちにとっての最適解を見つけ出すことが求められている。

人口の自然減少が加速し始めるにはまだ時間がかかるが、市町村間の社会移動は激しい。早く、自分たちにとっての正解を見つけ、動き出すことが求められていることも忘れてはいけない。

4. 信用金庫システムとしての信金中央金庫のあり方

信用金庫はシステムとしてみるべき業態

手元に「全国信用金庫連合会五十年史」がある。信金中央金庫の前身、全国信用金庫連合会の歴史ばかりでなく、明治以降今日に至る信用金庫の歴史が記されている。

根拠法が初めてできたのは1900年の産業組合法であった。それに基づき、信用組合としてスタートし、やがて農村、準市街地、市街地信用組合に分化し、それぞれ農業協同組合、信用組合、信用金庫の前身となっていく。信用金庫法が制定され、市街地信用組合が信用金庫と呼ばれるようになったのは、1951年のことである。

信用組合時代も、信用金庫になってからもはじめのうちは、事業資金の調達に事欠くことも少なくなく、中央金融機関の存在が不可欠だったようである。そのため、当初は農工銀行、北海道拓殖銀行、日本勧業銀行が中央金融機関の役割を担った。1938年から終戦までは、庶民金庫がその役割を担う。戦後は信用組合の独自の中央金融機関として全国信用協同組合連合会が自主的に創設されるに至った。これが、かつての全国信用金庫連合会、現在の信金中央金庫となっていく。

つまり、信用金庫は基本的に、その歴史を通じてずっと、中央金融機関を擁することによって運営されている。経済環境に応じて、中央金融機関の役割が、個別信用金庫のための資金調達や融通であったり、余資運用であったり、役割が変わることがあっても、中央金融機関は各信用金庫とのあいだで不可分の関係を築いてきた。こうした成立ちをかんがみるに、個々の信用金庫の営みは、信金中央金庫を含めた信用金庫システムとしてとらえるべきものである。

また、全国信用金庫連合会の設立は、法整備によるものではなく、あくまでも信用金庫の自由意思によるものであったことも、信用金庫システムの今後のありようを考えるとき、十分に考慮しなければいけない点だとも思う。

前節、前々節と説明をしてきたように個々の信用金庫は大きく変わらなければならない。多様化が進むという意味でもそうだ。個々の信用金庫の補完をして信用金庫シ

図4－14　信用金庫の預貸率（1955～2013年度）

かつて80%程度あった預貸率は長期低落傾向にあり、現在では50%程度の水準まで下落している

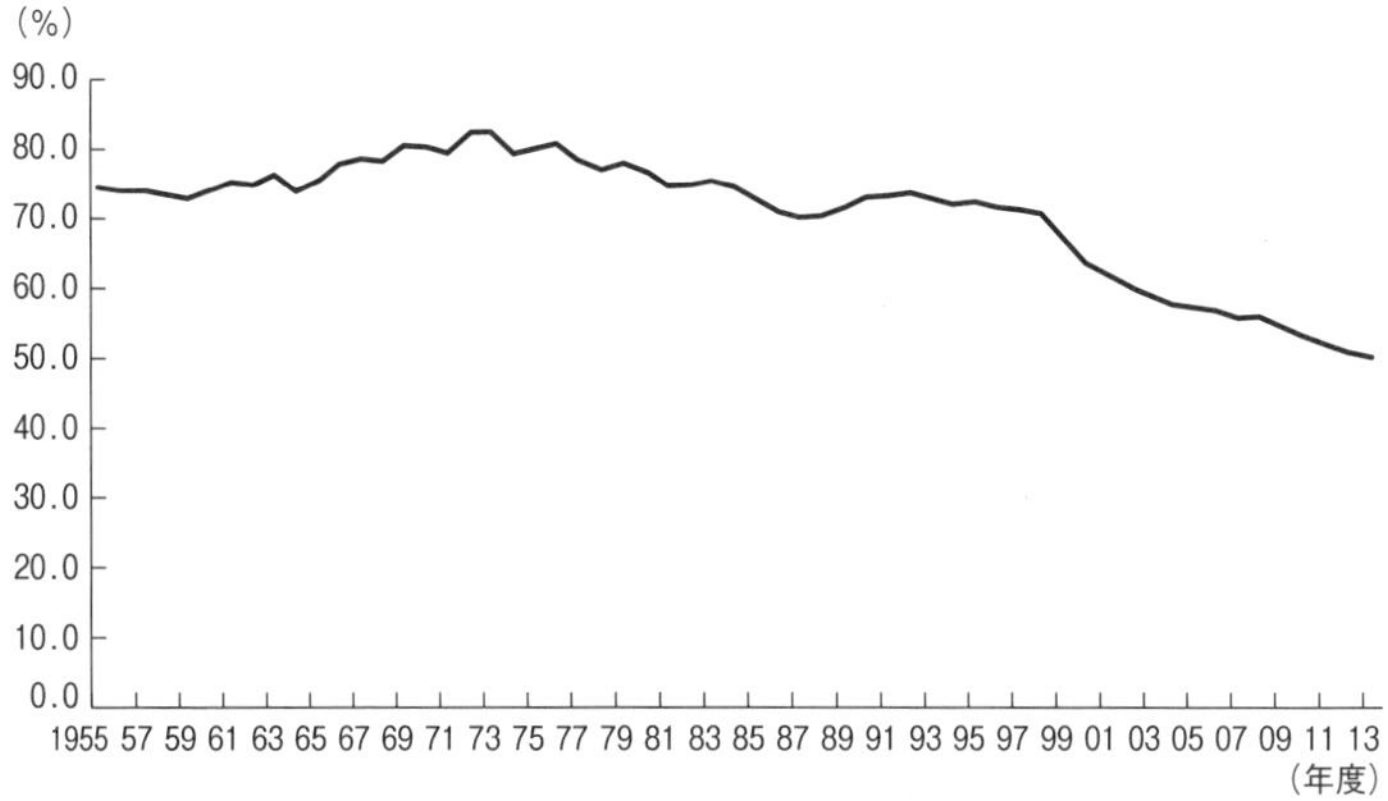

（資料）「全国信用金庫連合会五十年史」、「信金中央金庫六十年史」、全国信用金庫財務諸表、信用金庫概況

ステムを持続していかなければいけない使命が信金中央金庫にあるはずだ。それは個別信用金庫の破綻処理や救援ではなく、新しい社会・経済環境にふさわしい信用金庫にすこやかに進化を遂げることを支援していくことである。だとすれば、信金中央金庫自体も大きく舵をとらなければならないはずである。

システムを維持するための余資運用能力の補完

では、信金中央金庫は、何をどのように補完して信用金庫システムを維持するべきなのか。

その第一は、有価証券運用の強化である。信用金庫を取り巻く変化のなかで、先にみたように最も構造的な変化は余資運用能力が一段と求められるようになったことである。

図4－14は、信用金庫全体の預貸率を1955年度から時系列に追ってみたものである。1970年代前半までは80％を超える水準にあり、預貸ビジネスこそが信用金庫の経営モデルであった。

しかし、バブル景気とその崩壊を受けて、2000年代に入ってからは預貸率が70％から一気に50％まで急落する。平均的な信用金庫では、余資運用の重要性が飛躍的に高まった。

また、平均的な信用金庫像が預貸ビジネスだけで語れなくなるだけでなく、周辺市町村をマザーマーケットとする、預貸率が極端に低い信用金庫は、預証ビジネスこそ中核業務とならざるをえないはずである。

言い換えれば、信用金庫にとって余資運用能力の強化こそ、いまや経営の最重要課題となっているということだ。

かつて、信用金庫は、信金中央金庫へ預金することが、余資運用の主要な手段と

図4－15　信用金庫の信金中金預金率と自主有価証券運用率（1955～2013年度）

かつては余資運用の半分以上＊を信金中央金庫の預金に預け入れていた時代もあったが、現在では4割を下回る水準に低下し、一方で有価証券の自主運用の比率＊＊が90年代以降高まっている

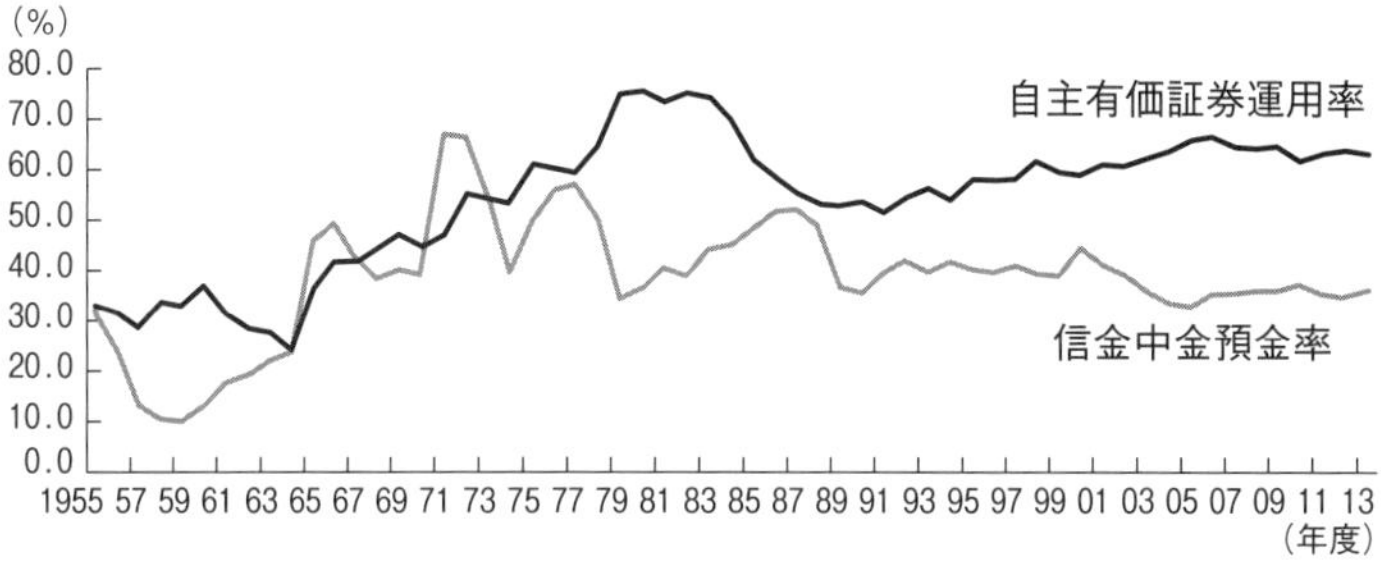

＊信金中央金庫の会員預金残高÷（信用金庫の預金残高－貸出残高）
＊＊信用金庫の有価証券残高÷（信用金庫の預金残高－貸出残高）
（資料）「全国信用金庫連合会五十年史」、「信金中央金庫六十年史」、全国信用金庫財務諸表、信用金庫概況

なっていた。しかし、図4－15にみるように、信金中央金庫の預金に対する依存度は近年30％台にとどまっている。1990年代以降は、自主的に有価証券運用を行う傾向が高まり、現在では余資の6割以上が該当するようになった。ただし、リーマン・ショックでは、信金中央金庫も個別の信用金庫も大きな影響を被ったが、自主運用の割合はその前後で変わらなかった。

こうした現状の裏には、信金中央金庫の預金利回りの相対的な低下が要因の1つになっている。図4－16は、信金中央金庫の預金利回りと、

図4－16　自主有価証券運用利回りと信金中金の預金利回り（1955～2013年度）

1990年代半ば以降は、信用金庫の有価証券の自主運用利回り＊が、信金中央金庫の預金利回り＊＊を上回る事態が続いている

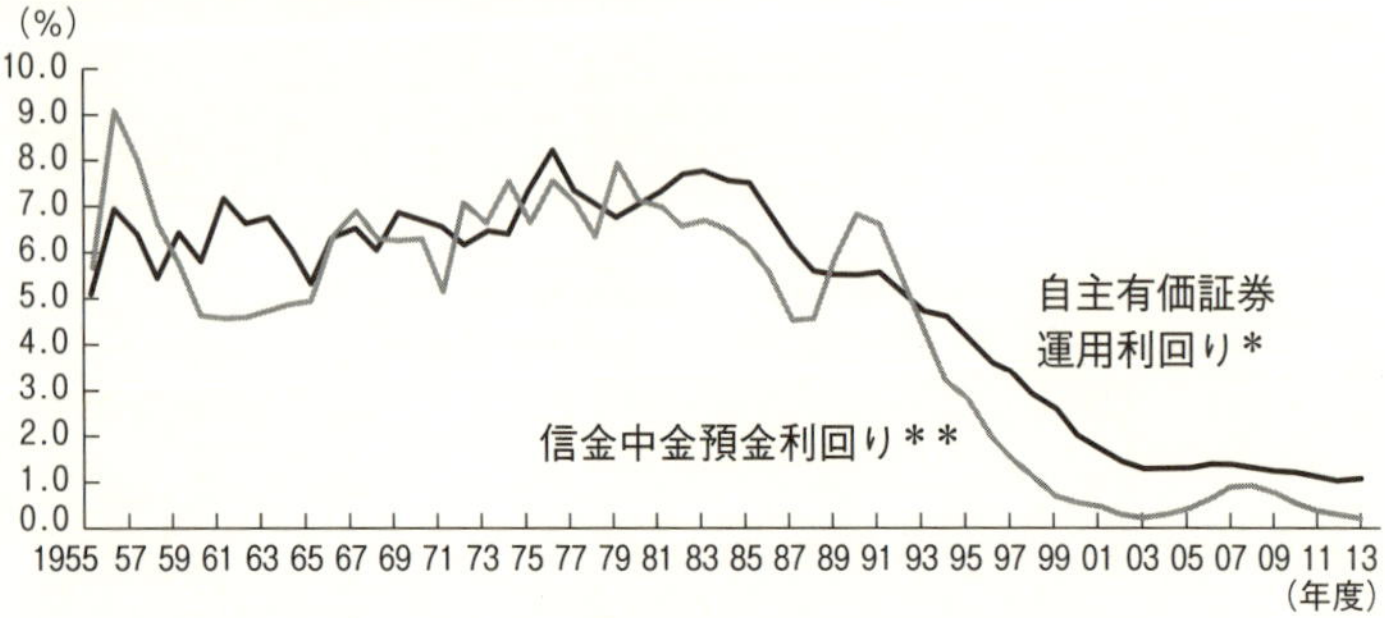

＊信金中央金庫の預金利息÷信金中央金庫の預金残高（末残）
＊＊信用金庫の有価証券利息配当金÷信用金庫の有価証券残高（末残）
（資料）「全国信用金庫連合会五十年史」、「信金中央金庫六十年史」、全国信用金庫財務諸表、信用金庫概況

信用金庫の自主的な有価証券運用の利回りを比較してみたものである。自主運用の利回りが信金中央金庫の預金利回りを上回り始めるのが、1990年代半ばからである。信用金庫の自主運用率が上昇するタイミングと符合する。

では、そもそも信用金庫システムが成り立つためには、どの程度の運用利回りが必要になるのだろうか。図4－17は、預金残高を横軸に、営業経費を縦軸として現在の個々の信用金庫をプロットしてみたものである。回帰式の2項目の係数が示すように、規模の効果を除いてしまうと

図4－17　信用金庫の預金残高と営業経費の関係（2014年3月）

現在の信用金庫の営業経費をまかなうためには、調達した預金を1.1〜1.2%で運用することが求められる

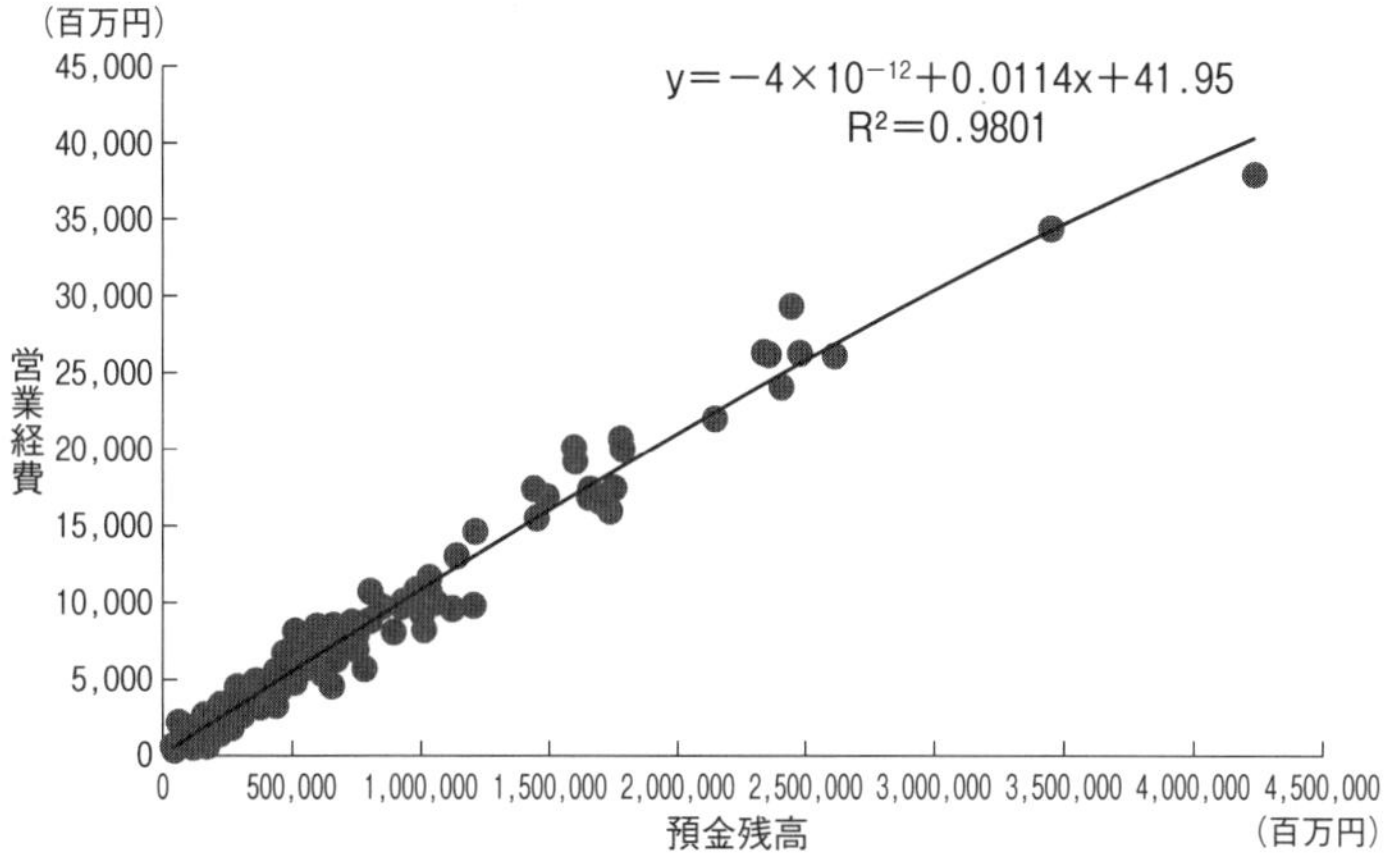

（資料）　全国信用金庫財務諸表

１・１〜１・２％程度の運用利回りが必要になることがわかる。２０１５年２月時点での信用金庫全体の貸出約定金利は１・９％だが、信用コストが０・２％程度発生するとみて控除すると、１・７％となる。平均的な信用金庫の預貸率は50％程度であるので、有価証券運用で０・５〜０・７％程度の利回りを実現してはじめて、営業経費をまかなうことができる。

つまり、現在の環境下で信用金庫システムが成立する要件は、安定的に有価証券運用で０・５〜０・７％の運用利回りを実現できることとな

る。

有価証券の自主運用の利回りはいまのところ1％程度である。これは、財務会計上の数字で、かつて金利の高かった頃に保有した債券の貢献によるところが大きい。10年国債ですら足元では0・5％を下回る金利になっている。また、信金中央金庫の預金利回りは最近では0・2〜0・3％の水準になっているため、余資を預ければ預けるほど、残った余資でより高いリターンを実現しなければならなくなる。現在の金利水準で、目標利回り0・5〜0・7％を達成できるかどうかは、簡単な話ではないのである。

また、信金中央金庫は、個別信用金庫が運用先として検討している運用商品について、セカンドオピニオンを述べることで、余資運用を補完することにしている。ただし、そこには目標利回りの設定はないため、保守的な評価を述べることはいくらでもできる。0・5〜0・7％の利回りを得られるだろうと思われる商品を見つけてくるのは、結局は個別の信用金庫の責任である。

メーカーのようにシステムをモジュールに分け、モジュールごとに定量的なパフォーマンス目標を与えていくのと同じように、余資運用というモジュールの目標利回りが明らかになると、信金中央金庫が余資運用の補完を行い、信用金庫システムを維持しているわけではないことが明確になる。個別信用金庫に自主性をもたせているということなのかもしれないが、信用金庫システムの弱点になっているのは明らかである。

信用金庫のなかでも、国債10年物以外にも投資し安定的に目標利回りをあげることができる信用金庫もあるので、すべての信用金庫からみて信金中央金庫の余資運用支援を不十分というわけではない。ただし、そうでない信用金庫からみれば信金中央金庫の補完は不十分ということになる。

信用金庫システム維持に必要な目標利回りを数値化してしまえば、信金中央金庫が改革していかなければならない点もはっきりとする。信用金庫システムの各部分のパフォーマンス基準を定量的に設定することは、リ・デザインするための方法論でもある。

信用金庫システムのリ・デザインの結果として、目標利回りに安定的に到達できそうな私募投信を提供することなのか、別の方法で運用受託することなのか、あるいは投資顧問をすることなのか、セカンドオピニオンを述べることなのかは、ともかくも、信金中央金庫による余資運用強化の支援が課題であることはたしかなのである。

広域化に伴う信用リスク管理の強化

ここ2年くらいはアベノミクスのおかげもあって信用コストが低水準で推移している。ただし、景気の好不況によって信用コストは循環的なトレンドを描く。そのため、信用リスク管理は信用金庫ならずとも金融機関にとって永遠の課題であるはずだ。

加えて信用金庫の場合、これからは資金需要を追いかけて広域化がよりいっそう進展していくものと予想される。県境を越えて地方の求心都市まで広域化していくことになる。広域化した信用金庫は、ドライな審査が求められるようになる。

また、信用金庫同士の経営統合が起きれば、複数の信用金庫の貸出業務、審査基準、信用リスク管理のあり方を一本化して、新しい仕組みを構築しなければならない。

それぞれの信用金庫の暗黙知を見える化していかなければいけない。また、審査基準を文書化するだけでなく、審査役同士の目線あわせをして実際に同じように運用できるためのトレーニングも必要となってくる。

こうした貸出業務の仕組みを円滑に築くことも、信用金庫システムを維持していくための新しい課題である。これに対して信金中央金庫もかかわり始めているという。ただし、まだ必ずしも多くのスタッフがかかわっているわけではない。

これからさらに広域化が加速し、経営統合も増えていくと予想される。そうした信用金庫の進化を確実に成功に導くことが、信用金庫システムの安定にもつながる。信金中央金庫がさらに人材を投入してもよいはずではないか。

マーケティングの指南役としての役割

信用金庫も銀行と同じように、新しいサービスとして消費者金融、証券、信託、M&Aなど非伝統的なプロダクト領域への進出を始めている。

それにあわせ信金中央金庫も、信金ギャランティ（ローン保証会社）や、しんきん証券、しんきんアセットマネジメント投信、しんきん信託銀行、信金キャピタルなどを設立し、個別信用金庫の支援に乗り出している。

ただし、新しいプロダクト分野で成功していくためには、プロダクト自体の供給ももちろん大切ではあるが、それ以上にマーケティングの実践や営業支援の仕組みづくりが重要になってくる。こうした分野では、銀行を含む複数の金融機関と競合することになる。そのため、これらのサービスの潜在的なニーズをもつ顧客を見つけ、他の金融機関と取引するよりもその信用金庫で取引するのが便利だ、安心だと認知してもらい、はじめて取引につながるからである。

そうしたことが顧客に伝わるように、新しいサービスを提供していく顧客接点を強化しなければならない。商品知識を担当者が学ぶばかりでなく、サービスを推奨するタイミングであったり、サービスを組み合わせて顧客にとってのソリューションを導くことであったり、顧客にとってのメリットを説明することであったりする。

地域銀行であれば、こうしたマーケティングの仕組みづくりを個人部などが行うことが多い。また、プロダクトを提供する投信会社や保険会社がこうした支援を積極的に引き受けてくれることも少なくない。個別の信用金庫になると、どうしても規模が小さくなり、体制面の限界もあり、また投信会社や保険会社も力が入らない。そうした事情もあってか、小規模なチームながら信金中央金庫ではこうした支援業務をすでに始めている。

新しいサービス分野において、プロダクト供給という上流から顧客接点の確立という下流まで、一気通貫で確立することが必要である。これも信用金庫システムとしての競争力を高めていくうえで重要であり、もっと積極的に信金中央金庫は役割を担うべきである。

信金中央金庫――システム完備の欠かざるピース

会社が存続できるかは、存在意義があって、それを十分に果たしているかどうかにかかる。

信金中央金庫の場合、生い立ちからして個々の信用金庫ではできない業務を補完して、信用金庫システムが円滑に動くように、中央金融機関として信用金庫の強い意思によって生まれた。信用金庫システムを持続させることができるかが、存在意義のはずであり、そのためには個々の信用金庫に可能な限りの支援を行うことではないか。見方を変えれば、個々の信用金庫こそ、信金中央金庫の受益者であり、顧客であるはずだ。

ただ、現時点では、優先出資証券を発行して、出資者として信用金庫ばかりでないという声を聞くこともある。

しかし、信金中央金庫が個々の信用金庫の繁栄を前提にせず、また信用金庫システムの安定的な継続を前提にせず、何を存在意義とするのだろうか。仮に信用金庫以外の出資者に気を配り、個々の信用金庫が衰退していくようなことが起きれば、信金中央金庫は信用金庫という顧客を失い、事業機会も減少して、衰退していくのではないだろうか。信金中央金庫のほとんどすべての収益が信用金庫絡みの業務からもたらされている以上、優先出資証券の出資者にも、最悪の場合、迷惑をかけることになるのかもしれない。

また、信金中央金庫の衰退が始まれば、信用金庫システムの不備はさらに目立つものになる。特に、預貸率の低下と低金利の環境下で目標利回りへの道筋がみえない信用金庫は、さらに増えていくように思われる。

原点に帰り、信金中央金庫は信用金庫システムの持続のために個別信用金庫に何をすべきか、を考えるべきではないだろうか。

信用金庫を顧客とするマーケティング体制の確立

信金中央金庫のこれからのあり方を考えるにあたり、信用金庫を顧客としてみて、マーケティング戦略を立ててみたらどうだろうか。マーケティング戦略は、一般的にはB2C（企業-個人）の経営ツールに思えるかもしれないが、B2B（企業-企業）であっても実に役立つツールである。マーケティングとは、顧客の未充足ニーズ、場合によってはPain（痛み）、つまりちょっと気になることを解決していくことである。

信用金庫は多様化をさらに加速していかないと、人口減少や市町村間をめぐる社会移動の競争のなかで、立ちいかなくなってしまう。多様化が進むということは、顧客である信用金庫をひとくくりにしてはいけないのである。マス・マーケティングの手法は当てはまらない。よりマイクロな視点でマーケティングをするべきである。

前述したように信用金庫にはおおむね6つの経営モデルの選択肢があるとするならば、6つに分けた信用金庫支援体制を築くこともあってもよいのではないかと思う。すなわち、中継都市や周辺市町村にあって広域化を自力、他力で模索するとみられる信用金庫（それぞれモデル1と2）、周辺市町村にあって預証ビジネスに移行しようとする信用金庫（モデル3）、代理店化の可能性のある信用金庫（モデル4）、求心都市で隙間ビジネスで独自の経営を展開する信用金庫（モデル5）、そして合併によってコスト競争力を強化しようとする信用金庫（モデル6）である。

さすがにモデル3とモデル4では支援するにしても提供サービスやスキルが違うことは明らかである。もちろん、モデル1と2を比較してもそうだし、1と5を比較してもそうだ。信用金庫セグメントごとに支援のためのスキル、ノウハウが異なるのなら、セグメントごとに分けて支援チームをつくり、顧客である信用金庫を支援していくべきである。

幸い、信金中央金庫から個別の信用金庫に提供すべきサービスのメニューは、個々には改善の余地があっても余資運用からリスク管理、証券やM&A、消費者金融などの新商品まで、準備はできつつある。これからは、そうしたサービスを強化しながらも、セグメント別支援チームが個別信用金庫のRM（リレーションシップ・マネジメント）としてサービスを組み合わせながらソリューションに結びつけていく態勢を構築するべきである。

具体的な組織改革におとすのなら、信金中央金庫の信用金庫部の改革ということになろう。部内室としてコンサルティング室もあるが、セグメント別の支援体制に改組するのも選択肢になるのではないだろうか。はじめは6つのセグメントでなく、3つとか4つなのかもしれない。ポイントは、信用金庫は多様化しなければならず、1セグメントではないということだ。そして、個別信用金庫の着地点として6つのモデルを想定しておくことだ。

同時に、こうした態勢に移行していくためには、個別の信用金庫と信金中央金庫の緊密なる対話が前提になる。信頼関係があって、お互い本音で話し合うことができなければ、よい協働関係は生まれない。それぞれが別々の方向を向いていれば、言い訳ばかりが積もるようになる。信用金庫システムとして、両者は一蓮托生であることを忘れてはいけない。

第Ⅲ部

あしたの地域経済の育み方

多くの地域金融機関にとって預貸ビジネスがコモディティ化していくために、いっそうのコスト削減に取り組む必要があった。営業経費が事業規模に依存してしまうため、合併が有力な選択肢となったわけである。しかし、合併さえすればよいわけではない。合併はあくまで生き残りのための戦略手段にすぎない。持続的な成長に転じるためのアクションをとらなければならない。その重要なアクションの1つこそ地域経済を牽引していくことであり、合併による大幅なコスト削減の一部でも再投資すべきである。

同時に、自治体が地方版総合戦略を策定することを地域金融機関も支援していくことが期待されている。そのため、いまがまさに地域金融機関がリーダーシップを発揮する意味でもベストタイミングなのである。また、地方版総合戦略の策定や推進を通じて、域内の付加価値向上に貢献できるのであれば、社会移動の流れも変わり、地域市場の衰退をくいとめることになり、本業にもプラスの効果をもたらす可能性がある。

しかしながら、多くの地方版総合戦略は、人口ビジョンが中心となり、子育てや子づくりなどの社会政策が中心である。自治体にとって経済分野は不得意分野であることもあって、経済政策への展望が拓けていない。結果として多くの地域金融機関では地方創生における経済戦略の重要性や自らの飛躍につながる可能性に気づいていない。

経済成長戦略と人口問題の解決を結びつけるような方法論が、地域金融機関には必要なのである。それがあってはじめて、地方創生のための自治体と地域金融機関の真の意味での協働が始まるのである。

そこで、域内の経済成長を目標に、自治体内が体系的に取り組むことができる地方版総合戦略策定の方法論を、北海道伊達市、網走市をケーススタディとしながら、地方税を活用して組み立ててみた。この枠組みで少なくとも地域の課題、あるいは強みとする産業を客観的に明確にすることができるようになった。また多くの場合、地域の経済の第一の柱はわかっていても、第二、第三の柱を何にすべきかわからない。この方法論を活用することで総合戦略に厚みをもたせることができたように思う。さらに広域連携における客観的な役割分担を示せるようにもなった。自治体、地域金融機関双方に対して、地域の経済成長を支えるには何をすべきか、示唆できるようになったと思う。

まだまだこの方法論には、地方税や就業者数のデータベース化などの課題があり、発展途上のものである。しかし、他の自治体とベンチマークすることでデータ分析結果を読み解くことができれば、その価値は飛躍的に高まる。そのため、本書を読んでいただき、協働してくれる自治体を募っていきたいとも思っている。大きな成功をより多くの方々と分かちたいのである。

第5章 視点を変えた枠組み——ＩＬＯ産業分類と7つの基本軸

1. 顧客はどこにいるのか——ＩＬＯ産業分類

域内の付加価値向上を目標に置いてみる

地方創生——地方が栄えていくためには、基本は域内に仕事があることが求められる。仕事がなく、経済活動が停滞しているにもかかわらず、人口が増えていく状況をもって、地方創生が進んでいるとは言いがたい。仕事があって、経済活動が活発になる。その結果、域内で創出される付加価値が増大し、域内の人口を養うこと、さらには第Ｉ部でも言及したように、他地域からも人口を呼び寄せることが、地方創生が成功していることの基本的なゴールのはずである。経済問題と人口問題が結びつき、一

図5－1　地方版総合戦略の目的

地方版総合戦略の目的が域内の付加価値の向上とすると、域内の就業者数と就業者当りの付加価値の2変数を増大させる戦略を創出することが求められている

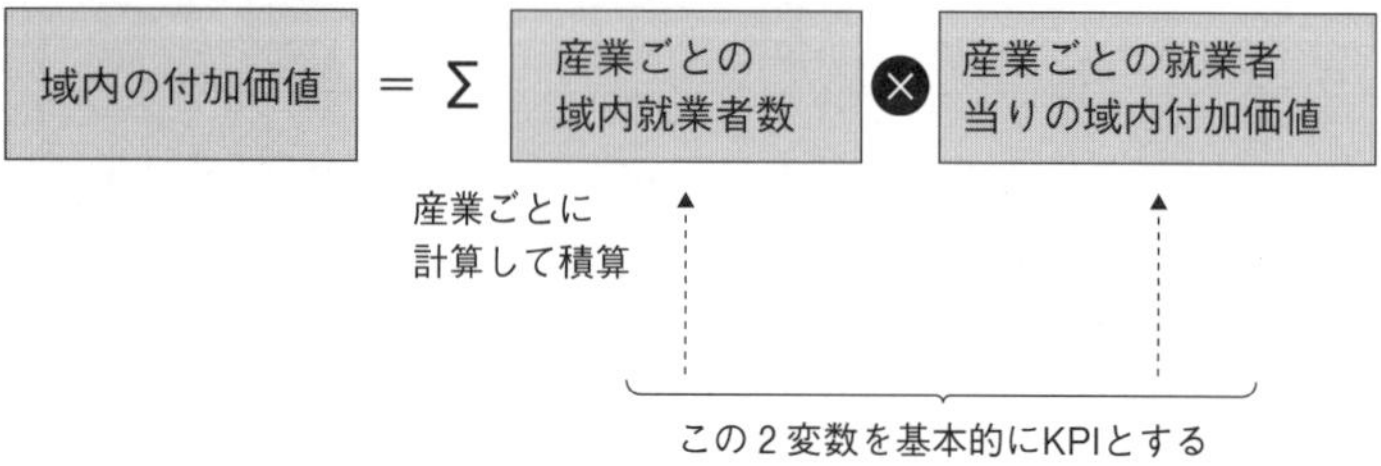

挙に解決できることである。

そこで、まず域内の付加価値額の増大を、地方創生の目標として置いてみることにしたい。国の経済政策が基本的にはＧＤＰの増大にあることを考えても、国と地方が一貫した目標をもつことになる。

では、域内の付加価値額を増大させるためには、どうすればよいのか。それには就業者数を増やし、就業者当りの付加価値を伸ばしていくという、２つのＫＰＩで考えていくのがわかりやすい（図5－1）。

しかも、産業ごとで就業者当りの付加価値が大きく違うことが多い。したがって、もし就業者数を増やすことができるのなら、就業者当りの付加価値が大きい産業で就業者を増やすのがいちばん

よいことである。そのため、産業ごとに就業者数と就業者当りの付加価値額をみていくことが、目標達成のための基本的な視座となる。

顧客の所在による新しい産業分類の必要性

では、付加価値とは何か。企業活動では、売上げから原材料費などを控除したものである。考え方として、売上げから外部に支払ったコストを差し引いたものは、企業内部で積み上げた付加価値であるという考え方である。

何を外部費用とし、何を内部費用とみなすのか、場合によって定義が異なることがある。GDPを計算する場合は、設備の減価償却費は、自ら保有する設備を活用している対価も内部費用とみなされる。また、借入利息も内部費用とみなされる。外部費用は原材料などの仕入れ費用である。

ならば、付加価値をあげるためには、売上げを伸ばすか、外部費用のコスト削減を進めるか、2つの方法があるということになる（図5－2）。

コスト削減は、企業活動のなかで当然のことであり、いままでも営々として行われてきたし、これからもそうだ。人口減少という局面において構造的な変化が生じるの

図5－2　付加価値の増大方法

付加価値を増大させるためには売上げをあげるか仕入費用をさげるかが必要となる。売上げはだれを顧客にするかによって、自治体の立場からは産業を3つに大別することができる。また、顧客当りの消費額が不変とすれば、顧客数を売上げや市場規模と読み替えることもできる

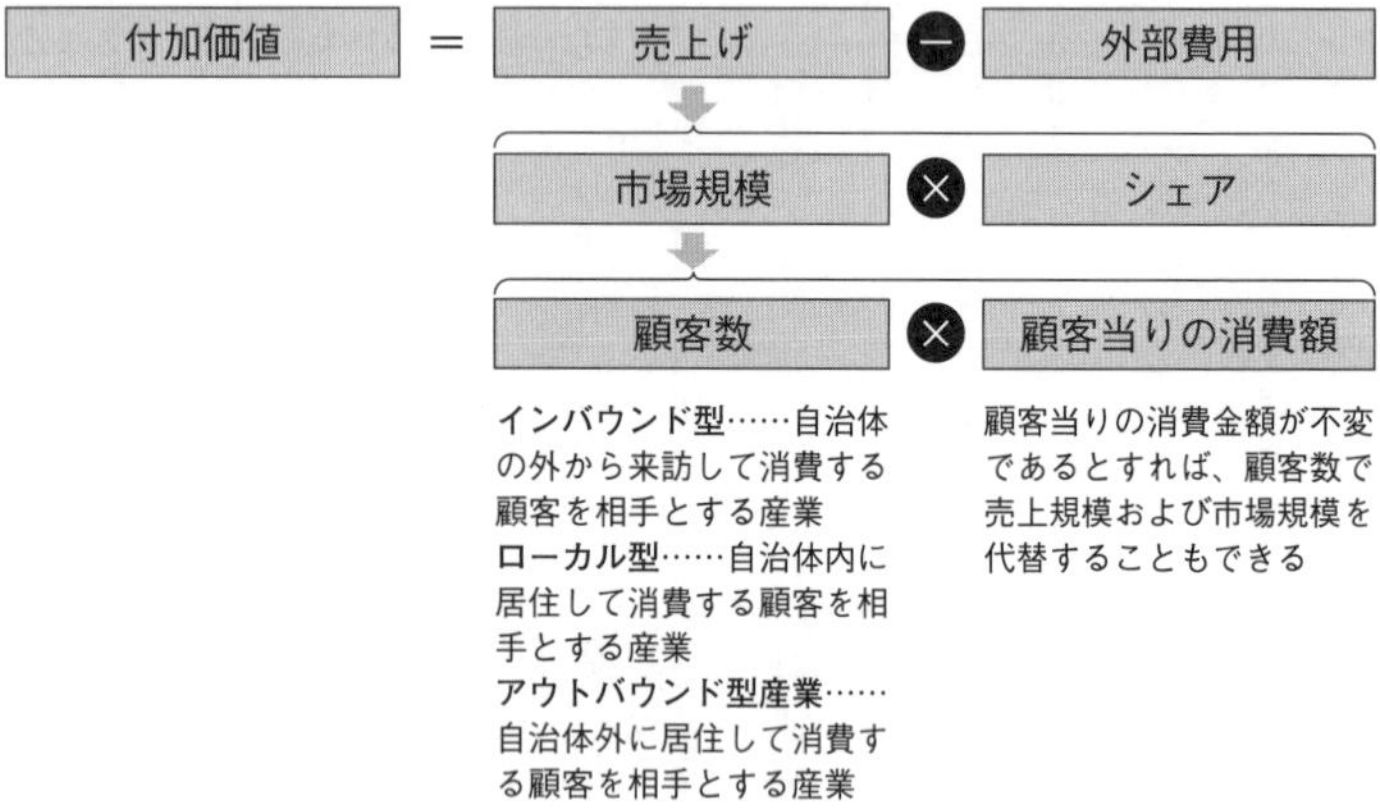

は、売上げのほうである。

売上げをあげるには、プロダクト・サービスごとに市場があり、競合他社と競争しシェアを奪い合って、売上げをあげることになる。

では、市場規模は何によって決まるのか。これも、あるプロダクトやサービスを購入したいという顧客の人数と、その顧客が平均どのくらいの金額をそのプロダクトやサービスの購入に消費するかで決まる。

あるプロダクトやサービスを購入する顧客のなかには、普通の人よりもたくさん購入する人もいれば、あまり購入しない人もいる。しかし、

域内平均をとってみると地域差があるにしても桁が違うというようなことはまずは起きていない。差がある場合でも、人口規模や地域特性が同様な地域と比べてみるとあまり大きな差がない。

たとえば、飲食店の利用を考えてみよう。図5－3は、地域別の世帯当りの月間外食費用である。地方別にみてみると、最大値の関東地方と最小値の北海道地方の格差は1・8倍程度である。また、県庁所在地間で比較すると、東京都特別区部は青森市の2・8倍程度になるが、青森市、盛岡市、秋田市、山形市、福島市は同程度である。東北地方の例外は仙台市で、青森市の2倍である。それでも仙台市を、政令指定都市でさいたま市、千葉市、横浜市と同じグループだとみなせば、これらの4市の格差は小さい。

つまり、あるプロダクトもしくはサービスを特定し、その市場規模比較を同様な市町村間で行う場合、顧客数規模で大ざっぱに近似してみることもできるということである。

そのため、顧客はだれなのか、その顧客はどこにいるのかを考察することが、顧客数（市場規模の代替指標）を見積もるうえで非常に重要となる。言い換えれば、域内

図５－３　世帯当りの月間外食費（2014年）

世帯当りの月間外食費をみてみると、地域ごとの差はせいぜい２～３倍程度である。こうした差も、同様な地域と比較してみると、大きな差はないようにみえる

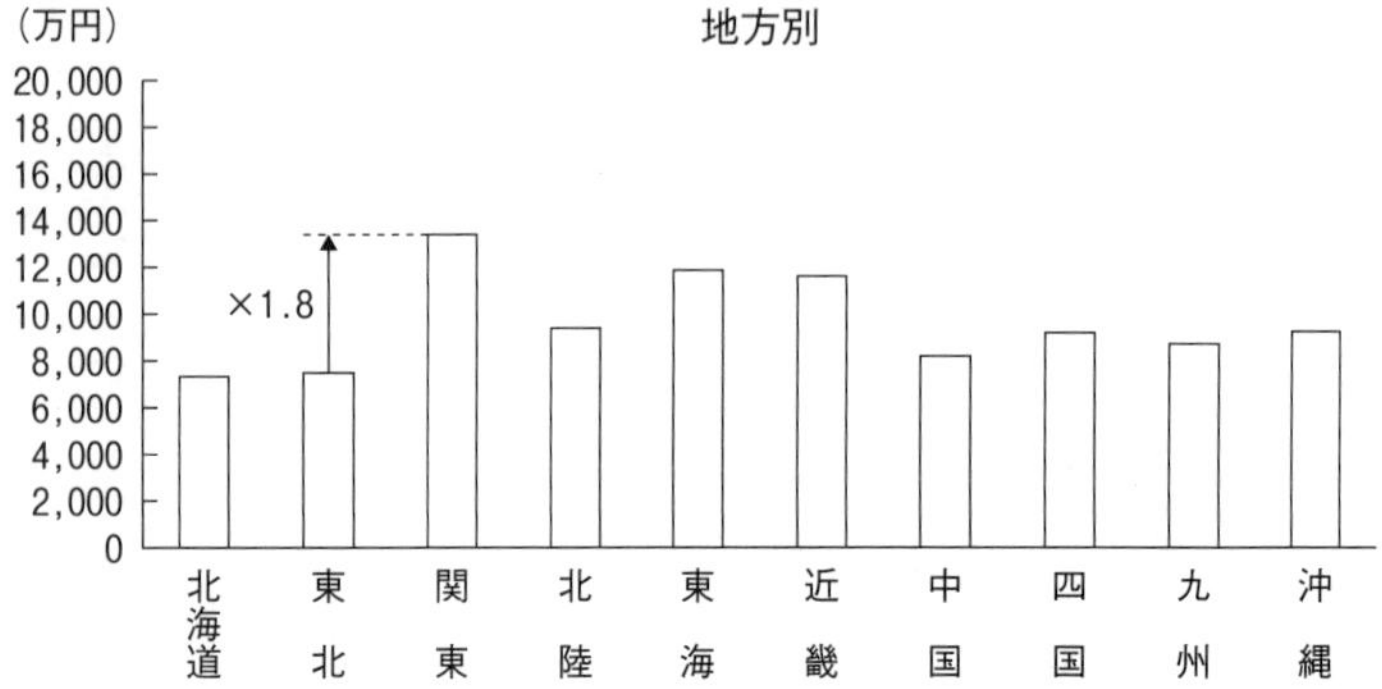

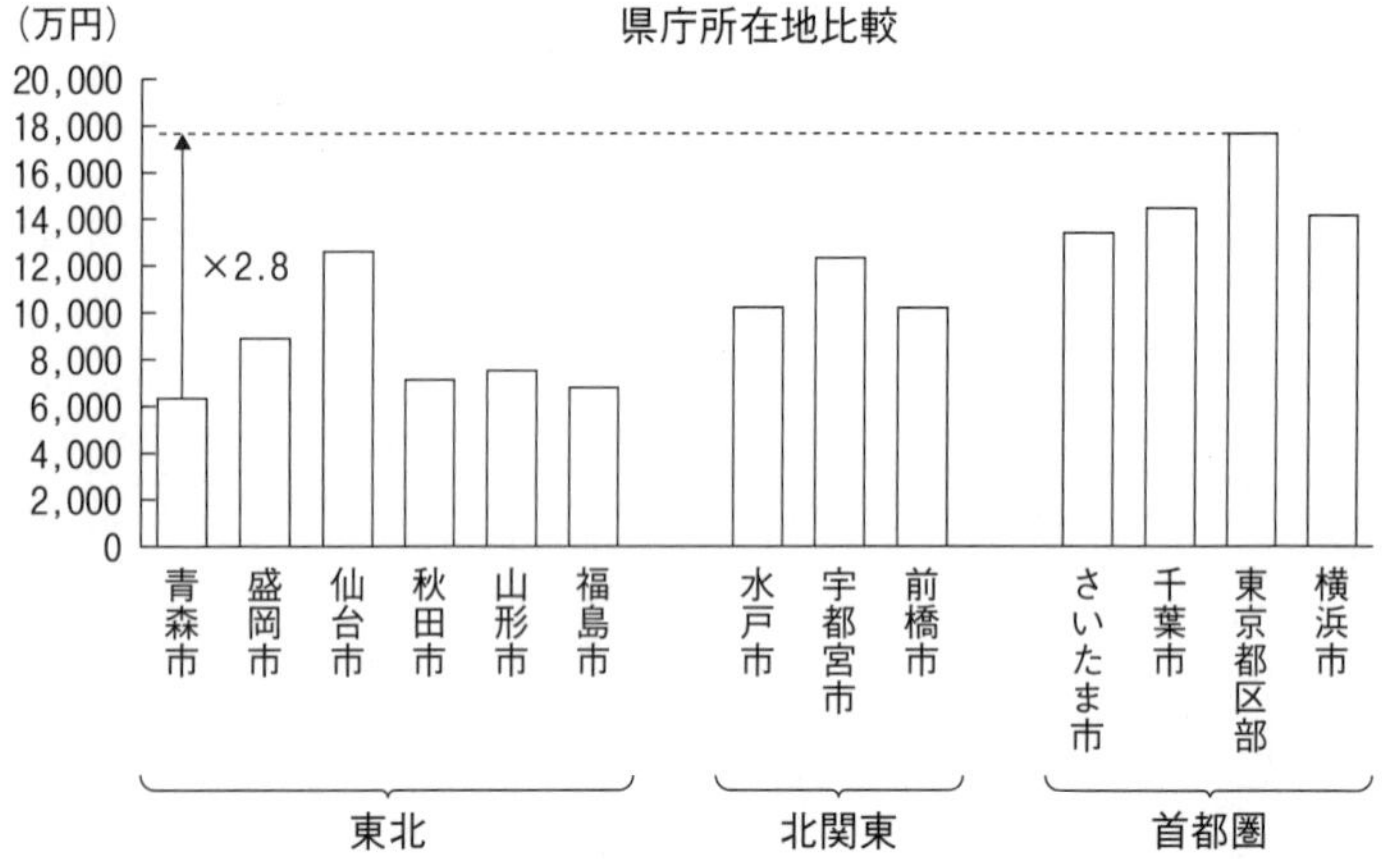

（資料）　家計調査

図5－4　顧客所在による新しい産業分類

実際に各産業をインバウンド（I）型、ローカル（L）型、アウトバウンド（O）型に3分類してみると次のようになる

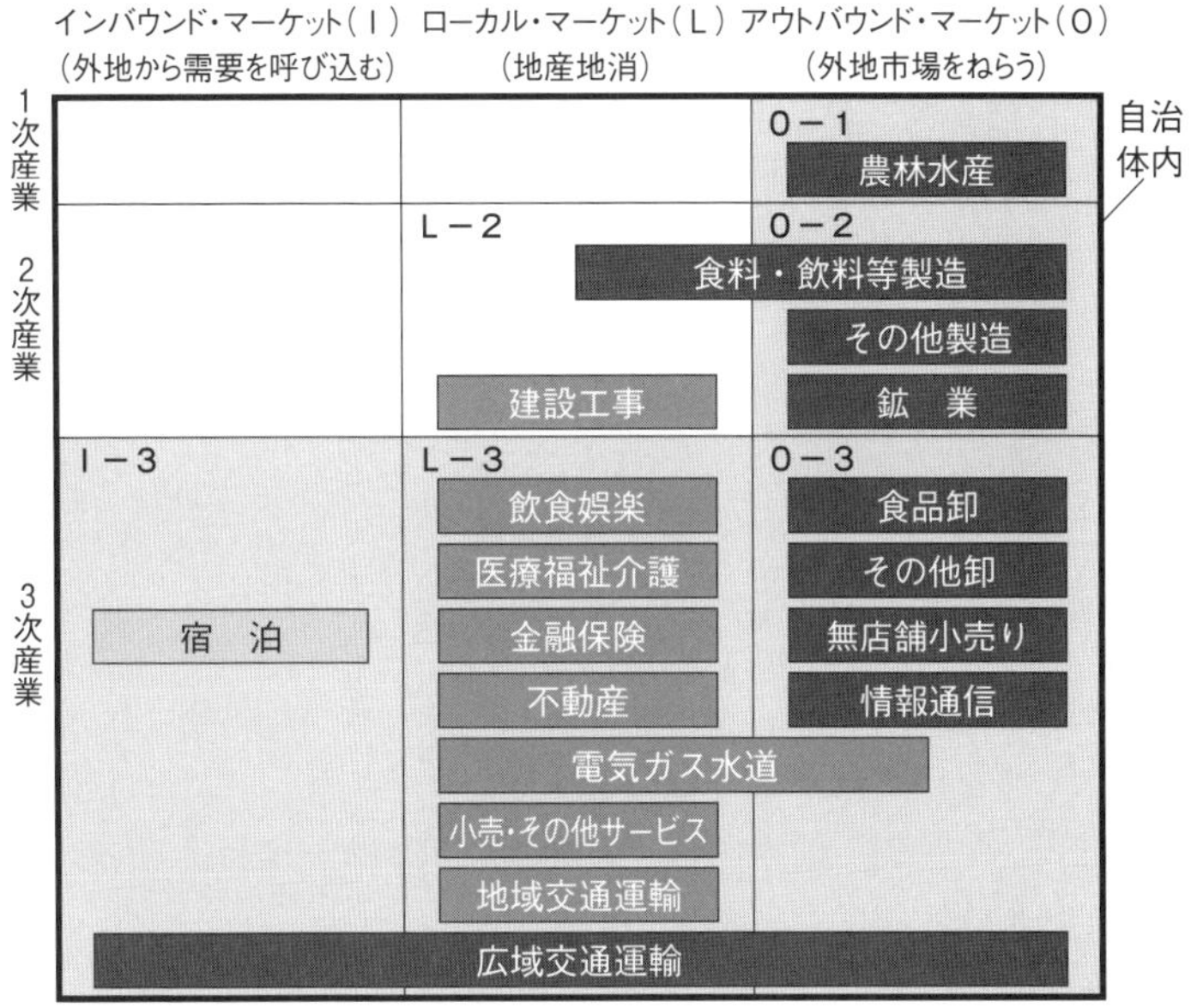

に住む住民を主たる顧客とする産業であれば、域内人口が市場規模を決める。この産業は人口減少の影響をダイレクトに受けることになる。逆に域外の人口が主たる顧客となるのであれば、域内人口の減少に直接は影響されずに、売上げの拡大を目指すこともできる。

　域内の人口を顧客にするローカル型の産業、域外の人口が域内に来て顧客となるインバウンド型

産業、仕事自体は域内で行うが域外に顧客がいるアウトバウンド型産業――この3つに分けていくことが、人口減少という非連続な局面に立たされている自治体が地元の地域経済を見直していくために不可欠な視座となるということである。

どのような産業がそれぞれローカル型、インバウンド型、アウトバウンド型に分類されるか確認をしてみると、図5－4のようになる。

顧客がどこにいるかで分類するこの産業分類を、インバウンド（Inbound）、ローカル（Local）、アウトバウンド（Outbound）の頭文字をとってＩＬＯ産業分類と呼ぶことにしよう。従来の1次、2次、3次という産業分類が、産業の機能――1次なら育てる、2次はつくる、3次は流通させる、もしくは1次、2次の生産物を使ってサービスをする――に着目していた分類である。機能から顧客の所在、市場ベースの分類に転換し、着想を変えてみるということである。

ローカル型産業――域内人口の減少とダイレクトに連動

まずはローカル型産業である。これは、域内の住民を主な顧客とするものである。

たとえば、飲食店がこれに該当する。大半の飲食店は域内住民向けである。なかには、ミシュランの3つ星店のように、そのお店を目的地にドライブしたくなるような素晴らしい料理やサービスを提供してくれるレストランもある。こうしたレストランはたしかにインバウンド需要がある。しかし、それは例外中の例外であり、全体に占める割合がきわめて低い。無数にレストランのある東京にも13店しかない。また域外からの通勤・通学者によって昼食を中心に需要があることも事実である。それでも人口を昼間人口と読み替える程度のことである。

ローカル型産業には、このほかに建設業（ここにも海外や全国展開する企業もあるがそれは例外）、電気・ガス・水道工事（系統電力会社などは例外）、小売業（無店舗小売を除く）、学校・学習塾などの教育サービス、医療福祉介護、地域交通（道路旅客・道路貨物輸送）、クリーニング店、自動車整備工場や広告業などのその他サービス業が含まれる。

同じ流通業であっても卸売業と小売業をごちゃまぜにしないこと、同じ運輸業であってもバスやトラック運送のような地域交通と鉄道・航空・水運のような広域交通をごちゃまぜにしないことがみそである。こうした峻別を行うことで、ローカル型産業は域内の人口（場合によっては特定セグメントの域内人口）を相手にする産業として、純化させることができる。

言い換えると、域内人口の動向によって産業動向が定まるビジネスだということである。一般的な自治体で人口は減少する方向なので、ローカル型産業が売上げを伸ばして、域内の付加価値を向上させることはむずかしい。

実際にローカル型産業の就業者を都道府県別にとって人口との相関をとってみると、きわめて強い相関が得られる。図5－5がそれである。横軸に総人口もしくは昼間人口をとり、縦軸に就業者数をとって全国の市800弱をプロットしてみれば、2009年時点であっても2012年時点であっても、R^2が0・98～0・99となる。回帰式の2項目の係数が0・3強あることをみると、人口もしくは昼間人口当り3割強の人がローカル型産業の就業者として従事していることがわかる。

また、係数が小さいため全体への影響度が高くないが、回帰式の第1項目がプラスの係数であることは、人口が大きいほどローカル型産業の就業者が増加することを示唆している。現実に大都市にしかないようなビジネス、たとえば大学や研究機関、高級フレンチのお店やネイル・サロンなどが存在することを思い浮かべれば、合点がいく。

図5－5　ローカル型産業の就業者数と人口との関係

ローカル型産業の就業者数は総人口よりも昼間人口との相関が強く、大都市ほど逓増する傾向があるが、おおむね昼間人口の34～35%程度の雇用を生むとみられる……逆に人口が減少すれば雇用も減少する

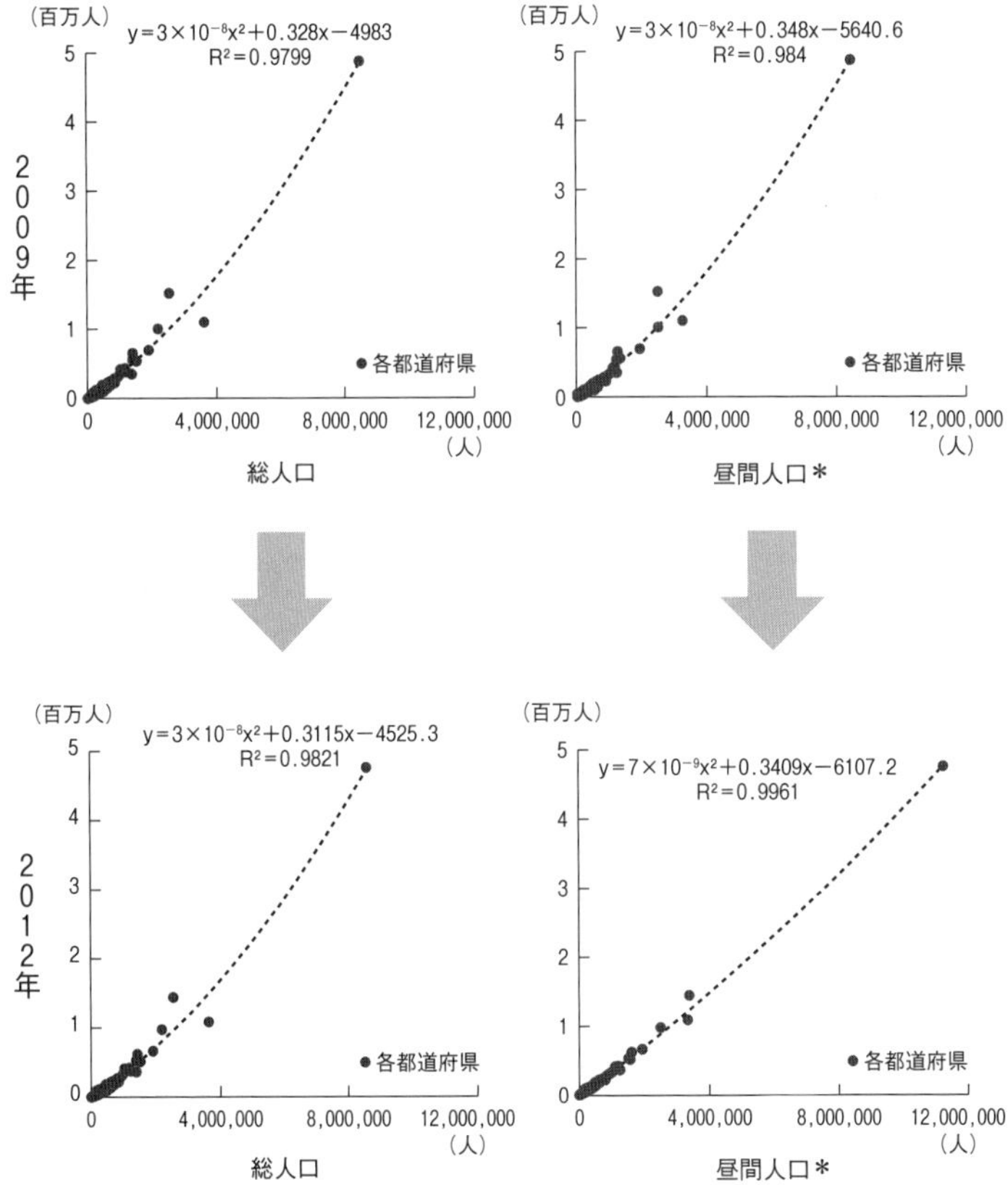

＊2010年国勢調査の総人口と昼間人口の比率から推定
(資料)　RESAS、経済センサス、住民基本台帳による人口調査、国勢調査

図５－６　北海道のローカル型産業の就業者数と人口との関係

北海道のローカル型産業の就業者数も総人口よりも昼間人口との相関が強い。また、2009年と2012年を比較してみると、第２項の係数が少なくなり、生産性が改善していることがわかる

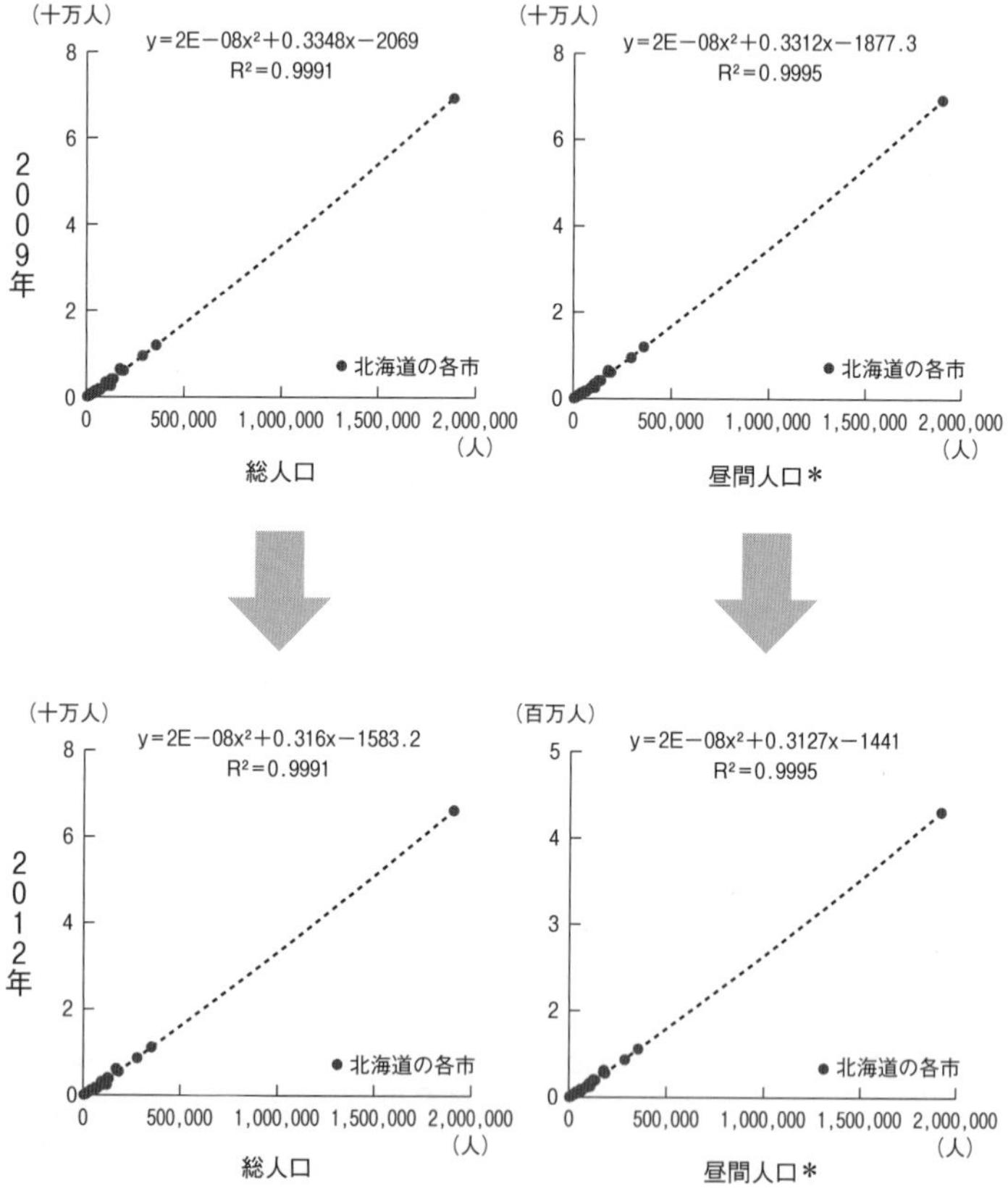

＊2010年国勢調査の総人口と昼間人口の比率から推定
（資料）　RESAS、経済センサス、住民基本台帳による人口調査、国勢調査

これを市町村レベルに落としてみても、どうやら同じ構造にあるようである。図5－6は北海道の35市を図5－5と同様にプロットしたものである。結果は図5－5とまったく同じである。地域が北海道に限定され、地域性のばらつきが減少するためか、R^2はさらに上昇し、0・999台という見事な相関関係に昇華される。

統計的にみても、ローカル型産業は域内人口と密接に絡んでいる。域内人口が減少する限りにおいて、その市場規模は減少し、付加価値を高めようとしてもなかなか高まらない。あるお店の売上げが伸びても、域内の競合店をくって伸びただけのことが多く、域内全体の消費額は変わらないことが多い。また、付加価値率は効率化によって改善できるが、その多くの場合は就業者数の削減を伴うので、相殺されてしまい付加価値額自体をあげることは困難なのである。

そのため、ローカル型産業は地方版総合戦略のなかでは原則として自治体の経営資源を優先的に投入する対象とはなりえないのである。

もちろんローカル型産業に属する企業の社長にとっては、効率化などを通じて付加価値向上を図るべきであることは否定しない。しかし、自治体の目線に立ったとき、域内の付加価値額を増大するための優先順位づけでは、ローカル型産業が最優先され

図5－7　医療福祉介護就業者数と人口との関係

医療福祉介護産業の就業者数としても同様の傾向となる。ただし、医療福祉介護分野の就業者はローカル型産業と違い、増加する傾向がみられる

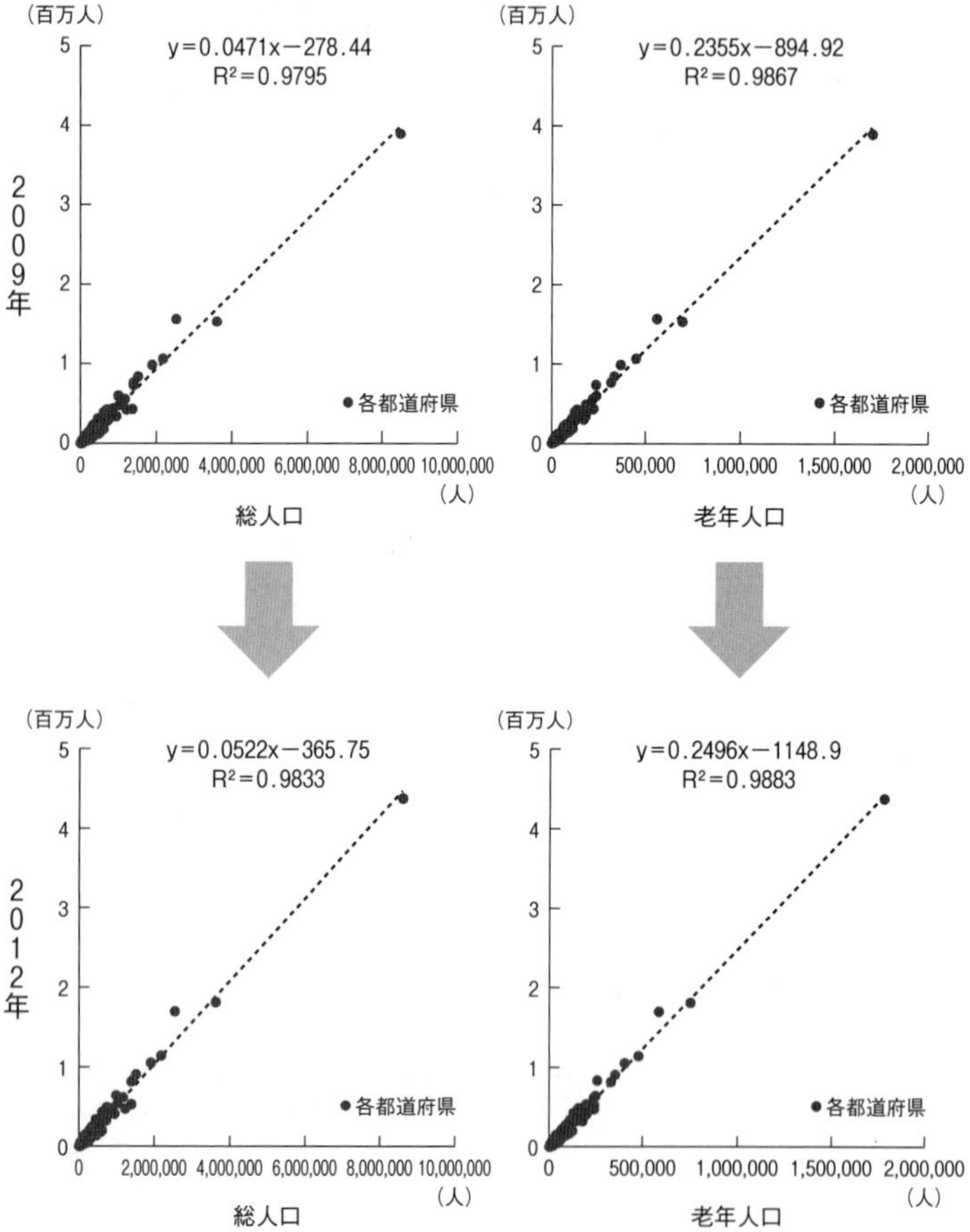

（資料）　RESAS、経済センサス、住民基本台帳による人口調査

図5－8　北海道の医療福祉介護就業者数と人口との関係

北海道の場合、医療福祉介護産業の就業者数も同様の傾向がある

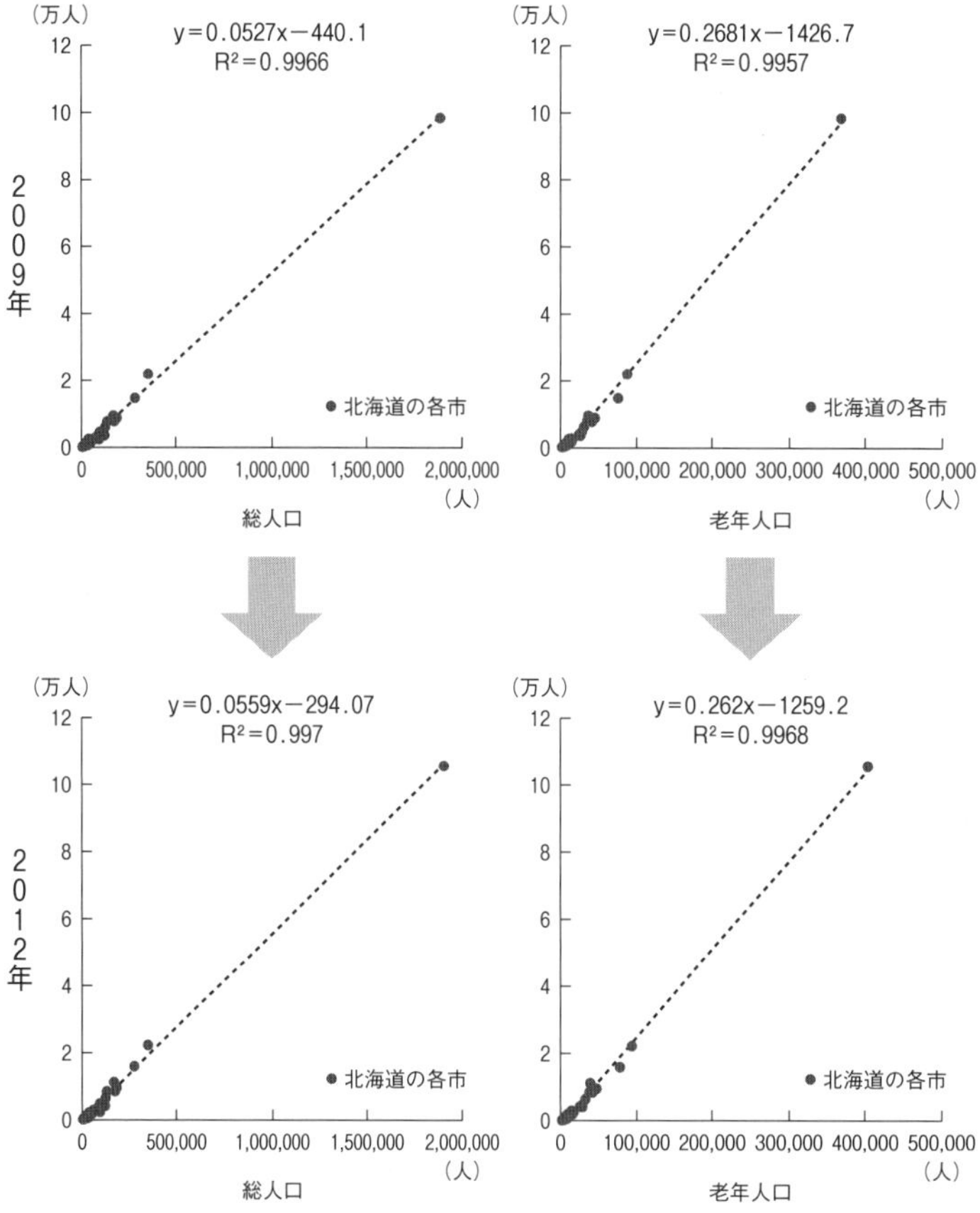

（資料）　RESAS、経済センサス、住民基本台帳による人口調査

ることはないということである。

ただし、ローカル型産業のなかにも、就業者が増加する可能性があるビジネスがないわけではない。医療福祉介護がそれである。

図5－7および図5－8をみてほしい。総人口もしくは老年人口（65歳以上）と医療福祉介護への就業者数を、図5－7は47都道府県で、図5－8は北海道の35市でプロットしてみたものである。都道府県でみても、市でみても、人口や老年人口と強い相関があることは一目瞭然である。

そのうえで注意深くみてみると、それぞれの回帰直線の傾きが2009年に比べて2012年はわずかに強まっている。傾きは、人口や老年人口当りの医療福祉介護就業者数を表している。各図の上段は、高齢化の影響を受けて傾きが大きくなっていることを示唆している。一方、下段は老年人口当りの医師や看護師、介護士が増加していることを示しており、老年人口のなかでも医療介護の需要がより多い75歳以上の人口が増えたことやサービスの充実が図られた結果ではないかと推測される。

いずれにしても、医療福祉介護の分野だけは、人口が減少しても、高齢化の進展に伴い、就業者数は増加するとみられる。その意味では成長分野である。

しかし、医療コストをだれが負担していくのか、介護士の低賃金を適正化するためのコストはだれが負担するのか、きわめてむずかしい問題が付随することも忘れてはならない。

アウトバウンド型産業――地方創生のエンジン

必ずしもビジネスは、域内の住民を顧客にするものだけではない。域外の住民にプロダクトやサービスを提供していく産業も少なくはない。アウトバウンド型の産業である。

たとえば、農林水産業である。お米や小麦などの穀物でも、キャベツやジャガイモのような野菜でも、イチゴやミカンのような果物でも、基本的には全国に流通させることが暗黙の前提になっている。最近では、日本の農作物、水産物の品質の高さや安全性が評価され、アジアを中心とした海外にも流通ネットワークが拡大している。地産地消されるのは、ごくわずかにすぎない。また、農林水産業が地産地消で成り立つほど、牧歌的なビジネスではない。勘違いしてはいけない。

鉱業や製造業も当然ながらアウトバウンド型の産業である。精錬加工したものや組み立てたプロダクトを、域内でそのまま全量消費することなど、基本的にはありえない。大量生産をして製造単価を引き下げるのが競争の基本にあるからだ。せいぜい食品加工に該当する弁当工場の類が地産地消となる。それでも食品加工のなかには、お菓子、缶詰、製麺、冷凍食品などのパッケージ商品が大量に含まれ、食品加工業自体がローカル型産業とは言い切れない。むしろアウトバウンド型に分類しておくことが自然のように思う。

さらにインターネット・コンテンツや映画の制作などを含む情報通信業、鉄道・航空・水運・郵便などの広域交通運輸がアウトバウンド型産業に位置づけられる。

アウトバウンド型産業の場合、市場は基本的に域外の顧客である。全国が対象というケースもあれば、海外まで広がることもある。域内人口が減っても、域外の人口を相手にビジネスを展開できる。全国で2割、3割といった高いシェアを誇る企業ならともかく、数パーセントのシェアしか握らないような企業であれば、日本全体の人口が減少してもシェアアップ効果で売上げを伸ばすことができるかもしれない。その場合、域内の付加価値をあげることができる。

ただし、課題は競争力である。競争力がない限り、市場シェアを獲得することはできない。

少なくともアウトバウンド型産業は、域内の人口減少とは切り離した事業展開が考えられる。人口減少下において、域内の付加価値を向上させるうえで、エンジンの役割を果たす領域なのである。

インバウンド型産業――幸運な自治体のオプション戦略

もう1つ域内人口の動向に左右されない産業がある。域外の人々に訪ねてきてもらい、その方々を顧客とする産業である。その代表格は宿泊業をはじめとする観光業ということになる。そのため、国の成長戦略のなかでも重要産業として位置づけられている。

実際、円安の影響もあって外国人観光客が2015年は2000万人ほどに達しそうな勢いである。

ただ、2000万人という数字を過大評価してはいけないことも事実である。彼らは居住者ではない旅行者であって、多くは1~2週間以内の滞在である。したがって人口見合いにするのなら、1年は52週間なので、2000万人を52もしくは26で割り算してせいぜい人口38万〜77万人程度の経済効果と見積もるべきではないだろうか。

また、1回当りの訪日でも日本での消費額は1人当り10万〜20万円が一般的である。中国人の「爆買い」が注目を浴びているが、官公庁の統計では中国人1人当りの滞在中の消費額は宿泊代から買物代まですべて入れて23万円程度である。うち買物代は1人当り18万円程度なので、家族3〜4人で訪日しているとすれば、1家族当り54万〜72万円となり、たしかに「爆買い」である。

しかし、こうした訪日外国人消費動向調査の2015年4〜6月期の統計をベースに、2000万人の外国人が訪日したと仮定しても、その消費市場は図5−9のように5・5兆円ほどにとどまる。うち宿泊費は1・2兆円ほどで、買物代は1・6兆円ほどとなる。

この数字に日本人の観光入込客をベースに市場規模を加算してみることにしよう。2013年度は集計中の神奈川県、富山県、福井県、それと公表データがない大阪府と福岡県を除いても16・7兆円の巨大市場となる。ただし、日帰り客の市場規模が8・3兆円であり、ほぼ半分を占めている。こちらは日帰りであるがゆえに、宿泊業の需要には基本的に結びつかない。

図５－９　観光による消費市場規模（2015年度）

観光業は20兆円＊を超える巨大市場である。うち外国人による市場は５兆円規模。また、最大市場は日帰り観光で８兆円ほどの市場でもある

（単位：兆円）

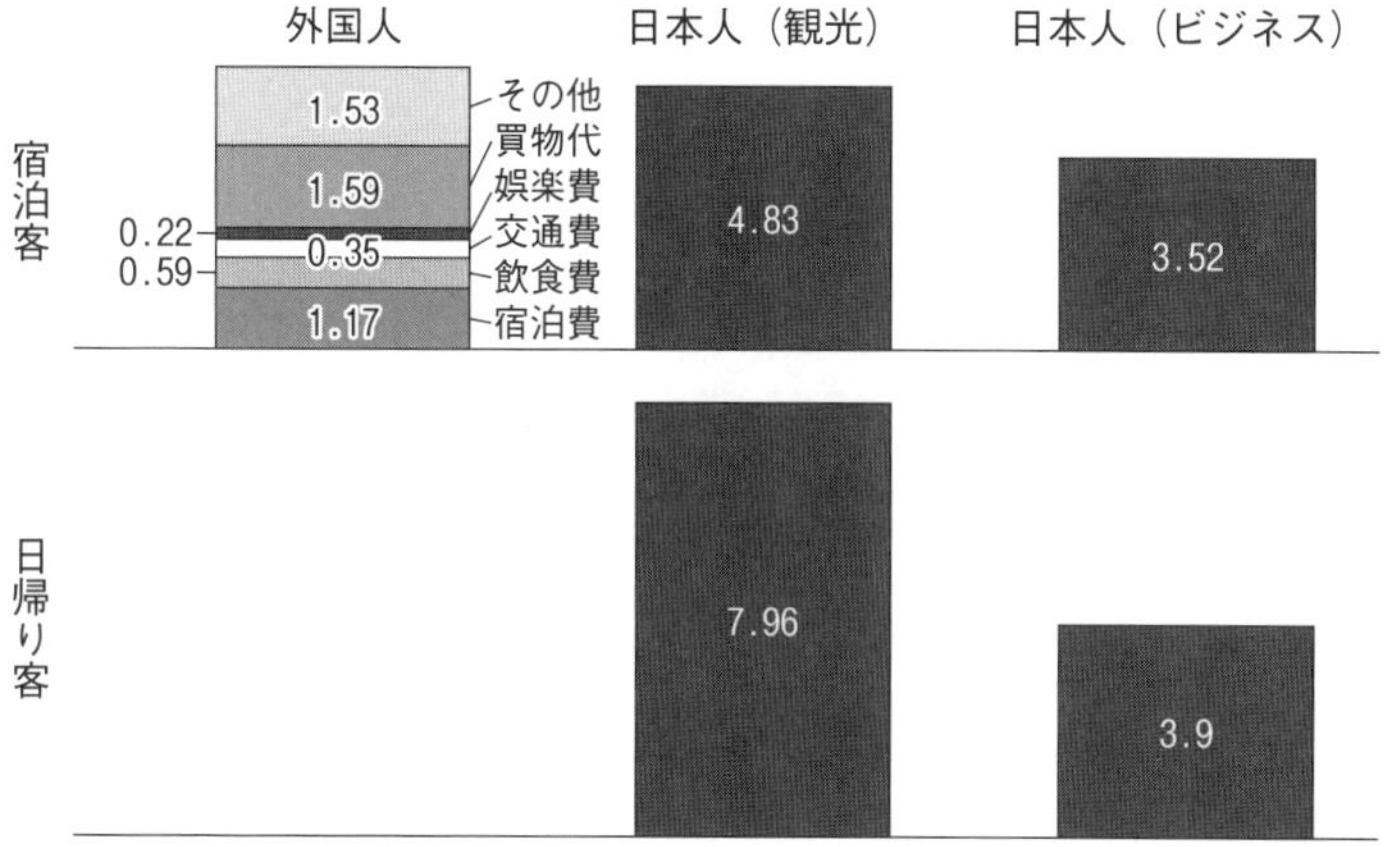

＊2015年度の訪日外国人客1,800万人を前提に、2015年４～６月期の訪日外国人の消費額を乗じて市場規模を算出

（資料）　訪日外国人消費動向調査、全国観光入込客統計

あわせて外国人、日本人の観光関連市場は20兆円を超えるが、GDPの4%程度、最終家計消費の7%程度である。観光業の成長ポテンシャルは高いことは間違いないが、「観光立国」という言葉からイメージされる、国の経済の主要部分を支えるほどの基幹産業に変貌することは、いまのところ現実的ではない。

加えて宿泊業を中心とするインバウンド型の産業は、日本全国どこでも主力産業にな

りえるわけではない。観光資源の乏しい自治体が地方創生の柱にすることはむずかしい。

理屈のうえでは、インバウンド需要を呼び込む施設の建設やイベントの開催などをすればいいのかもしれないが、施設の建設やイベントの開催には多大な費用がかかる。そうした資金がない自治体は、実際にはインバウンド需要を呼び込むことができない。

民間で小規模なオーベルジュ（宿泊施設を備えた飲食店）なら建設できるが、その程度のインバウンド需要の取込みでは、どんなに小さな町や村でも域内経済を引き上げるほどにはならない。かといって国際会議場や魅力的なテーマパークの建設になると、すぐに100億円単位の投資額が必要になる。東京ディズニーリゾートのある千葉県浦安市は、あくまでも幸運な例外なのだ。

宿泊業を中心としたインバウンド型産業は、たしかに人口減少という環境に引きずられることも少ない。しかし、どの自治体であってもインバウンド型産業で経済成長できるというわけではないし、できたとしても少数の自治体を除けば成長分野の1つという位置づけであり、域内のその他の経済を牽引していくほどにはならない。多くの自治体では、経済成長の一端を担う程度と、冷静に受け止めるべきであろう。

ＩＬＯによる就業者分布

こうして産業を顧客の所在に応じてインバウンド、ローカル、アウトバウンドの3つに新たに分類してみた。この切り口で就業者がどのように分布するのか確認しておこう。

図5－10は、経済センサスおよびその前身の調査となる事業所統計の就業者数をＩＬＯに分けて時系列に並べたものである。全国の就業者は5600万人ほどである。

この数字が一般的にいわれているものよりも少ないのは、経済センサスが民営法人事業所の数字を調べたものであるからだ。公務に従事する就業者は含まれていない。その数450万人ほどである。そもそも、公務での就業機会を増やすことを、ここでいう地方版総合戦略の枠組みに入れるつもりはないので、こちらの数字でも問題ないはずである。

また、個人によって営まれることが、大半の農林水産業などが過小評価される要因である。農林水産業は労働力調査では240万人ほどになる。この点については、留

図5－10　全国の就業者数にみる産業構造の変化

ローカル型産業の就業者数＊の増加は少なくとも2006年までは続いており、閉鎖的な就業者構造にシフトした痕跡がみられる。一方、外地を市場とするアウトバウンド型産業は長期低下傾向がみてとれる

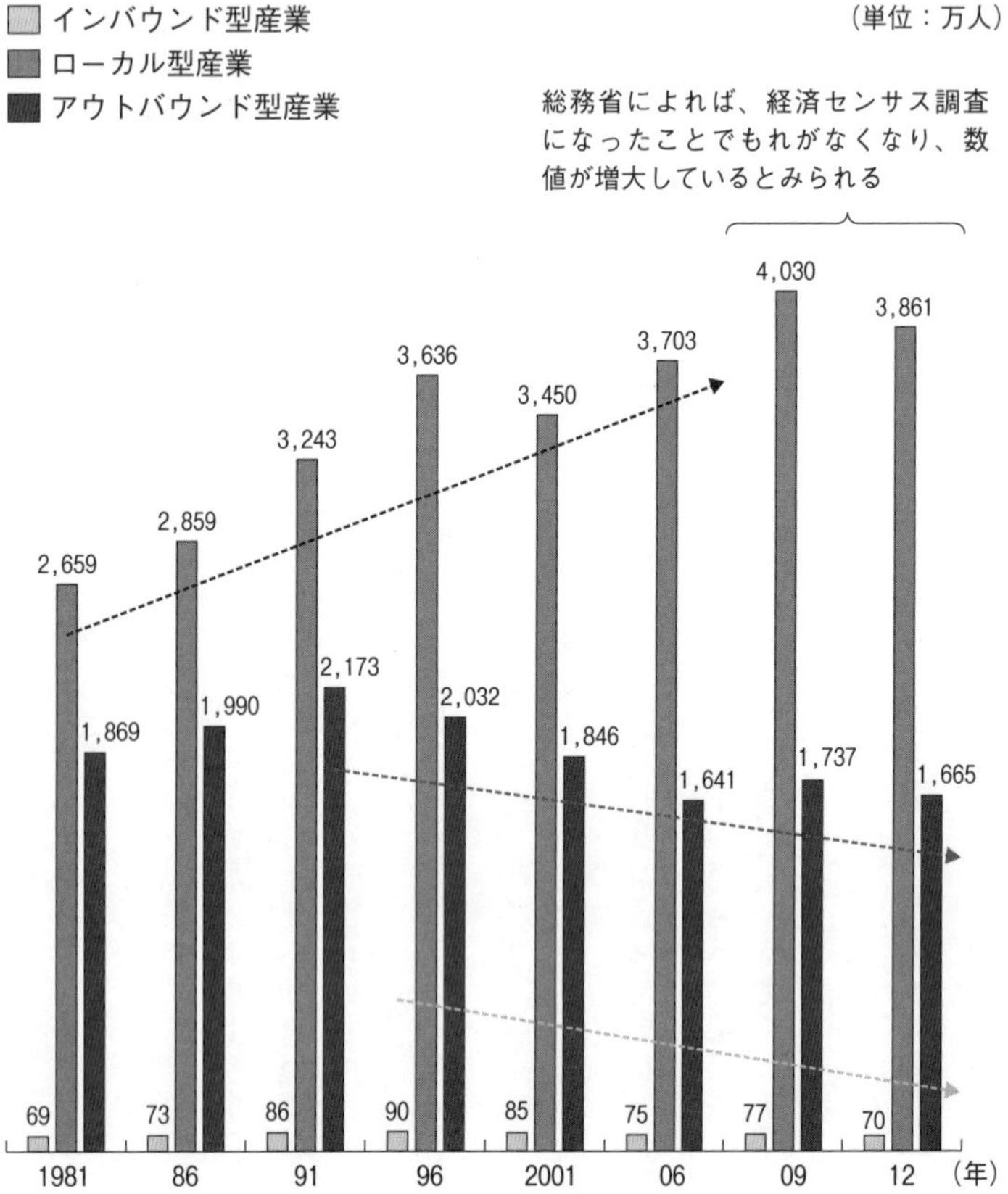

＊民営法人事業所のみ

（資料）　RESAS、経済センサス、事業所・企業統計

意して、他の統計データと補完しながらみていくことにする。

また、経済センサスとその前身の事業所・企業統計では、数字の一貫性がないことも考慮したい。経済センサスは行政データをベースにしているために、調査員による事業所統計に比べると数字が大きくなる傾向にある。

こうした問題点はあるものの、ILOに分解していくためには産業中分類程度のメッシュが必要となる。その要件にあい、長期にわたって推移を調べることができるのは、経済センサスおよび事業所統計であるため、あえていくつかの点には目をつぶって、こちらのデータを使用することにした。

図をみて明らかなのは、ローカル型産業の就業者数が圧倒的に多いことである。その数3900万人ほどに及ぶ。就業者の6割程度が、人口減少にダイレクトに影響される分野での仕事に従事していることになる。

域内の人口減少に影響を受けないアウトバウンド型産業の就業者は1700万人ほどである。こちらの問題は1990年代以降、長期低落傾向に歯止めがかかっていないことである。統計データのとり方が変わった2009年以降も減少している。プラザ合意（1985年）以降の円高基調を反映して、製造業の生産拠点の海外移転が継続したこと、設備や機械、ITなどのおかげで生産性が向上して大勢の人員を必要としなくなったことが主因と思われるが、いまとなっては漸減傾向に背筋が凍る思いがする。

インバウンド型の就業者としてカウントしているのは宿泊業だけなので、100万人を割り込む。しかし、漸減傾向は1990年代半ばからこちらでも続いている。

一方、ローカル型の就業者数は2009年までは一貫して増加傾向にある。ローカル型産業は突き詰めれば、自分で稼いだおカネを使ってモノやサービスを買う顧客を相手にするビジネスである。その就業者数が伸びているということは、私たちが豊かになったことの結果でもあるかもしれない。しかし、閉そく感のただよう事態であることがうかがわれる。

これが現時点での日本の就業構造であり、地方創生の出発点になる。この就業構造をどのように変化させるのかが、地方版総合戦略では問われることになる。

2. 地方版総合戦略の7つの基本軸

戦略とは何か

ところで戦略とは何か。競争を意識した定義であれば、顧客の未充足ニーズにいち早く、あるいは競合とは異なる価値を顧客に訴求し持続的な競争優位性を確立することである。

経営資源に着目すれば、自社のなかで経営資源をより多く投入する分野とそうでない分野を峻別していくことでもある。つまり、積極的に推進する分野がある一方で、もはやこれ以上投資しない分野、さらにはやめてしまう分野を決めることでもある。

時代が変わり、市場も経営環境も変われば、生き延びるために注力分野を変えていく。変えていくことこそが、社員により多くの報酬をもたらし、さらには株主の利益を増大させることになる。経験則として分野の位置づけを明確に峻別していくことこそ成功の絶対条件であることを、有能な経営者は肌で感じている。

自治体経営は一般的には総花的になりやすい。首長は選挙で選ばれる。だからなるべく多くの有権者のハートを掴みたいと思っている。したがって、農業政策も行うし、地元建設会社のことも考慮しつつ公共事業を進める。さらに商工政策もと、ありとあらゆる産業向けの政策を展開することが、有権者の支持を取り付けることになる。産業分野の優先順位を明確に峻別しようなどと思うことはこれまでなかったはずだ。

しかし、ついに自治体も地方創生という戦略をまっとうするために、経営資源の投入先にメリハリをつけなければいけないことを自覚しなければならなくなった。企業経営の経験則では、総花的な経営資源投入では成長を持続できることはない。じり貧を招くことが一般的である。

自治体が域内の付加価値を向上させるには、なんらかのメリハリ――選択と集中――が必要になる。個々の産業を擁護する直接的な政策を展開していくことから、伸ばす産業とそうでない産業に峻別し、域内で創出される付加価値を増大することで、雇用も拡大させる方向に、発想も行動も転換しなければならない。直接的には支援されない産業であっても、域内経済が成長すれば、波及効果がそうした産業を支援することになるとして、メリハリをつける。それが地方版総合戦略を策定するということの本質的なチャレンジなのである。

図５－11　産業区分ごとの就業者１人当りの付加価値額

就業者１人当りの付加価値額をみる限り、アウトバウンド型の産業が最も高く、次いでインバウンド型産業で、ローカル型産業の生産性は最も低い……ローカル型産業の比重増加をくいとめないと生産性が低下する

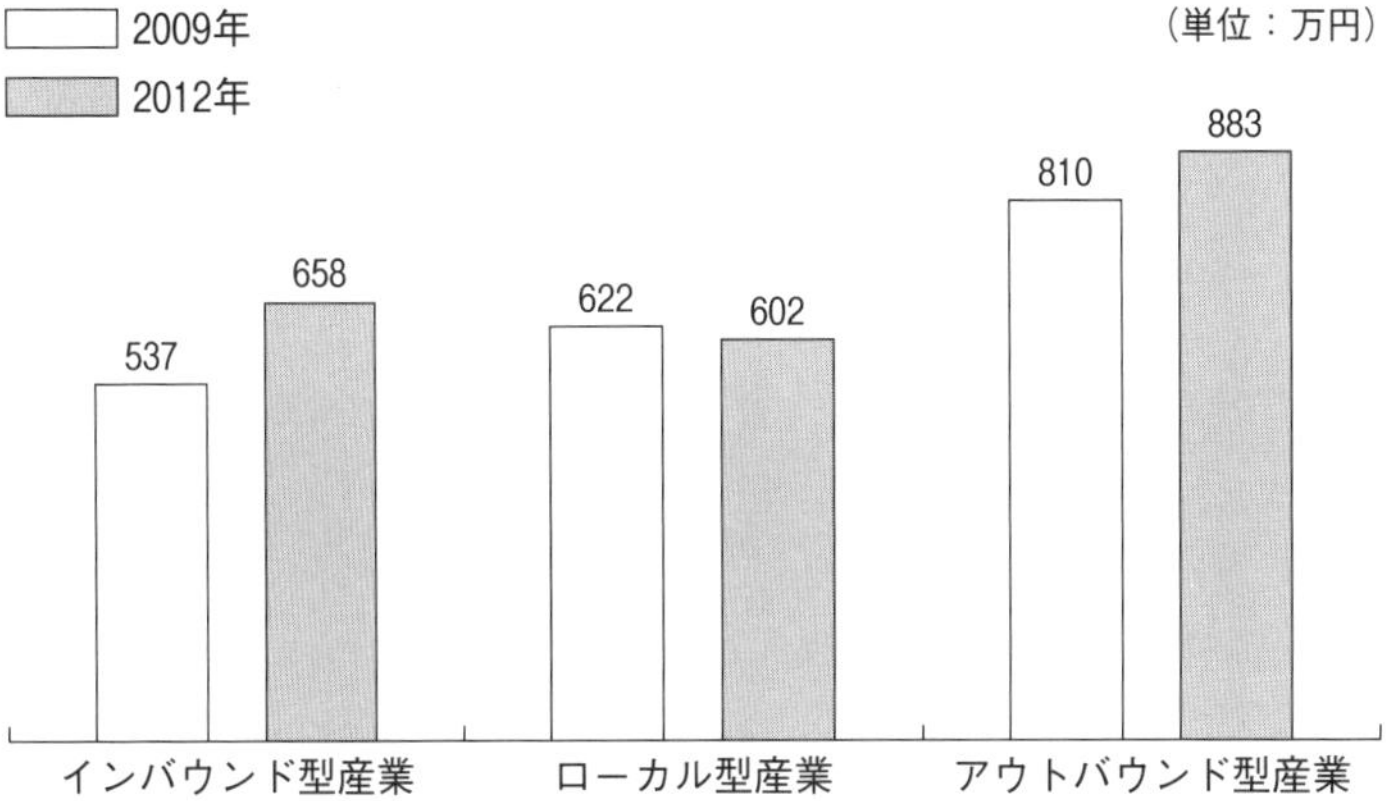

（資料）SNA 産業連関表、労働力調査

基本軸１――アウトバウンド型・インバウンド型への傾注

では、自治体の目線で具体的にどのような産業を伸ばしていくべきか。域内の付加価値を増大させるために寄与する産業は何かである。大局的にはアウトバウンド型産業とインバウンド型産業である。

理由は２つある。１つは前節で説明したとおり、アウトバウンド型とインバウンド型は域内人口の減少の影響を直接受けないからである。もう１つは、産業別に就業者当りの付加価値額を計算してみると、アウトバウンド型、インバウンド型が相対

図5－12　産業細分数ごとの就業者1人当りの付加価値額

産業を細分化＊してみると、O－1（農林水産業）の付加価値額が非常に低く、垂直統合などによって付加価値額を地元にとどめない限り、経済成長にはあまり寄与できない

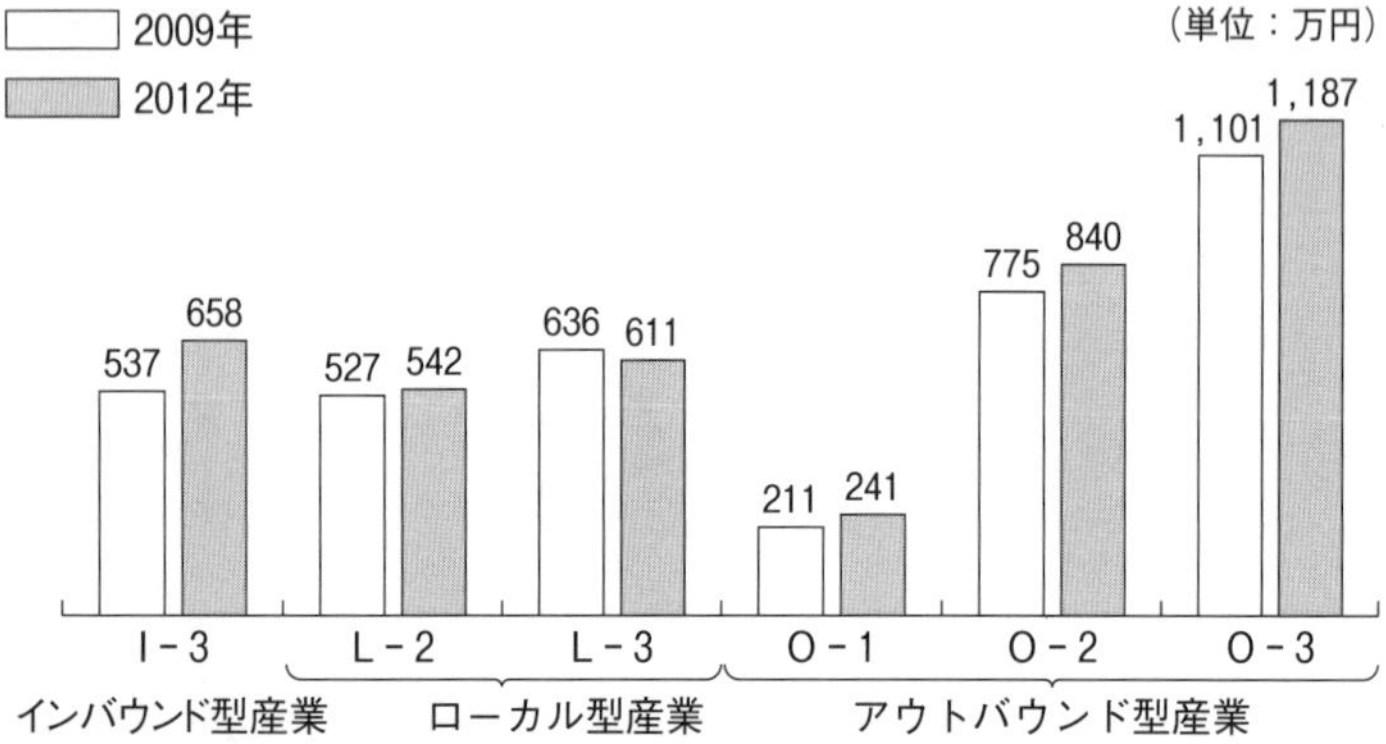

＊産業分数の構成は図5－4も参照
（資料） SNA産業連関表、労働力調査

的に高いからでもある。

図5－11はILO産業分類に基づく就業者1人当りの付加価値額を全国マクロの数字で示したものである。付加価値額は産業連関表から引用しており、個人事業主の生み出す付加価値額も考慮に入れている。そのため、就業者数は経済センサスの法人事業所の就業者数によらず、労働力調査の数字を活用して算出している。

2012年の数字で比較してみると、アウトバウンド型が最も高く、次いでインバウンド型、ローカル型と就業者1人当りの付加価値額は続

く。

企業経営の立場で就業者1人当りの付加価値額の意味を考えると、企業競争力を評価する指標の1つである。また、企業経営では、競争力の強い分野を伸ばすことのほうが成功確率は高い。机上の論理であれば、就業者1人当りの付加価値額が低い産業をせめて現在の平均値くらいに是正して、域内の付加価値額を伸ばしましょう、というのも選択肢になりうるが、実際にはむずかしい。できのよい子にチャンスを与えればすくすくと伸びていくのに対し、できの悪い子にはいろいろな手助けをあれやこれやとしてやってもなかなか伸びていかないことによく似ている。こうしたことをふまえれば、自治体の総合戦略においても強い産業をより伸ばすことを基本軸にするべきなのである。

各産業の就業者数を増やすことができたとして、就業者1人当りの付加価値額が変わらないのであれば、アウトバウンド型、次いでインバウンド型の就業者数を増やすことが、付加価値額を増やすうえでは望ましいということである。

図5－12のように産業分類をさらに細かくしてみてもおおむね同様の傾向が得られる。アウトバウンド型の3次産業が最も高く、次いでアウトバウンド型の2次産業、

インバウンド型の産業と続く（産業分類の構成は図5－4を参照）。

大きな違いは、アウトバウンド型の1次産業の就業者1人当りの付加価値額が低いということ。つまり農林水産業が低い評価となることである。ある意味で真実を表しているのかもしれないが、そうではないのかもしれない。個人事業主が多い農林水産業と、法人経営が多いその他の産業を同じ土俵に乗せること自体に無理があるのかもしれない。アウトバウンド型の1次産業については、もう少し研究をしたうえで取扱いを考えるべきだと思っている。

こうした課題はあるものの、自治体がどこに経営資源を投入して支援すべきかというと、アウトバウンド型もしくはインバウンド型の産業であることはたしかである。

基本軸2――アウトバウンド型産業の垂直統合をねらえ

実際にはアウトバウンド型産業のすべてが競争力の高い産業というわけにはいかない。アウトバウンド型産業の中身をもう少し細かく分解して評価していくべきである。その結果、自治体ごとにアウトバウンド型産業のなかでより競争力のある異なる産業を見出すことができるはずである。その競争力の高いアウトバウンド型産業こそが、自治体が支援してまでも伸ばしていく産業なのである。

競争力がある産業、企業というのは、平均点をちょっとでも上回っていればよいというものではない。平均点をだいぶ上回っているからこそ、競争力があるということになる。GE（ゼネラル・エレクトリック）が従前から志向している「シェア1位もしくは2位でないと事業する意味がない」はまさに、平均点をだいぶ上回ることを事業継続の条件にしている。

つまり、アウトバウンド型産業に属する平均点以下の企業を支援して、平均点並みにとか、平均点以上にしようとかいう話とは、本質的に違うのだ。平均点をだいぶ上回る企業に対して支援をして、さらに競争力を高くすることをねらいとするということである。

では、そうした産業を自治体が支援していくということは具体的に何をするかということであろうか。

1つの政策は、垂直統合を支援することである。競争力の高い産業の上流、下流の事業機会を域内で遂行できる仕組みを用意することである。

古くは製造業がこうした形態で狭い地域で付加価値を集積させてきた。大手自動車工場は設計や基幹部品の製造、組立てを担当する一方、周囲にはその他部材を供給する協力工場が集まり、企業城下町を形成してきた。自動車に限らず、電機であっても造船であってもそうした傾向がある。

たしかにプラザ合意以降の急速な円高とその定着もあり、海外に生産拠点を移す動きが1990年代から2000年代にかけて定着した。2013年後半から円安の方向に転じ、今後の基調トレンドになるかもしれないことを考えると、あらためて垂直統合を戦略として検討すべきタイミングかもしれない。政策的にこれを進めるのであれば、工場団地やインフラの整備、優遇などであろうか。

また、新しいところでは農業の6次化がこれに該当する。強みのある農作物があるのなら、その加工や流通を域内で行うことは比較的容易にできる。そのための工場の建設や流通を担う人材の確保などの支援が政策になるのであろう。

もちろん、製造業や農業以外にもいろいろな垂直統合の可能性がある。域外に流出していた付加価値を域内に取り込めれば、これも域内の付加価値増大にもちろんつながることになる。

基本軸3――アウトバウンド型産業の広域展開

一見、域内の繁栄と矛盾するかのようにみえるが、実は域内の付加価値額増大に大きく貢献するのは、企業の広域展開である。

特にアウトバウンド型産業の企業は、基本的には域外の顧客を相手に商売する。インターネットなどでプロダクトの情報から取引まで完結できるような分野であれば問題ないのだが、よいプロダクトをもっていても自社の営業網が域外に張りめぐらされていないため、ビジネスチャンスを逃してしまうことも少なくはない。アウトバウンド型企業が域外に営業拠点やサービス拠点を設けていくことも積極的に奨励し、政策的にも支援していくべきである。

なぜなら、域外に拠点が増えていくということは、ビジネスの規模が拡大しオペレーションも複雑になるので、確実に本社組織も拡大していくことになる。各支店からの情報を受けることも、各支店に指示を出すことも、各支店の社員の人事、研修、給与計算なども本社の業務である。

また、域外に営業拠点、サービス拠点を設けたからといって、いきなり本社を移し、域外の企業になってしまうことはない。本社はそれなりに大所帯だし、その引っ

図5－13　広域展開企業の経済貢献度～大阪府の例（2008年）

広域展開企業の経済貢献度はきわめて高い……大阪府の場合、わずか7％程度の府外展開企業によって企業所得、法人税収の3分の2がもたらされる

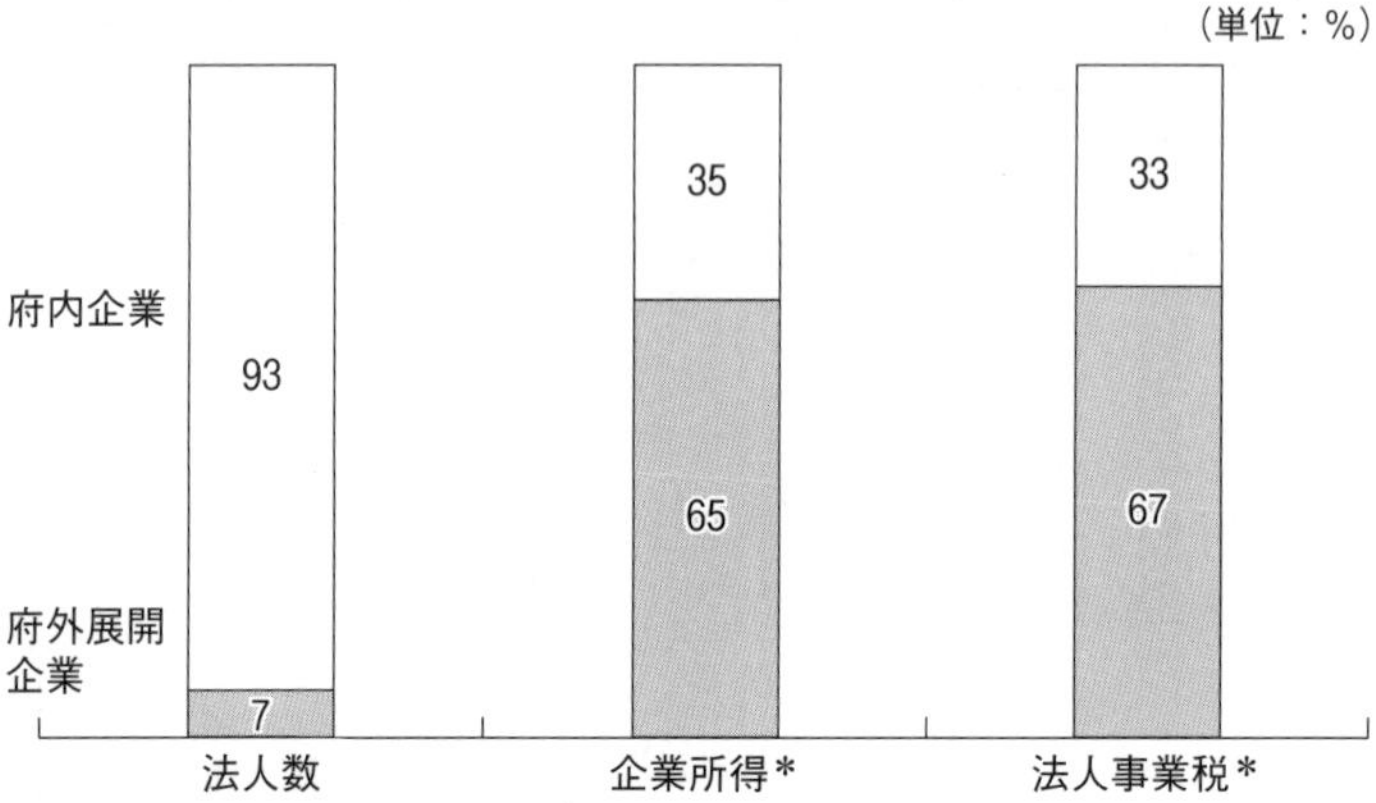

＊分割後

（資料）　大阪府戦略本部会議公開資料

越しは実務的に大変。域内でこそだれしもが知る企業が、域外に本社を移して人材採用しようとすると知名度が高くなく、なかなかうまくいかない。かなり企業規模が大きくなり、知名度が高まって、ようやく本社移転の現実的な可能性が生まれる。そこまで大規模化する企業はごくまれだ。わずかな可能性を危惧してアウトバウンド型産業の企業が広域展開するのをみないふりをしてしまうのはかえってマイナスである。

図5－13は、大阪府で広域展開企業の経済的な貢献度合いを示すために分析したものである。ここでの広

域展開は大阪府外に事業所をもつ企業のことである。ご覧のようにわずか7％の企業が企業所得、法人事業税の3分の2程度を占めるのである。

この分析を行う前は、大阪府の職員たちの懸念は、パナソニックやサントリー、住友銀行などのように企業が東京に登記上の本社、そうでなくとも実質的な本社を移してしまい、いつしか域外企業になってしまうことだった。しかし、現実には本社移転を行っていない中堅・中小企業に支えられている構造になる。

だからこそ、アウトバウンド型産業の企業が広域展開することを支援することは、域内にとっても大事なことなのである。

基本軸4――インバウンド型産業は事業のあり方の見直しが前提

インバウンド型産業である宿泊業は2012年の数字で分析する限り、就業者1人当りの付加価値額はアウトバウンド型産業に次いで高かった（図5－12）。その意味で、自治体が経営資源を投入して支援していく優先順位は低くない。

ただし、2009年の数字をよくみると、ローカル型産業よりも低く、付加価値額が変動しやすい産業であることが、うかがわれる。

図５－14　宿泊施設のタイプ別の稼働率ピーク・オフピーク格差＊（2014年）

全国マクロでの宿泊業の客室稼働率の格差は大きい。特にリゾートホテルや旅館は高い。地域別に分割することで格差が相殺されないので、さらに稼働率格差は拡大することになる

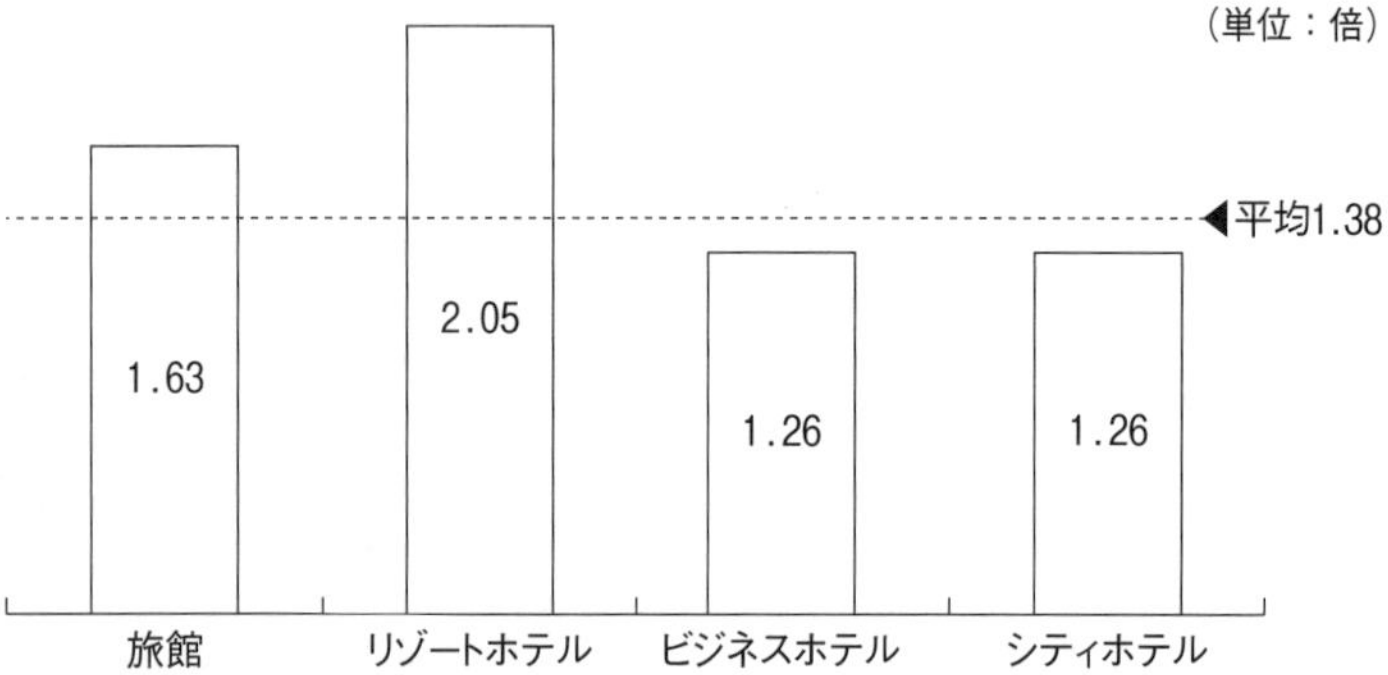

＊ピーク月の稼働率÷オフピーク月の稼働率
（資料）　宿泊旅行統計調査

２００９年といえば、あのリーマン・ショックの翌年に当たる。世界的な景気の冷え込みから旅行者が減少し、宿泊業がむずかしい局面にあったことは容易に想像できる。２０１２年も東日本大震災の翌年に当たり、たしかに景気は下降線を描いていた。ただ、そうはいっても世界中で経済が大混乱したときとは影響度がやはり違うということだろう。

こうした景気の不連続な変化に影響されずとも、宿泊業は観光と密接に関連することで、シーズナリティの問題を構造的に抱えている。ピーク需要にキャパシティをあわせてし

まえば、オフピーク時には空室率が大幅に上昇する特性をもつ。結果として1部屋当りの年間稼働率は低い水準になり、付加価値額も当然低くなる。

図5－14は宿泊施設のタイプ別に全国マクロで客室稼働率の格差を、ピーク月とオフピーク月の倍率で表したものである。全体の平均は1・38程度なので客室稼働率の季節格差は一見あまりないようにみえる。それでも、リゾートホテルは2倍以上の格差であり、旅館も1・6倍を超える。全国マクロでは各地域の稼働率が相殺されているので格差は小さめに出る。都道府県、市町村、さらには施設単位で検証すると、稼働率格差が目立つようになる。それについては後述する。

さらに、ホテル・旅館の建物の寿命が15～20年で、そのたびに建設したりリニューアルしたりしなければならない。この15～20年の宿泊需要を見立てることは、もちろん簡単なわけではない。供給過剰になれば、あっという間に室料は低下していく。単に室数の問題に限らず、提供される客室の広さや設備、グレード、流行りすたりなども問題である。また、旅行が滞在型になれば、必要とされる部屋の構造もおのずと変わり、キッチンや洗濯機のついたアパートメント・タイプのニーズが高まる。そもそもホテルがよいのか、旅館がよいのかということもある。周辺ホテルや旅館の多様性も大切な問題となる。

したがって、観光客数が伸びそうだから、いまのインバウンド型産業、宿泊業の事業規模を拡大しようと短絡してしまうと、かえって非効率な産業を拡大し、地域全体の経済力を弱体しかねない。インバウンド型産業を強化する前に、その事業モデルを見直すことが前提となる。

基本軸5――ローカル型産業を5倍の法則で救え

ところで、ローカル型産業をどのようにすべきなのか。人口によって市場規模が決まるとすれば、就業者をやみくもに増やすことは1人当りの付加価値額を低下させることになる。逆に生産性をあげて1人当りの付加価値額を伸ばそうとすれば、就業者数の低下をもたらす。前門の虎後門の狼といった状況にある。

ローカル型産業についていては、自然体でいくべきなのではないだろうか。

実は、アウトバウンド型産業やインバウンド型産業で就業者を新たに増やすことができれば、乗数効果でローカル型産業の就業者も増やすことができる構造にある。

図5－5もしくは図5－6を再度みてほしい。これらの図が示す相関関係は、人口

図5－15 アウトバウンド型・インバウンド型産業の就業者増効果

アウトバウンド型、インバウンド型で就業者数を増やすことができると、レバレッジ効果によって、その5倍程度の人口増が期待できる

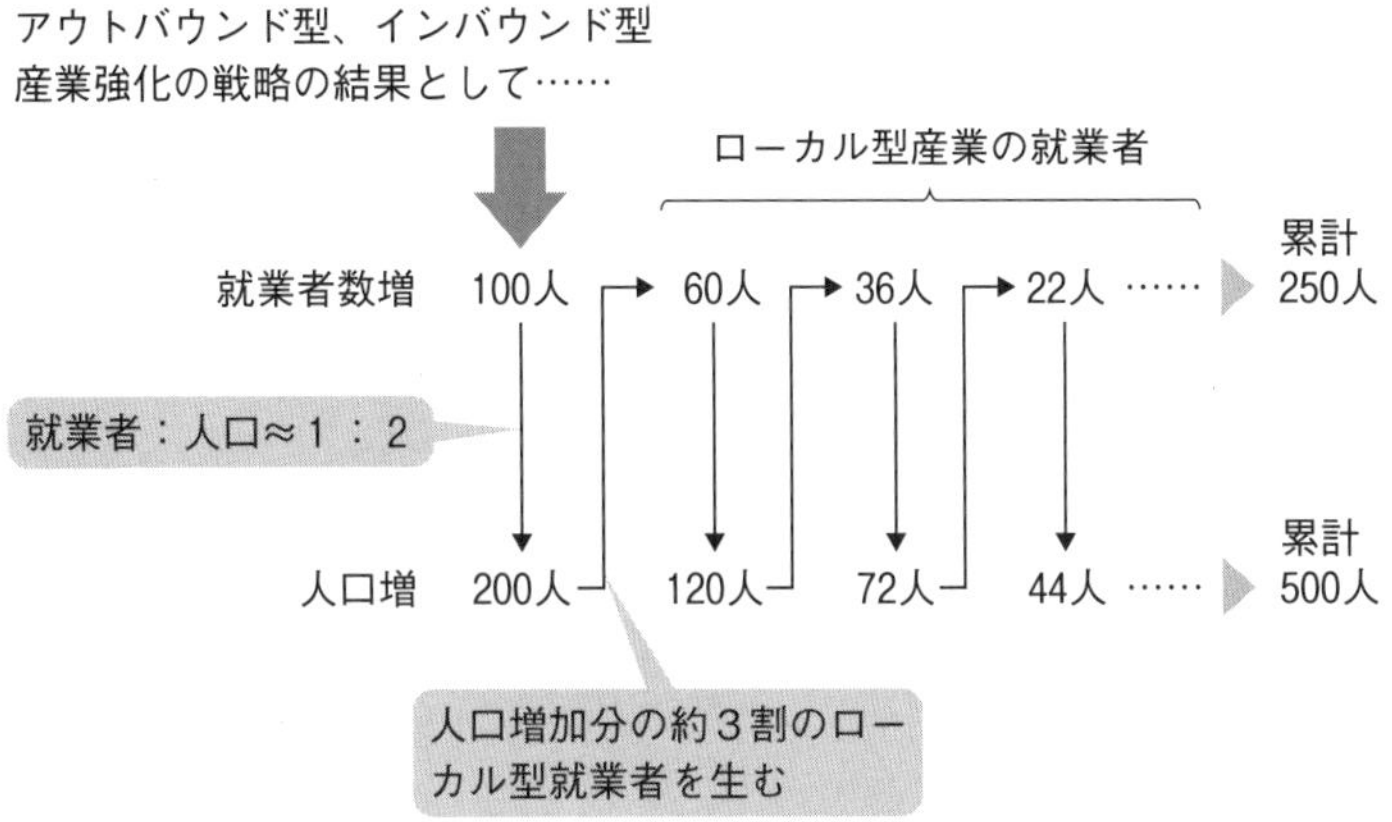

（資料） RESAS、経済センサス、住民基本台帳による人口調査、国勢調査

もしくは昼間人口の３割強がローカル型産業で従事する機会が与えられることを大局的に示している。

もし、アウトバウンド型産業やインバウンド型産業を支援する政策が成功して、新たに１００人の就業機会が生まれたとしよう。就業者と人口の関係は大ざっぱに１：２の比率にある。そのため、人口は２００人ほど増えることになる。人口が２００人増えれば、新規にローカル型産業の就業者は、その３割に当たる60人が増えることになる。60人就業者が増えれば、人口は１２０人さらに増加することになる。この１２０人

の人口増に対して、また3割の就業機会がローカル型産業に生まれ、36人の雇用を生む。これは人口に引き直すと72人になる。こうした循環が続けば、乗数効果によって、アウトバウンド型およびインバウンド型の100人の就業者増は、最終的に就業者250人と人口500人に結びつくということである。図5－15のように「5倍の法則」が存在しているのである。

つまりローカル型産業の改革に自治体が直接かかわるよりも、アウトバウンド型やインバウンド型産業の支援を進め、結果として就業者数増が5倍の人口増をもたらすことになれば、ローカル型産業も成長軌道に乗ることになる。発想を大胆に転換すべきなのである。

また新たに生まれてくる就業者数もよくみてみると、ローカル型産業は150人で、もともと前提にしていたアウトバウンド型、インバウンド型の就業者の100人よりも多いのである。実は、ローカル型産業の就業者を増やすためにも積極的にアウトバウンド型、インバウンド型の支援をするべきなのである。

基本軸6——ローカル型産業のアウトバウンド化、インバウンド化

それでももし、ローカル型産業のなかにも他地域の同業と比べて競争力の高い、つまり就業者1人当りの付加価値額が高い企業が存在しているとすれば、アウトバウンド展開やインバウンド展開を積極的に支援してやればよい。特にアウトバウンド展開である。

つまり、優れた飲食店を経営する企業があれば、チェーン展開していくことを支援すればよい。優れたバス会社、タクシー会社があれば、その事業モデルを他地域で当てはめるべく、展開していけばよい。医療法人でも学習塾でも整備工場でも同じだ。

本来はローカル型産業の企業が広域化することで、本社機構は拡充しなければならなくなる。その結果、地元での就業機会は拡大し、生み出される付加価値も増大することになる。

もちろんインバウンド化して来訪客を取り込むのも選択肢である。たとえばミシュランの3つ星レストランに限らず、巨大病院のなかには優れた医師、看護士、最先端の設備をもってして広域から患者を集めるところもある。教育機関であっても長い時間通学にかけて、あるいは下宿してまでも生徒が集まるところもある。こうした病院

や教育機関があるのなら、積極的に支援すべきことはいうまでもない。

ただし、ローカル型産業でアウトバウンドやインバウンド展開可能な企業は数えるほどしかないのが現実である。ローカル型産業のどんな企業でもアウトバウンドやインバウンド展開できると夢をみずに、ここは経営資源を絞り込んだ支援を行うべき分野であることを忘れてはならない。

基本軸7――企業誘致は頼りになる地元企業がないときの最終手段

もし仮に地元企業で付加価値創出を牽引していくような企業がないときには、初めて企業誘致という選択肢を考えるべきである。他地域に本社を構えるアウトバウンド型、インバウンド型の企業の事業所の誘致である。典型的な例が、製造業などで生産拠点を誘致することである。

もちろんこうした政策も、基本的には域内の付加価値額向上に確実に寄与する。誘致するような企業は平均的な企業よりも高業績の企業であるはずである。就業者１人当りの付加価値額も高いはずで、そうした水準で就業者数が域内で新たに増加することになるからである。

ただし、そうした誘致をねらう自治体は山のようにあり、競争倍率は高い。加えて誘致するために、さまざまな優遇条件を提示することも多い。競争に勝っても負担が重たいのである。しかも、進出するか否かの意思決定は、誘致する企業の側で行う。他力依存にほかならないし、自治体の創意工夫を放棄することを宣言しているようなものである。

選択肢として企業誘致はある。しかし、経済戦略の最初の検討項目にしてはならない。企業誘致にしか頼りようがない場合を除いて、地元企業による地域経済の発展促進に自治体の経営資源を振り向けるべきである。

自治体の視点は企業とは違う

ここまで戦略の基本軸を絞り込むと、それなりの反論もあるかもしれない。特に基本軸からはずれてしまうローカル型産業の企業経営者たちからだ。

もちろんローカル型産業の企業経営者は何もしなくてよいというのではない。企業経営者として粛々と、その企業の付加価値額をあげていくために生産性の改善や新規サービスの開発に取り組むべきである。

明確にしておきたいことは、地方版総合戦略を策定し推進するのは自治体であるということ。企業経営者とはおのずと立場が違い、視点も違うということだ。自治体の立場で地方創生を効果的に進めることを考えると、基本的にアウトバウンド型とインバウンド型産業を中心に自治体の経営資源を投入していくことにならざるをえないということなのだ。ローカル型産業にも経営資源を投入すれば（多くの有権者に八方美人に振る舞えば）、総花的になり費用対効果が低下することは、企業経営者ならだれしも知っていることだろう。

ローカル型産業の企業経営者は、自治体と経営者の立場は違うことをあらためて理解し、アウトバウンド型やインバウンド型産業が優先的に支援される光景をぐっと我慢して見守るべきであろう。アウトバウンド型、インバウンド型産業を優先したほうがローカル型産業にとってもプラスが大きいことを理解してもらいたい。

第6章 アウトバウンドとインバウンドへ資源を振り向けろ
——総合戦略策定検証

1. 都道府県レベルでの地方版総合戦略を描く——北海道のケース

北海道はアウトバウンド型がめっぽう強い

ここまで説明してきた地方版総合戦略検討の枠組み、考え方をさっそく北海道に適用してみたい。ＩＬＯによる産業分類と伝統的な1次2次3次という産業分類をかけて、就業者1人当りの付加価値額をみてみる。北海道内の産業別の付加価値額が把握できる最新の年は２００９年で、全国平均と比較してみることにしよう。

図6－1をみれば、一目瞭然なのだが、北海道の強みはアウトバウンド型産業にあ

図6－1　産業細分ごとの就業者1人当りの付加価値額～全国vs北海道（2009年）

北海道はアウトバウンド型産業が全国平均よりも格別に高く、インバウンド型産業やローカル型産業よりも力を注ぐべきである

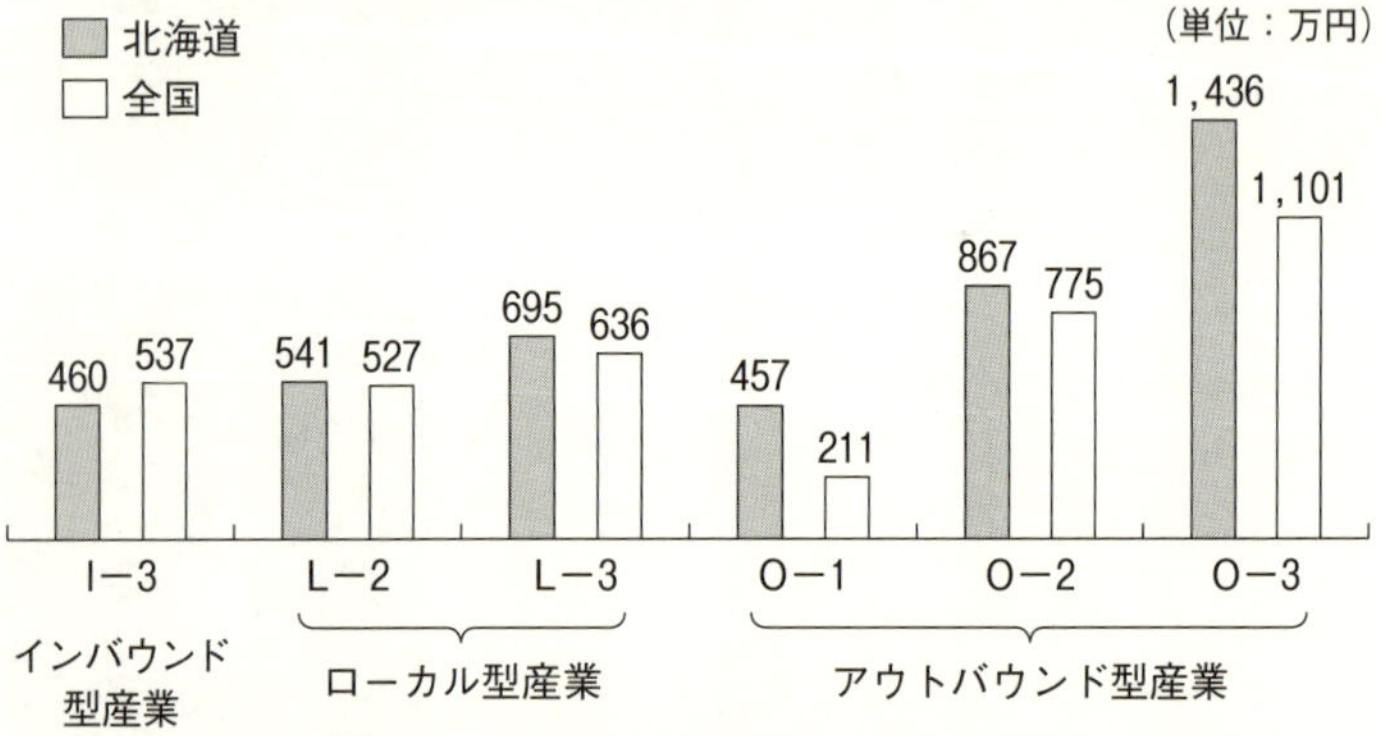

（資料）SNA産業連関表、北海道産業連関表、労働力調査、国勢調査、経済センサス

る。

　O－2（アウトバウンド型の2次産業）に分類される製造業、O－3（アウトバウンド型の3次産業）に分類される卸売業や無店舗小売業、情報通信業、広域交通なども、全国平均を凌駕していることがわかる。

　こうした実情の背景には、農業に限らず広大な面積を生かすことができるアドバンテージがある、製造業では生産効率を極大化できるような生産拠点をつくれるのだろう。また、無店舗小売の分野で農作物や水産物に加えてスウィーツが好調であることも寄与している。スウィーツ

で北海道ブランドのものは、白い恋人やロイズ・チョコレートなどいくつも頭に浮かぶはずである。

また、O－1（アウトバウンド型の1次産業）、すなわち農林水産業は、絶対水準が低いとはいえ、全国平均の2倍以上の1人当り付加価値額を生み出している。農業は、他地域に比べ耕作面積や事業規模が大きく、外国で使われる大規模農家用の大型機械を導入して圧倒的に生産性が高い。水産業もホタテやカニ、昆布など高級食材の宝庫である。

しかし、そうした競争力をもつ分野であるアウトバウンド型産業の就業者が大幅に減少していることも事実である。図6－2は、法人事業所に従事する北海道の就業者数をILOの産業分類で分析したものである。北海道の場合も全国マクロと同様にアウトバウンド型産業の就業者が1990年代半ばから大幅に減少し、およそ4分の3の就業者数になっている。生産拠点の海外流出の影響は全国マクロと同様に受けているが、さらに北海道の場合は生産拠点の大型化や機械化により生産性が向上した結果、就業者数が減少している可能性も高い。

どのようなアウトバウンド型産業であれば、就業者1人当りの付加価値額を現状水

図6－2　北海道の就業者数にみる産業構造の変化

北海道の就業者数＊は1990年代半ばをピークに減少に転じている。なかでもアウトバウンド型産業は1996年からの10年間で25％程度減少して、減少率が最も大きい

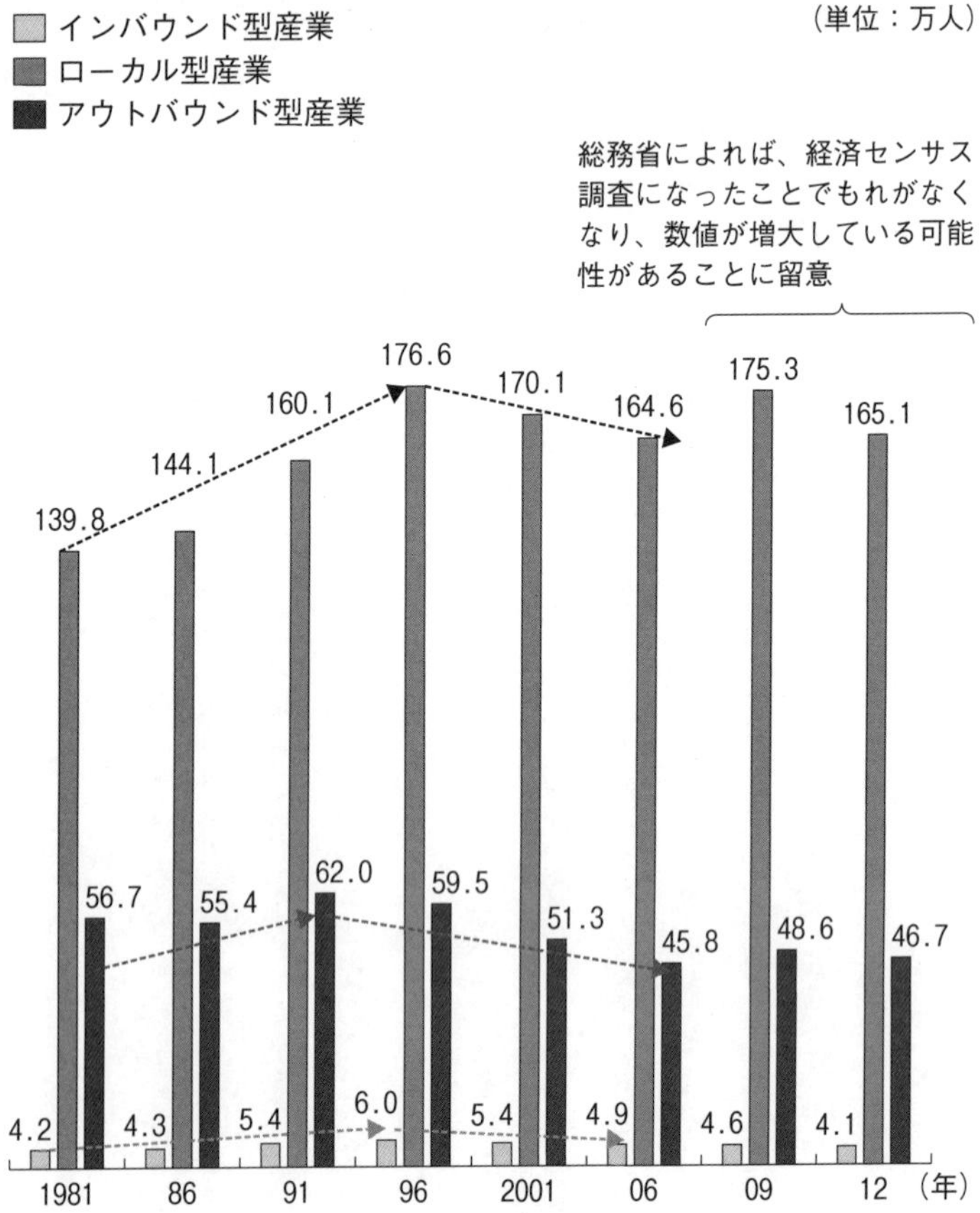

＊法人事業所のみ

（資料）　RESAS、経済センサス、事業所統計

準のまま維持しながら、就業者を増やしていけるか、それが次の検討課題になる。

北海道が苦戦するインバウンド型産業の構造的な問題

逆に意外にも苦戦をしているのがインバウンド型産業の宿泊業である。全国平均の就業者1人当りの付加価値額と比べて15％程度低い。北海道はいかにも観光資源に恵まれ観光に強そうにみえる。しかし、宿泊業の付加価値額創出は必ずしも大きくはないのである。

たしかに北海道への観光客数は大きく伸びている。ＬＣＣが国内外各地から北海道に路線を延ばしたこともあって、観光業はにわか景気に沸いている。ただ、このままでいっても、本当に十分な付加価値額の創出に結びつくのであろうか。また、景気が下降していけば元の木阿弥で、低い付加価値率が再び目立つようになるのではないだろうか。

同じように観光資源に恵まれているリゾート県・沖縄と比較してみると、北海道のインバウンド型産業の抱える課題がよくわかる。

図６－３のように、北海道はビジネスホテルとシティホテルで客室の３分の２を占

図6－3　施設タイプ別の利用客室数～北海道 vs 沖縄県（2014年）

北海道はビジネスホテルやシティホテルが多く、都市部以外の観光を楽しみたいリゾートホテルが不足している

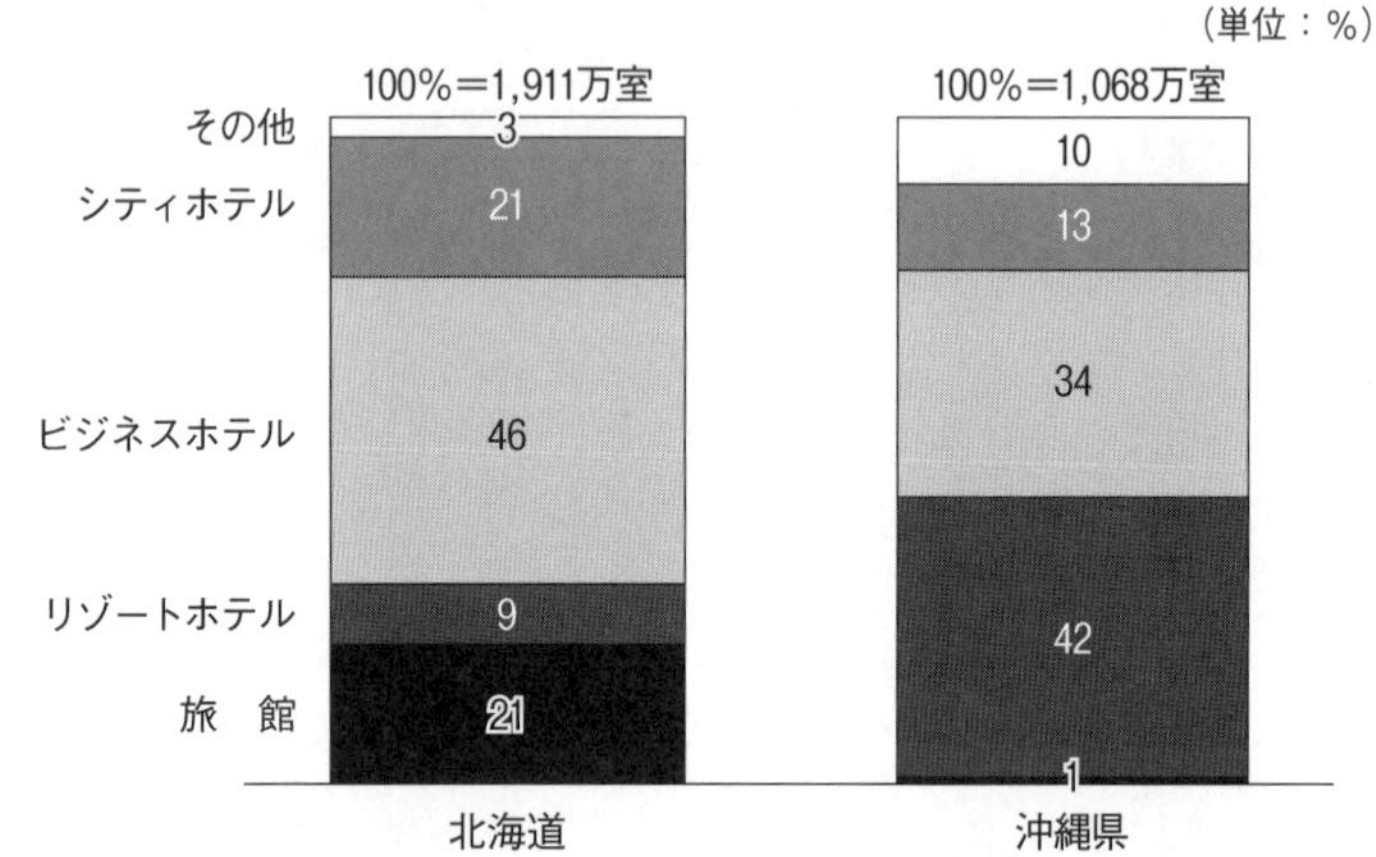

（資料）　宿泊旅行統計調査

めているが、沖縄県の場合は5割もない。一方、リゾートホテルの客室数は北海道全体の1割もない一方で、沖縄県は4割を超える。北海道でリゾートホテルがあるのも限られた地域で、それ以外の地域で観光をしようにもビジネスホテルに泊まらなければならないことも多い。ビジネスホテルは当然、客室単価はリゾートホテルよりも低い。

さらに図6－4をみると、ビジネスホテルやシティホテルの月別客室稼働率の格差が北海道は沖縄県よりも大きく生産性が低いだけではなく、リゾートホテルの客室稼働率が

図6－4　施設タイプ別の客室稼働率～北海道 vs 沖縄県（2014年）

北海道は沖縄県に比べビジネスホテルやシティホテルでの稼働率の月別格差が大きいことに加えて、リゾートホテルの稼働率は年間を通じて大きく劣後している

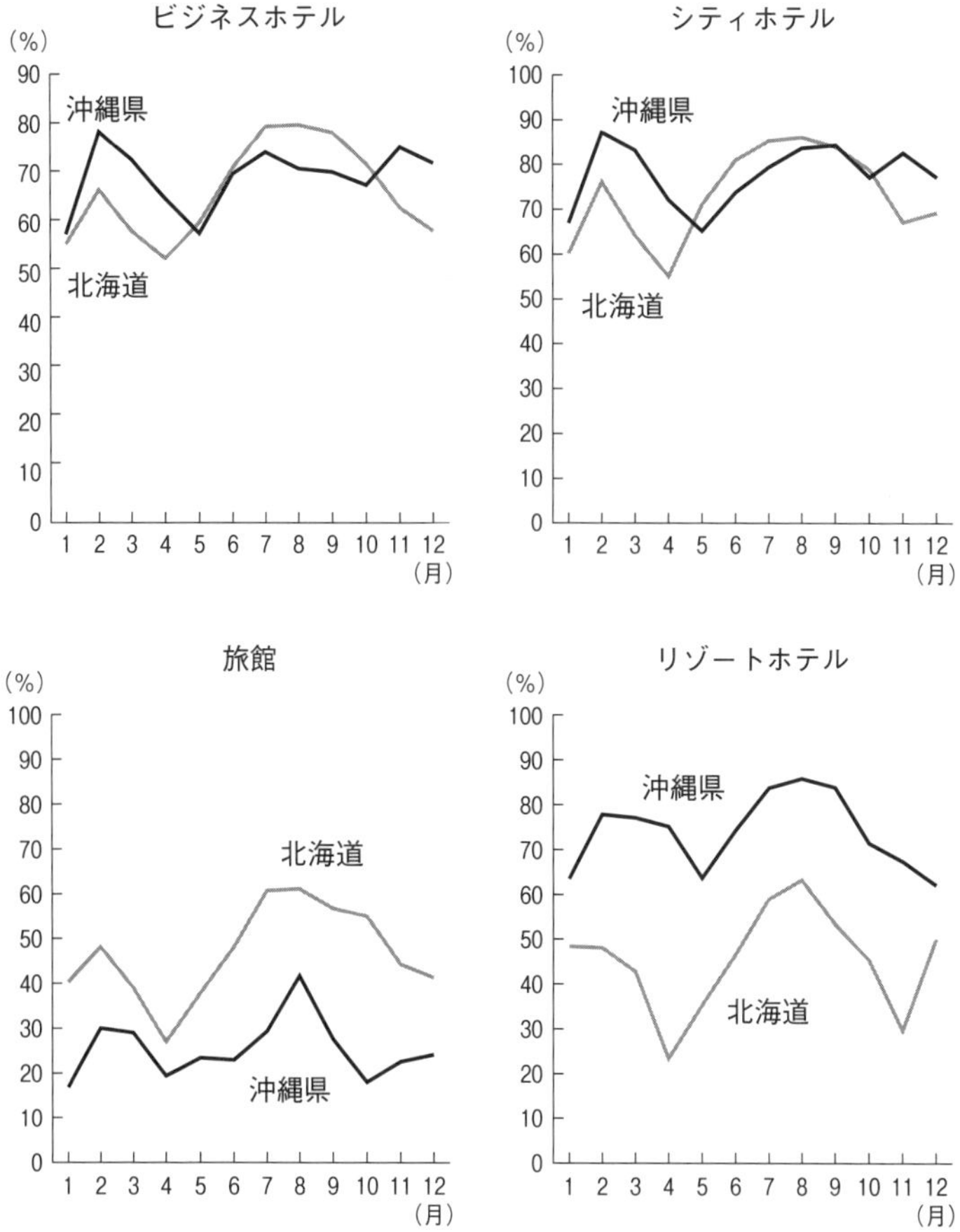

（資料）　宿泊旅行統計調査

かなり低い。

北海道はいかにも冬のリゾートというイメージがあるが、夏場の避暑客のほうが多い。また、夏と冬の端境期になると、客室稼働率が極端に低下してしまう。たしかに、春や秋は、北海道のリゾートで何を楽しむことができるのだろう。自然を愛でることくらいか。それだけで足を運ぶ旅行者は多くない。

つまり、北海道は年間を通してインバウンド客を呼び込むコンテンツが十分でないのだ。そのため客室単価の高いリゾートホテルは、ピークとオフピーク時の稼働率格差に悩んでいる。稼働率格差が大きいので、リゾートホテルは客室数を増やすことに乗り気にならない。こうして低迷が続くというのが、北海道のインバウンド型産業の本質的な問題なのである。

一方、沖縄県は、いかにも真夏のリゾートのイメージが強い。何も冬に沖縄のリゾートを訪れたいとは普通は思わない。それでも沖縄県のリゾートホテルは冬場であっても客室稼働率が大きく下がることはない。

なぜなのかと思い、沖縄県の観光戦略をみていくと、外国人旅行客の取込み以外に、修学旅行やリゾート・ウェディングをアピールしていることがわかる。夏のピーク以外の需要を取り込もうということだ。

こうした成功事例を研究すれば、ピーク・オフピーク需要の平準化を図るため、オフピーク時の需要を促すイベントやコンテンツの開発に、北海道はもっと積極的に取り組むべきではないかと思う。たとえば会議や商談会・見本市などの創出も重要な検討事項である。また、修学旅行生の取込み、リゾート・ウェディング、農繁期のファーム・ステイなど工夫の余地は多いはずである。

また、その地域をどのような街にしていくか議論をリードしていくことも、自治体に期待される重要な役割である。地域開発を自治体だけで進めることもできないが、民間だけに任せることもできない。中長期に及ぶ現実的な15～20年ビジョンを求めているのだ。

こうした取組みは、地域ブランドの明確化にもつながる。インバウンド型産業の育成は、地域でどのような特徴を際立たせていくかということになり、自治体がリードすべき分野であると思う。

ＩＬＯ産業分類と戦略の基本軸は機能している

北海道をケースにＩＬＯによる産業分類とそれに基づく付加価値生産性の評価をしていくと、着実に重要検討課題が絞り込まれていくことが分かる。

実際、ＩＬＯによる産業分類ごとに就業者1人当りの付加価値額を算出することで、どの産業分野の就業者を増やしていけばよいか――北海道の場合、それは何よりも増してアウトバウンド型産業だったが――明らかになった。さらにアウトバウンド型産業で、どの分野の就業者数を、現在の就業者1人当りの付加価値額を維持しながら実際に増やしていけるかを見つけ出すことが次の大きなチャレンジになる。この手法ではそこまで細目に分けて示唆することにはならないが、それでも大きな方向性を与えてくれる。

また、インバウンド型産業の付加価値生産性が全国に比べて低いという予想外の分析結果から沖縄県というリゾート地と比較してみると、北海道のインバウンド型産業の課題も明らかになった。単純なベンチマークにすぎないのだが、沖縄県の成功の鍵を垣間見ることもできた。

こうした意味で、定性的な議論によって地方版総合戦略を策定していくよりも、はるかに体系立ったアプローチが都道府県レベルではできそうである。少なくともＩＬＯによる産業分類と、それに基づく戦略の基本軸は、都道府県レベルではしっかりと機能しそうにみえる。

2. 市町村レベルでの地方版総合戦略を描く――伊達市と網走市のケース

市町村民税――付加価値額の代替指標として

問題は市町村ごとに付加価値の創出実態をどのように把握するか、ということである。付加価値を測るために市町村内総生産という概念こそあるが、県内総生産に比べて精度はかなり悪くなるようだ。そのため、市町村民税の法人分――すなわち市町村に支払う法人住民税――のうち税割部分に着目してみることにする。

法人住民税は2つの部分からなっている。1つは、どのような事業所でも課税所得によらずに支払う均等割の部分である。もう1つは、課税所得に応じて支払う税割の部分である。なぜ、税割と呼ぶかは、国税である法人税に市町村ごとの税率を掛けて算出するからである。市町村ごとの税率と記したが、大半の市町村は14・7％か

12・3％である。その他の税率を活用している市町村も少数ながら存在する。ここでの議論は、すべて14・7％の税率に補正をして、市町村間で比較ができるようにしている。

法人住民税が代替指標としてよい点は、地域分割して各市町村に支払われることである。企業が1つの市町村を越えて広域に展開している場合には、それぞれの市町村の従業者数をカウントして、原則その人数で按分して支払うことになる。いくら広域に展開している企業の本社があっても、他の市町村にある事業所で生み出される付加価値額に連動する法人住民税は含まれない。純粋にその市町村で生み出される付加価値額と連動するということである。

逆に悪い点は、付加価値額がそのまま法人住民税・税割に完全には比例することはないことである。それでも、図6－5のような連関があり、人件費や減価償却費などにも左右されるが、付加価値額が高ければ高いほど課税所得も大きくなり、法人住民税・税割も大きくなる傾向にある。

また、事業規模の小さい企業は、意図的に課税所得をマイナスにして納税額を小さくすることがあるのも事実である。ただ、そうした企業が、域内の付加価値創出に大

図6－5　付加価値額と法人住民税・税割との関係

付加価値額と法人住民税・税割との違いは、内部費用の取扱いにあるが、一方が増加すれば他方も増加する傾向にある。市町村ごとに毎年、しかも簡易に計算できるものとして、市町村民税法人分・税割を、市町村ごとの付加価値額の代替指標として活用することにする

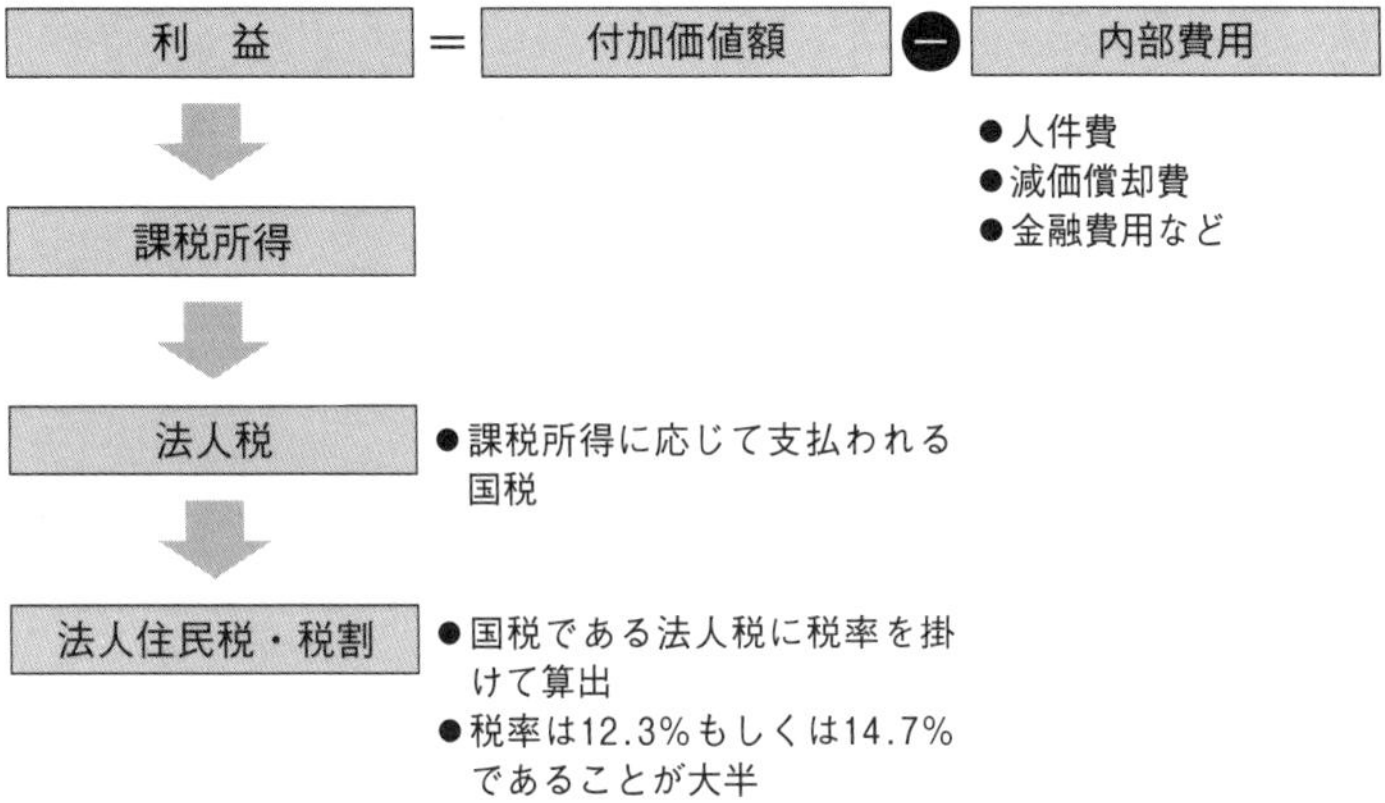

きく貢献しているとも思えない。なんといっても事業規模の大きな企業が就業者1人当りの付加価値額も大きく、域内の付加価値創出の主役になっているはずである。

法人住民税・税割を付加価値額の代替指標として活用することに、第7章で示すようにいくつか問題があるのも事実である。しかし、その問題は、これから実際に活用して分析した結果を解釈した範囲では、地方版総合戦略策定において致命的な問題にならないように思える。そうであるならば、軽微な問題はさておき――あるいは、深刻な問題が見つか

るまでは——日本全体1700を超える市町村を水平的に、ILO産業分類を当てはめて比較するための方法として活用してみようと思う。

日本ほど納税がきちんと行われている国もない。それに何よりも法人住民税であれば各市町村が自らの手で比較的簡単に、しかも企業決算から2カ月後には毎年の実態を把握して、活用できる。こうした便利なデータを使わない手はないはずである。

また、法人住民税・税割を活用することで、第2章の人口の社会移動が法人住民税と相関していたことをふまえ、人口ビジョンと地方版総合戦略とが結びつくことになる。

ケースの舞台——伊達市と網走市

法人住民税のデータは、北海道伊達市と網走市のご協力により、できうる限り細かい産業分類で複数年を統計データとして算出していただいた。どうも市町村ごとに税務システムが違うようで、異なる産業コードが振られていたことや、別枠で算出したい宿泊業や卸売業のコードがなく個社のデータを積算していただいたりした。それでも2、3週間程度で作業が完了し、分析に取りかかる準備が整ったのである。

分析結果の説明に入る前に、伊達市と網走市について簡単な説明をしておきたい。分析結果を解釈していくうえでの基礎情報となるはずだ。2市の特徴は大きく違っている。

図6－6のように北海道伊達市は、札幌から函館行きの特急北斗に乗ればちょうど中間点くらいのところにある。室蘭市の北西に位置し、鉄道で15分、車だと30分程度で着くことができる。市町村合併で旧・大滝村と統合したため、壮瞥町を挟んで飛び地となっている。人口3・6万人の市である。

もともとは東北の伊達藩の人々が北海道に移住して生まれた街である。北海道にしては気候が温暖で、雪はあまり積もらない。そのため今日もシニア層を中心に移住者が少なくない。日本赤十字病院などの大病院があるため、道内各地から治療に訪れる人も多く、移住に拍車をかけているようである。

また、噴火湾の漁業に加えて、比較的小規模な農家がイチゴなどの果物や青物野菜を栽培している。栽培品目は200品目に近く、札幌などのレストラン、ケーキショップに高値で実際に取引されていく。

旧・伊達市には観光といえそうな観光はない。そのかわり、市の中心には隣接地の

図6－6　北海道伊達市と網走市

伊達市は、北海道の道央、道南の中間地点、室蘭市に隣接し、3市3町をあわせて西いぶり地区とも呼ばれている。また、網走市はオホーツク海に面する道東の拠点で、斜里郡3町と大空町とともに斜網地区と呼ばれている

観光物産館から移転3年で全道一となった道の駅、スポーツセンター、プール、文化施設が集合し、近隣市町からの人を集めている。一方で合併した旧・大滝村にはちょっとした温泉リゾートがある。

周辺の室蘭市、登別市を含めた3市3町による広域連合での地域戦略なども議論されており、西いぶり地区と呼ばれることもある。

もう1つの舞台、網走市はオホーツク海に面する市であり、道東とオホーツク地区の結節点で交通の要所にもなっている。人口3・7万人の街。街のシンボルといえば、映画「網走番外地」で知られた刑務所だ。

産業は水産業、農業が強い。オホーツク海では、ホタテ漁が盛んで、中国へ輸出される。中国の個人消費が好調であることもあって、いまは絶好調といったところだ。農業は、伊達市とは違って平均30ヘクタールの大規模農家によって営まれる。小麦、大豆、ジャガイモなどの穀物が中心で、1台3000万円もする耕作機械、収穫機械で作業が行われる。

冬になれば流氷観光、夏場はあまり知られていないがラグビーの合宿地になる。半年間、雪の下に寝かせられた芝は絨毯のように柔らかく、怪我をしないグラウンドになる。そのため、ラグビーのトップリーグが合宿に訪れる。網走湖周辺には高級リゾートホテルがあり、年間を通じたにぎわいをみせている。

こちらも、網走市に加えて、斜里町、清里町、小清水町、大空町とあわせて斜網地区と呼ばれ、広域連合が議論されている。

伊達市と網走市——人口規模こそ近いが、まったく特徴の違う2市。その税務データを使って分析してみた。

農業・宿泊業の伊達vs漁業・製造業の網走

図6－7は2014年の法人住民税を可能な限りILOによる産業別に分けて就業者1人当りの法人住民税を比較してみたものである。

算出にあたって就業者数については大まかな割切りを行っている。他市町村にも事業所をもつ企業については、ご当地における就業者数を税金算出のために報告してくる。しかし、ご当地の市のみに事業所をもつ企業の場合、複数の市町村で分割する必要がないので就業者数を報告してこない場合が多い。そのため、税務データから積算して導いた就業者数の統計データと経済センサスの就業者数を比較して、大きいほう

図6－7　業種別競争力比較～伊達市 vs 網走市（2014年）

伊達市は網走市と比較して農業、宿泊業などが高い付加価値生産性を誇っている

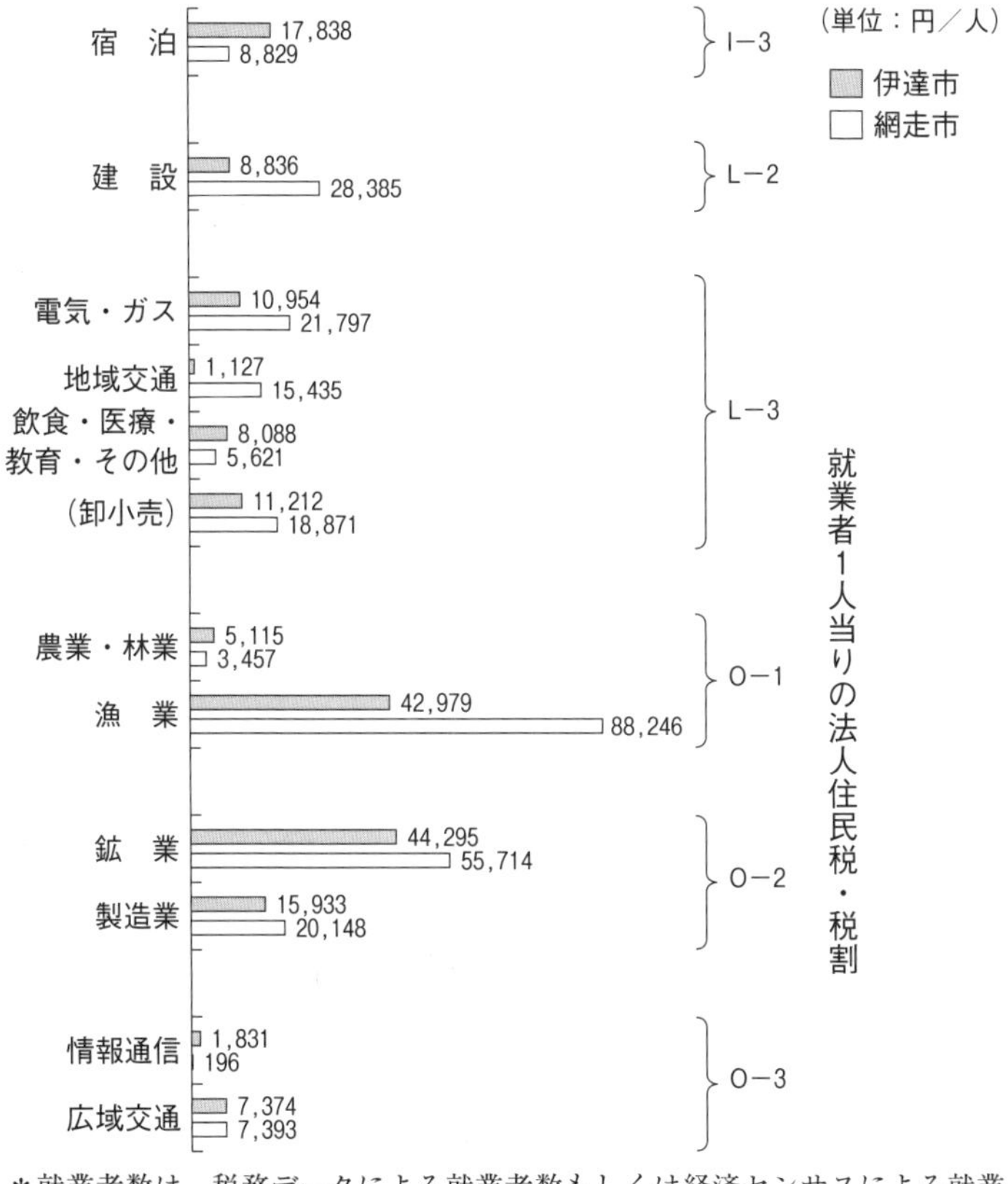

＊就業者数は、税務データによる就業者数もしくは経済センサスによる就業者数のどちらか大きいほうをとった

＊＊2014年調査の経済センサスは未公表のため、2012年の経済センサスを利用した

（資料）　RESAS、経済センサス、伊達市、網走市

図6－8　宿泊業の構造～伊達市 vs 網走市（2014年）

伊達市は、延べ宿泊数で網走市に劣後しているが、ホテル・旅館の客室数が極端に少ないために、客室当りでの宿泊数では圧倒的に大きい

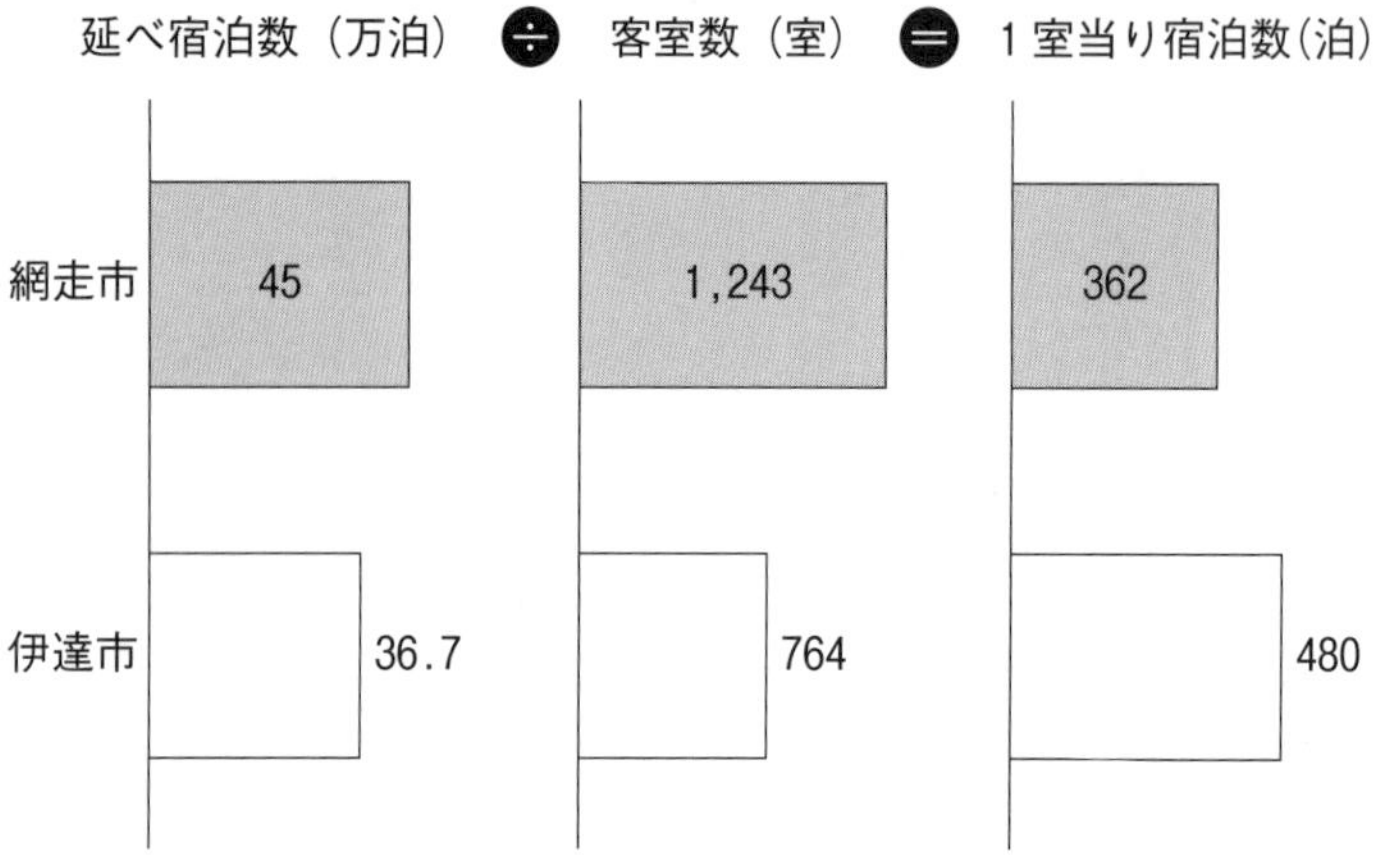

（資料）　北海道観光入込客数調査、北海道保健統計年報、伊達市、網走市

の数字を採用することにした。したがって、就業者1人当りの法人住民税・税割は、保守的な数値（低めの数値）になることになる。また、正確な就業者数を把握するのは、次の課題としたいと思っている。

　図6－7のＩＬＯ産業別の比較をしてみると、多くの産業でそれなりに実態にあった解釈が可能である。

　たとえば、宿泊業については伊達市が圧倒的に高い数値となっている。これは、図6－8のように伊達市の客室数が極端に少ないことが原因である。２０１４年の延べ宿泊客数は伊達市が約37万泊、網走市が45

万泊である。客室数は伊達市が760室、網走市が1200室程度であるため、1室当りの宿泊数はそれぞれ480泊、362泊になる。1室当り年間365泊を超えるのは、1室を2名以上で使うことがあるからだ。いずれにしても、網走市の客室は相対的には供給過剰の状況にある。網走湖周辺に高級ホテルがあっても、供給過剰では産業としてどうしても就業者1人当りの法人住民税が低い、言い換えれば付加価値額が低いと推測される。

一方、伊達市は相対的供給過少な状態にある。供給する客室数を少し増やし就業者を増やしても、就業者当りの法人住民税が極端に低下するとは思えない。ただし、旧・伊達市エリアの現在のホテルの多くは古く、これからの地域戦略に沿う訪問客を意識したホテル建設が求められる。周囲に洞爺湖や登別温泉などの観光地と宿泊施設が存在することにかんがみれば、おそらくは、伊達市の特徴の1つである医療機関などとの関係のなかで独自の道を展開していくことが考えられる。

また、分析からはアウトバウンド型産業のなかで農業では伊達市が、漁業では網走市が優位な結果となっている。札幌などの有名レストランのシェフやパティシエなどの要望を反映した伊達市の近郊農業が、網走市の大量生産型農業を上回ったということだろう。また、網走市の漁業は前述のとおりオホーツク海のホタテ漁が絶好調である。伊達市も噴火湾でホタテ漁が行われてはいるが小規模にとどまっている。そうした格差が表れたようである。

2市で相対比較をすれば、現地を目でみて比較した実感と違わない結果となっている。ただし、農業も漁業も両市にとってともに強みであるということではないだろうか。道内や全国の市町村と比べてみれば、よりはっきりとした結果が出てくると思われるが、これも次のステップとしたい。

また、農業についての分析結果を留意するとすれば、このデータはあくまでも法人として農業にかかわっている事業所のデータである。農業従事者の大部分は個人として農業を営んでいる。したがって、必ずしも全体の平均値辺りの数値になっているかどうかは定かではない。それでも、同じ農業法人間の比較として、あえて農業の競争力を比較する代替指標としていまのところは位置づけてみたいと思う。今後は、個人の所得税データなども組み合わせた精緻化の可能性が残されている。

網走市は、アウトバウンド型産業のなかでも製造業で伊達市に対して競争力を有している分析結果となっている。これは網走市には、比較的大規模な食品加工の生産拠点があることなどが理由である。たとえばブロイラーの食品工場、山わさびの加工工場などである。

また、戦略分野からはずれてローカル型産業でも、地域交通は網走市が伊達市をリードする。網走はオホーツク方面と釧路などの道東との結節点に当たり、おのずと交通の要所となっている。地元には中堅規模のバス会社がある。一方、伊達市には複数のバス会社が乗り入れてはいるが、バス会社の本社はなく、営業所だけである。西いぶり地区の交通関係は室蘭市が中心になっていることもある。

建設業において同様な結果になっているのも、網走市と伊達市が置かれた地政学的な環境によるものと思われる。

このように、伊達市と網走市の協力を得て分析を行った、就業者1人当りの法人住民税の分析は、現地実態とも整合性をとれるものであるようにみえる。さらに他市町村との比較を講じて、分析結果の解釈方法について知見を蓄積していけば、地方版総合戦略策定の手法として強力な武器になりそうな予感がしてくるのである。

図６－９　伊達市の人口動態と戦略目標（2010～2014年）

伊達市は北海道のなかでは社会減がきわめて少なく、人口減少の大半は自然減によるもので、人口は年260人程度減少している。これを打ち消すためにはアウトバウンド型、インバウンド型で年52人程度の新規就労者を確保しなければならない。特に自然減が多いことを考えると、若い女性の新規就労政策が重要となる

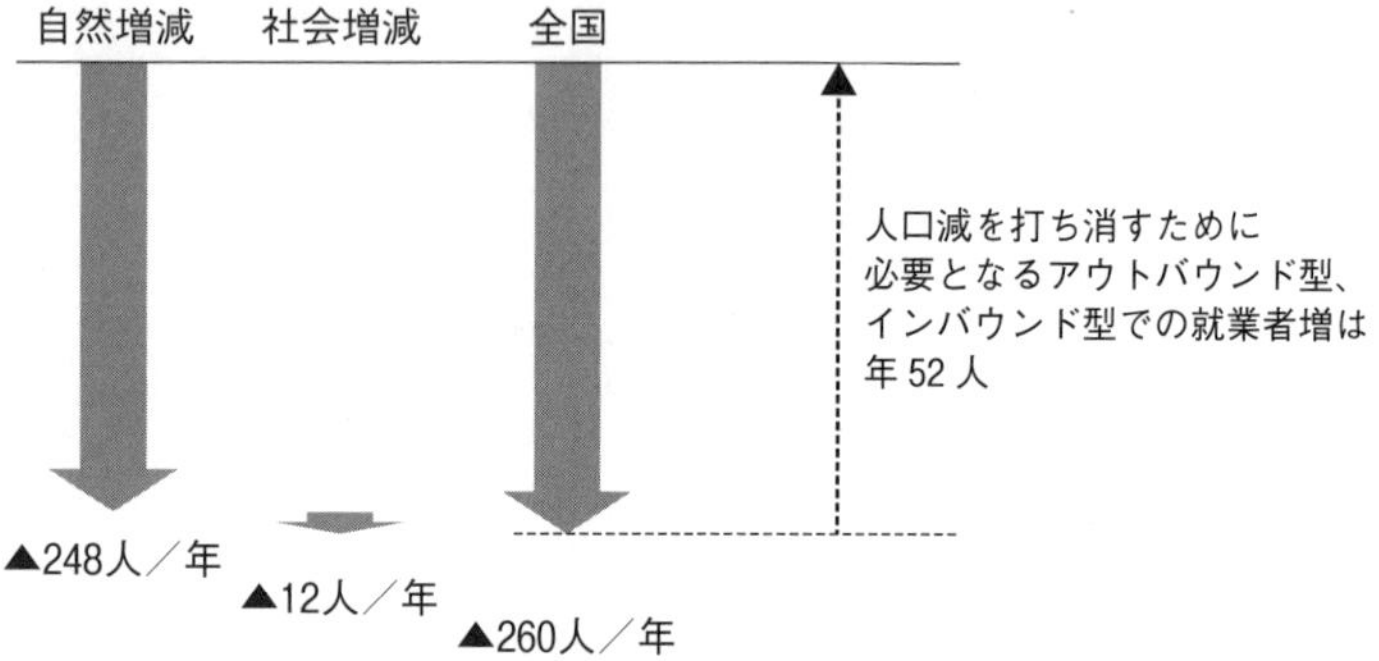

（資料）　RESAS、経済センサス、住民基本台帳に基づく人口、人口動態および世帯数調査

地方版総合戦略に向けた伊達市の課題

こうして地方版総合戦略のなかで優先すべき産業が何であるか見当をつけることができた。ところで、伊達市の目標設定はどうしたらよいだろうか。

そのために図6－9のように、人口動態の変遷を過去にさかのぼってみた。過去5年間平均してみれば、社会増減はマイナスで年間12人の減少である。ほぼプラス・マイナス・ゼロの水準は、札幌市以外の北海道では珍しい。市町村間の人口獲得競争においても、それほどひけをとっ

ていないことを表している。ただし、シニア層の移住が多いせいか、自然増減が大きくマイナスで、年間248人の減少である。あわせて、年間260人の減少というのが、伊達市の人口トレンドである。

仮に伊達市の総合戦略の1つの目標が人口増に転じることだったとしよう。そのために第一段階としての目標を、少なくとも人口を維持できる状況にしていく水準としてみたらどうだろう。年間260人の人口減少をどのような政策によって打ち消すのか、ということである。

ここで、地方版総合戦略の基本軸5を思い出してみよう。「5倍の法則」である。つまり、アウトバウンド型、インバウンド型でつくりだした就業機会は、ローカル型産業の就業機会も創出し、最終的には5倍の人口に跳ね返るはずという、統計的な推論である。

年間260人の減少を打ち消すためには、アウトバウンド型、インバウンド型産業で年間わずか52人の新規就労機会をつくりあげればよいということになる。この52人の新規就労機会をつくるのは、すべて自治体で行う必要もない。官民あわせて52人分の仕事をつくればよいということである。

こうした目標水準であれば、比較的現実的なターゲットになる、と私は思う。少なくとも、年間260人の移住者を得るには、人口3・6万人の市には負担が大きい。あるいは、年間260人の新生児を得たいとすれば、その2～3倍は出産適齢期に当たる女性たちを確保しなければならないだろう。ますますもって、現実性のない目標になってしまう。

次は、52人分の仕事づくりについて、伊達市ではどの程度現実味があるか、みてみよう。

伊達市の推進中の戦略評価

伊達市の菊谷市長は今期で5期目。言い換えれば、すでに16年間は、行政の長として地域経済を活性化する戦略を推進してきたことになる。その中核戦略は、松ヶ枝町地区に道の駅、観光物産館、カルチャーセンター、市民体育館などを集中させ「総合公園だて歴史の杜」を築いてきたことである。

そのなかでも経済戦略の中心的な役割を担っているのが、2012年にオープンした道の駅だ。移転から3年で、北海道の道の駅のなかではいちばんの年商規模に至った。他施設との集積効果に加えて、販売される農作物の質が高いこともあって、近隣の市町からの来店客が多数いることが、この成功を支えている。

この道の駅を、冒頭で確認した地方版総合戦略のＫＰＩ――すなわち就業者数と、就業者当りの付加価値額――で実績を評価してみたい。

図６－10の左側のグラフは、道の駅の就業者数を時系列で示したものである。みてのとおり、ものすごい勢いで人員数を拡大している。３年間で28人、つまり平均すれば年間９人強の仕事を新たに生み出してきたわけである。これだけで、年間目標52人分の仕事の２割近くに迫ることになる。

加えて、道の駅で農作物を販売している81戸の農家は１００人のパートを雇用している。もちろん道の駅以外での仕事にも従事しているはずであるのだろうが、プラスアルファの就労機会増の効果を道の駅は間接的に生み出していることになる。

また、図６－10の下側は就労者当りの付加価値額の向上度合いを推論してみたものである。典型的な事例として、農家がキャベツ１個をＪＡ経由で流通させるときの売上げは１００円としてみよう。道の駅であれば、１個１５０円くらいになる。ただし、道の駅を活用することで手数料を１個につき20円支払う。差引き30円のキャベツ

図6－10　伊達市・道の駅のKPI達成状況

伊達市の道の駅では、これまでのところ年間10人程度の就業者増と、付加価値額の底上げに7.5～30%のアップに成功している

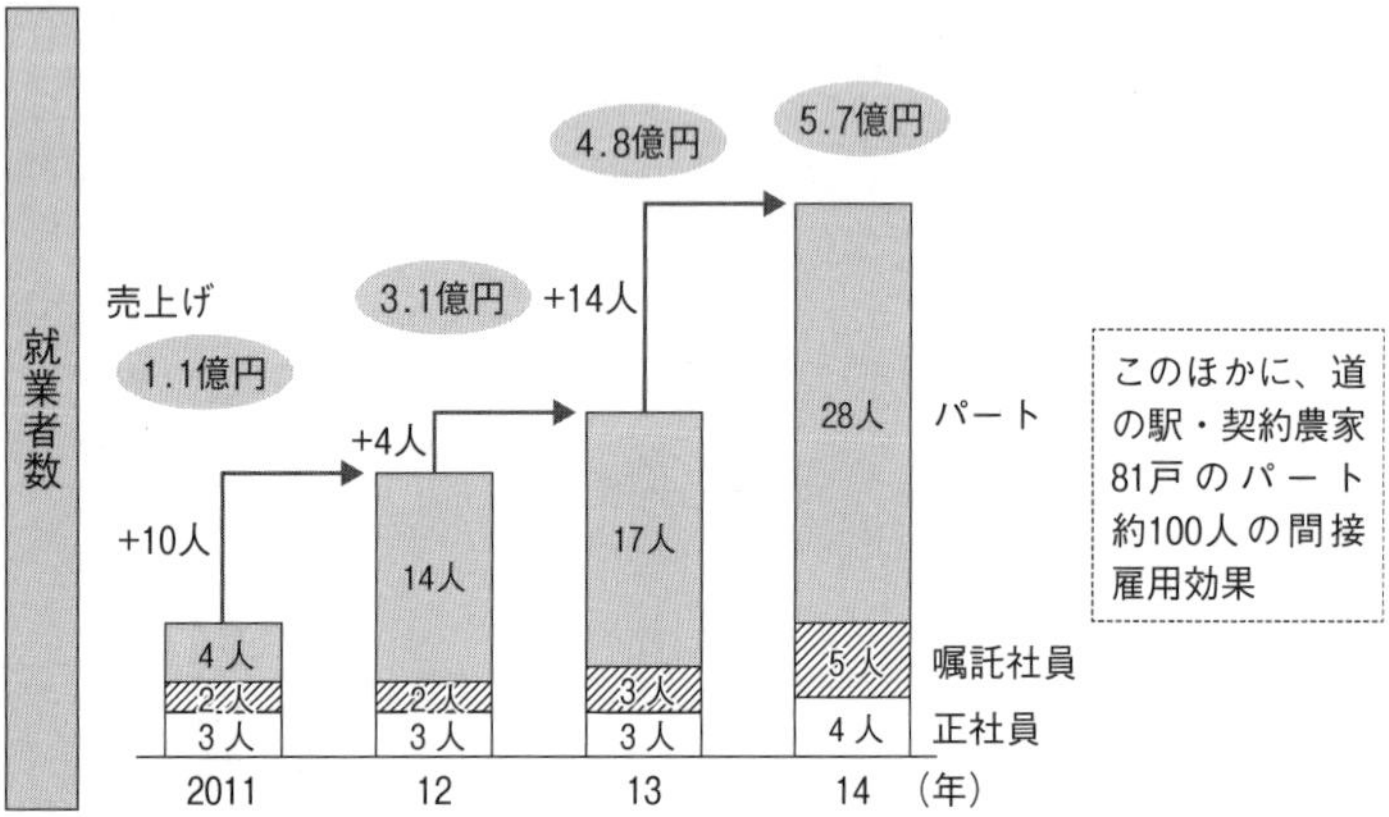

⊗

就業者当り付加価値額

●中堅農家（年収2,000万円規模）
➡＋7.5%付加価値額アップ
✓　道の駅販売による粗利アップ30%
✓　道の駅持込み率25%

●小型農家（年収500万円規模）
➡＋30%付加価値額アップ
✓　道の駅販売による粗利アップ30%
✓　道の駅持込み率100%

（農家1戸当り150万円程度の収入増）

（資料）　伊達市

1個当りの粗利の増加になる。

年間販売高500万円の小型農家なら全量を道の駅でさばき切ることができる。だから、JA経由よりも3割多くの粗利を稼ぐことができる。年間販売高2000万円の農家は、500万円分程度しか道の駅でさばくことができないとすれば、加重平均して7・5％の粗利増になる。

こうした粗利増のからくりは、JAの得ていた付加価値額を農家の側に取り込むようにみえるかもしれない。しかし、それだけではなく、道の駅で売るために消費者の好みにあわせた野菜づくり、果物づくりがなされ、おのずと鮮度のよいもの、甘いものへと栽培品種が変わっていくことにもなる。それによって、追加的な付加価値創造にもなり、全体でこうした粗利増となっている。

伊達市の道の駅は、2つに分解したKPIのいずれにおいても改善しており、地方創生という観点からも大成功した戦略だということができる。

伊達市のこれからの成長戦略案

伊達市は、道の駅に隣接するかたちで学校給食センターを建設する予定であり、す

図6－11　伊達市の産業別就業者数＊と就業者当りの法人住民税（2014年）

市平均の収益率を下回る農業と医療をてこに宿泊など高収益の産業と連携して付加価値創出を図る戦略が模索されている

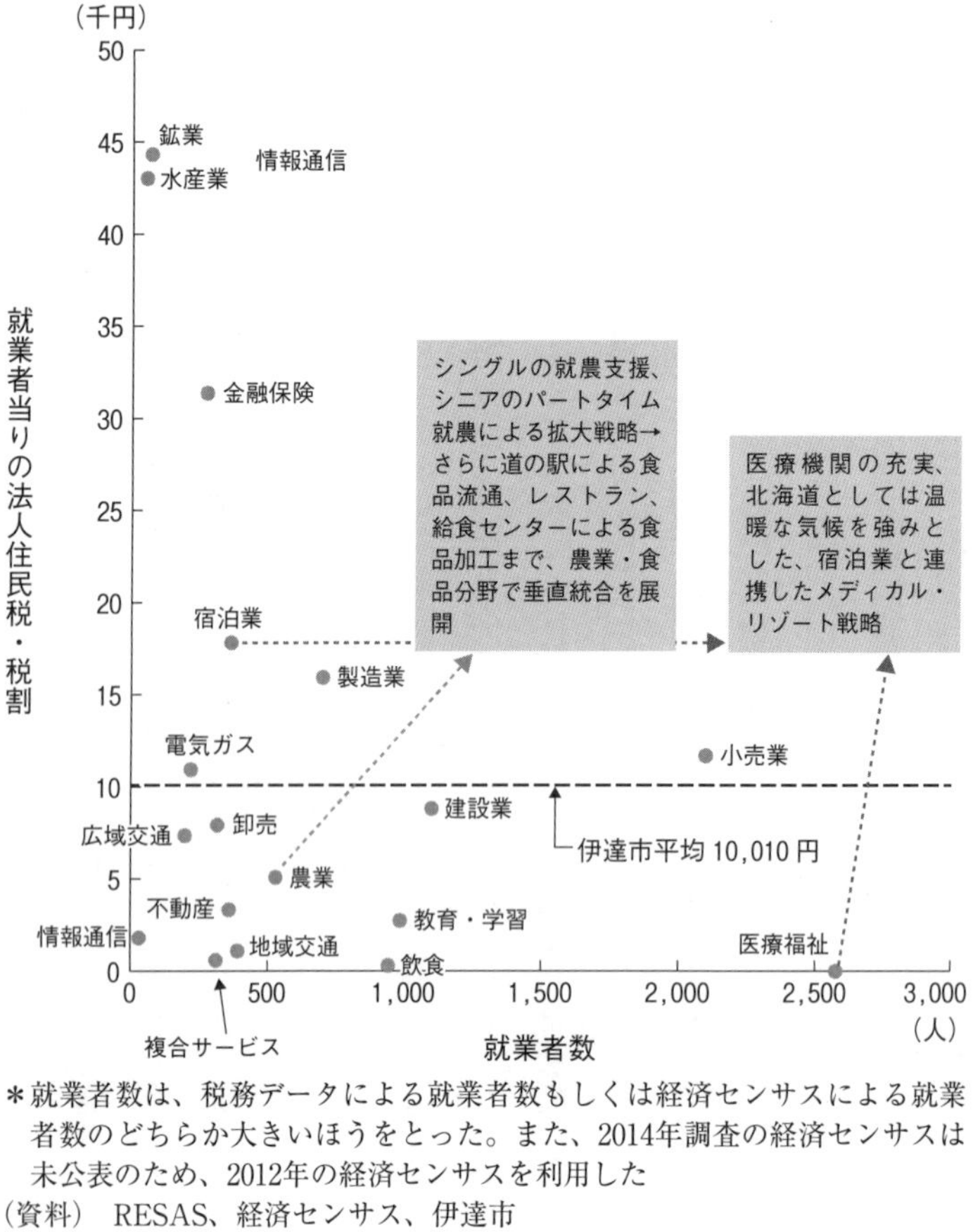

＊就業者数は、税務データによる就業者数もしくは経済センサスによる就業者数のどちらか大きいほうをとった。また、2014年調査の経済センサスは未公表のため、2012年の経済センサスを利用した

（資料）　RESAS、経済センサス、伊達市

でにＰＦＩ事業としての入札が行われ、事業者が決まっている。旧・大滝村の給食センターを統合して新しい場所で運営を行うものである。事業者側の考え方によるが、統合によって就業者数は減少するかもしれない。

ただし、さらに青空マルシェなどを開設することが計画されている。これによって就業者数や付加価値額の増加に向けた取組みが行われることになる。

そのうえで、図６－11をみてもらいたい。この図は、産業別に就業者数と就業者当りの付加価値額をプロットしたものである。０点を左下の角にし、プロットした点を右上の角にした長方形の面積が、その産業の付加価値額の大きさを表していることになる。アウトバウンド型産業やインバウンド型産業を斜め右上の方向に引き上げることこそ、就業者数を増やし、就業者当りの付加価値額を増大させることになり、望ましい戦略であるということだ。

すでに中央部分にプロットされた農業を右上に引き上げる戦略として、道の駅から始まり、学校給食センターのＰＦＩ事業、また青空マルシェまでの構想があることを述べた。

では、その次に総合戦略の柱とできるものは何か、この図から導き出してみたい。

基本的には、この図の縦軸である就業者当りの法人住民税・税割が大きい産業の就業者数を増やす政策をとることが域内の付加価値額向上には効果的である。縦軸がいちばん大きいものは、水産業と鉱業である。水産業は網走市と同様にホタテ漁に沸いている。ただし、中国景気に連動しており、いつまで続くかわからない。鉱業も、実は東日本大震災の後の埋立て用に採石をしている一時的な影響と考えられる。水産業も鉱業もどちらも総合戦略のなかに持続的な施策としては持ち込みにくい。

次に縦軸が大きいのは金融保険となる。しかし、金融保険はローカル型産業であり、ローカル型産業の就業者は人口との相関が高いため、その産業単独で就業者を増やすことができないことは、先にみたとおりである。

その次に縦軸が大きいのは宿泊業である。つまり、宿泊業こそ第二の柱にしてはどうかと、この分析図は示唆しているのである。しかし、周辺には登別市、洞爺町を控え、伊達市が観光業をベースとした宿泊業で両市町を凌駕していくことは考えづらい。

ただこの図でもう1つ気になることとは、就業者当りの法人住民税は0円だがローカル型産業の医療福祉の就業者数が非常に多いことである。医療福祉の就業者数は、人口のおおむね５・５％程度であることが全国でも北海道でも確認されているので、一般的には２０００人程度になるはずだが、２５００人を超す就業者がいる。前述のとおり日本赤十字病院や慈恵会聖ヶ丘病院、ミネルバ病院などの大型医療機関のほか、多くの介護・障がい者福祉機関があるからである。

これら２つの特徴を１つの可能性にまとめ、登別市から洞爺湖町・豊浦町に広がる西いぶり地区一帯に向けた、あるいは全道に向けた長期滞在型の医療サービスを提供していくという可能性があるようにみえる。医療という本来はローカル型産業であるはずのものを、インバウンド型産業に高めていくということである。地方版総合戦略の基本軸７に該当する。

同時に宿泊施設も、一般的な観光客やビジネス客のための事業ではない領域での拡大を目指すことが示唆される。医療サービスを受ける人々、そしてその家族の方々へのサービスとして独自展開となれば、高い付加価値を生む可能性もあるのである。

こうして、この分析図をいろいろな角度から眺めてみることで、総合戦略の柱となるような戦略オプションが実際に導けたわけである。

網走市の戦略展開の可能性

網走市のこれからの戦略展開の可能性も、図6－12から同様にみてとれる。

アウトバウンド型やインバウンド型産業のなかで就業者当りの付加価値額が高いのは水産業と鉱業、製造業である。このうち、水産業や鉱業を拡大できるかどうかはそれぞれ水産資源や鉱物資源と密接に結びつき、制約を受ける。またホタテ漁などは漁業権とも結びついている。

一方、製造業は必要となる経営資源を充足できるのなら、比較的拡大しやすい産業である。特に競争力のある農水産物と関係の深い分野であれば、なおさらそうである。網走市で競争力のある農水産物といえば、ホタテ、小豆、小麦、長芋といったところになる。

ホタテの殻剥き自体は、労働集約的で決して付加価値額の高い仕事ではない。ただし、アウトバウンド型産業での新規就労機会を増やせば、5倍の法則で人口に結びつくことを思い出せば、域内で行う意義は高い。

小麦にしろ小豆にしろ、食品加工にあたっては設備によってなされる度合いが多い。その意味で、労働力よりも資本の確保が重要となる。また、加工にあたっての技

図6－12　網走市の産業別就業者数＊と就業者当りの法人住民税（2014年）

網走市では、競争力のある農水産物の販路拡大、食品加工の強化による垂直統合戦略が検討されている

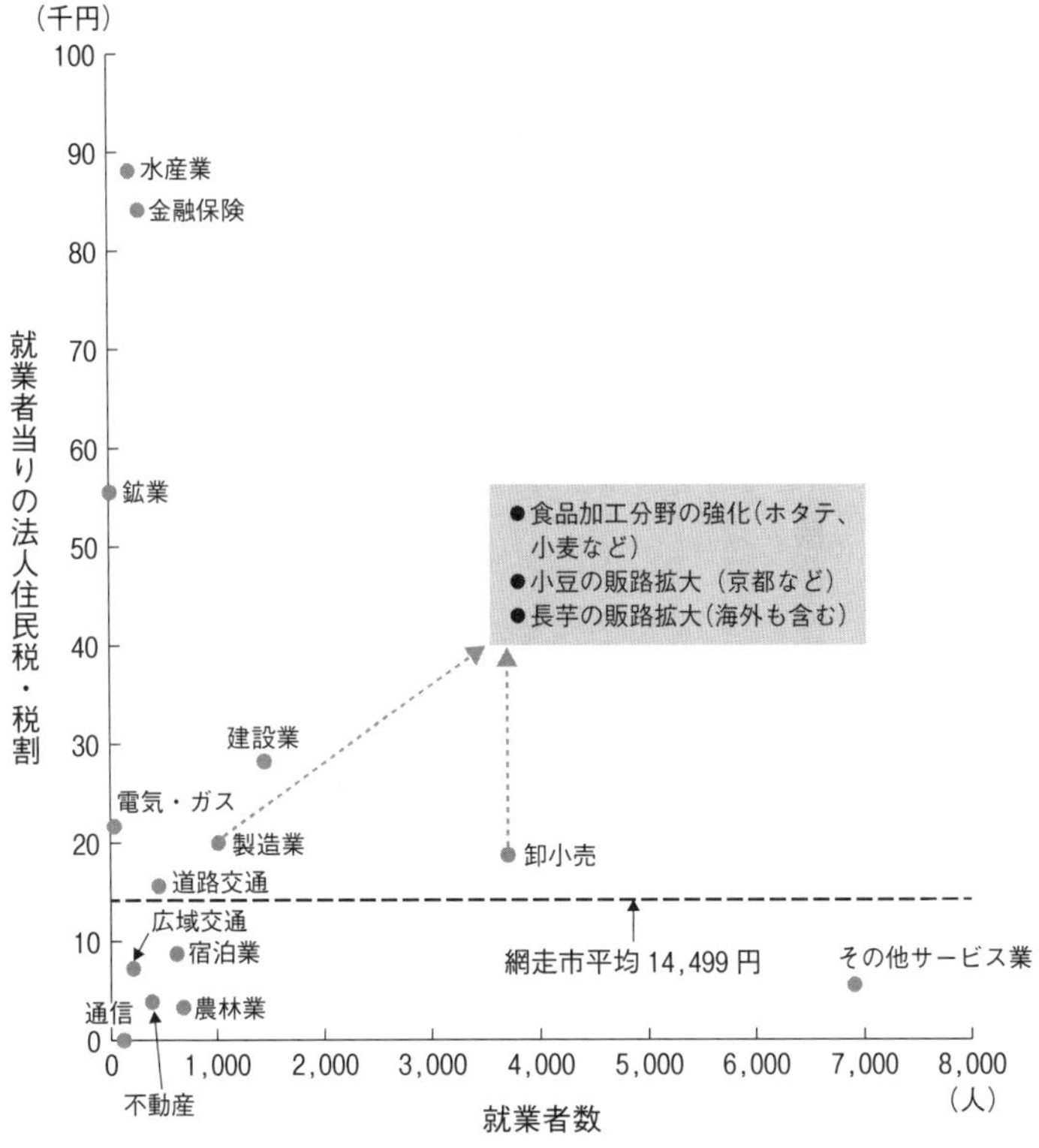

＊就業者数は、税務データによる就業者数もしくは経済センサスによる就業者数のどちらか大きいほうをとった。また、2014年調査の経済センサスは未公表のため、2012年の経済センサスを利用した

（資料）　RESAS、経済センサス、網走市

術の導入も必要となる。資本や技術といった経営資源が合理的なコストで確保できる限りにおいては、拡大を進めていくことが戦略となりえる。事実、網走市の意向もそうである。

また、どうしても卸売業と小売業は税務データの構造から峻別できないため、図6－12ではまとめてプロットしてある。卸小売業は就業者当りの法人住民税も高く、卸売業はアウトバウンド型産業であので、それを伸ばしていくべきである。

たとえば、網走市では、品質の高い小豆が生産されている。しかし、現在のところ、菓子パン——つまりアンパン——向けに使われることが多い。和菓子職人たちにブラインドで味わってもらっても、評価が高く有名ブランドにひけをとらない。なんとか和菓子分野への流通経路を確保しようとも検討している。また、栄養価の高い長芋の海外販路開拓なども同時進行で進められている。こうした流通分野で相手先との橋渡しができる人材を得られれば、総合戦略の柱として推進していくことができると思われる。

第7章 地方創生に向けた自治体と地域金融機関への宿題

1. 地方税データベース構築を急げ

自治体職員にわかりやすい手法として

ここまで説明してきた市町村での地方創生をねらいとした分析手法は、域内での付加価値増大を就業者数と就業者当りの納税額という、自治体職員が最も慣れ親しんできた指標に転換している。しかも、就業者数と人口がおよそ1対2の関係にあることを使って、人口ビジョンと地方版総合戦略との連関についても言及している。社会問題と経済問題をつないでいるのだ。

そもそも付加価値額という言葉がピンと来るのは、経済学者ぐらいではないだろうか。ビジネスの世界で付加価値額をKPIにするようなことはまずない。売上げであったり、利益であったり、あるいは1人当り売上げ、1人当り利益、1株当り利益などである。ビジネスの世界でも使わない概念を、自治体経営の世界に持ち込むのは、大きな飛躍が必要になる。

自治体の普段の仕事は、社会活動にまつわることである。そのなかで人口問題にもよく触れる。また、予算策定にあたっては、歳入の重要な部分は税収であるので、当然ながら税収についても感度が高いことになる。

つまり、この手法は自治体職員が普段から慣れ親しんだ概念に、地方版総合戦略のあり方を噛み砕いたものでもある。それゆえ、多くの自治体で実際にこの手法を適用していくことに、大きな抵抗感はないだろう。

付加価値額と税収の違い

しかし、問題点がまったくないかといえば、そうでもない。

1つは、付加価値額と税収が完全にリンクしているわけではないことだ。課税所得を算出するにあたって、設備費は減価償却費として控除されるし、人件費、賃貸料、金融費用も控除される。付加価値額は、こうした費用を控除しない。

こうした問題は概念的なものだが、実際上はさらに大きな違いがある。法人住民税は、年度によって大きく変動する性格をもっている。多くの企業は、景気がよければ課税所得が増え、その分税収が増える。不景気になれば、反対の現象が生じる。

一方、人件費、減価償却費などは景気には基本的には連動していない。そのため、付加価値額は年度によって大きくブレることもなく、安定した指標になる。

ただし、だからといって法人住民税を使うことを諦める必要はない。変動する傾向があるのなら、3~5年平均でみることで変動を抑えて、どの産業が持続的にその市町村で競争力をもっているのか、見極めることもできるはずである。

それに、企業のパフォーマンスをみるときは1年度ごとに比較することが一般的である。ブレがあるのなら、時系列で眺めてみて、競争力があるかどうか判断する。地方版総合戦略の策定にあたっても、そうすればよいだけのことである。

そもそもＩＬＯ産業分類にあわせて、市町村単位で、なんらかの前提を置かずに直接取得可能なデータは、法人住民税くらいである。しかも、各企業は決算後2カ月以内に納税する決まりになっている。クイックに実態を把握することができる。それだけ法人住民税は使い勝手もよく鮮度もよいデータなのである。

農業・医療など個人事業を補正する必要性

ただし、弱点がないわけではない。農林水産業など、個人として営まれている分野を包含できていないことである。

農林水産業は、就業者の3%程度である。したがって、多くの市町村でそれほど大きなノイズになるわけではない。しかし、今回、ケースとしている北海道のような場合、農林水産業が強みになることが多く、なんとか個人で営まれる農家なども合算して概数で製造業、卸売業などと比較してみたかった。本書では、農業法人の納税額をベースに計算をしている。

解決策の1つは、農業従事者の個人としての課税所得の総額を市町村単位で把握することである。農業従事者一人ひとりが法人であったとしたら、大半が課税所得800万円以内であろうから、10%の税率を掛けて国税の法人税を算出し、さらに14・7%を掛けて法人住民税にあわせることができる。

後は、農業従事者の課税所得を計算できるかどうかを確認してみればよいだけのように思う。

医療関係も、個人でクリニックを経営している医師は少なくない。同じように、みなしで法人住民税に転換することもできそうに思う。

ありそうでない産業中分類での就業者数

もう1つ、やっかいな問題がある。それは、市町村ごとで産業中分類の就業者数がありそうでないこと。

たしかに、経済センサスには産業中分類での数字が出てくる。ただし、調査年頻度は3年に1度のようなので、随時わかるわけではない。また、国勢調査でもわかるが、5年に1度になってしまう。労働力調査では都道府県単位までである。

そのため、本書では、納税する際に各企業が申告している当該市町村の就業者数をベースに、単一市町村内にしか事業所がない企業で就業者数を申告していない企業分を補うために、経済センサスなどで補正をかけていることは前述のとおりである。

経済学でいう付加価値額を使おうが、ここで提案している法人住民税を使おうが、いずれにしても就業者数の把握は問題になるところである。

ベンチマークのためのデータベース構築

今回は伊達市と網走市の2市の協力を得て、データの収集と分析結果の比較を行うことができた。比較してみてはじめて気づく事実や確信を深める事柄は、文中に記したようにきわめて多い。着眼点を変えてILO産業分類を導入したり、戦略の基本軸を明確にしたりするだけでなく、ベンチマークを行うことの効用はきわめて大きいのだ。

しかし、地方税であるがゆえの問題もある。市町村がばらばらに管理していて、ベンチマークすることができないのだ。

そのために、各市町村、場合によっては国や都道府県が協力をして地方税の共通データベース構築に取り組むべきであると思う。そうした理解を個々の自治体のあいだに広め、実際にデータベース構築を進める動きを、私自身つくりあげていきたいと思っている。

また、そのデータベースは、比較的簡易なものでもよいはずである。自治体の数1700あまり、そして産業分類はせいぜい数十から100程度のデータベースになるはずである。データ・セキュリティについては考慮しなければならないが、個人データを扱うわけでもない。

地方版総合戦略のクオリティを高めるためにも、迅速にデータベースの整備を急ぐべきである。

2. 地方創生における地域金融機関の役割は多い

データベース構築のための地域金融機関の役割

ただし、各自治体の税務データをそのままのかたちで収集すればよいわけではない。

1つの改善課題は、産業分類である。市町村ごとに産業分類コードが少しずつ違うという現実がある。また、ＩＬＯ産業分類にこだわるために、産業大分類を細目に分けていくことも必要になる。

流通業として卸業・小売業が一体になっているのなら、それを分けたい。流通業という大くくりではローカル型産業の小売業とアウトバウンド型産業の卸売業が混在してしまい、ＩＬＯ産業分類にそぐわないからだ。できれば、小売業からさらに無店舗小売業を分計しアウトバウンド型産業に振り分けたい。

もちろん、宿泊・飲食業ではくくりとして大きすぎる。宿泊業を取り出しインバウンド型産業として扱うべきである。また、ローカル型産業のなかでも、高齢化によって顧客数が増える医療福祉、逆に少子化によって顧客数が減少する教育・学習サービスも分計していくことが必要である。

もう1つの課題、そしてよりむずかしい課題は、産業別の就業者数の把握である。企業が納税する際に就業者数が重要な、複数の市町村に事業所をもつ企業については、正確に市町村ごとの就業者数を自治体側で把握することができる。しかし、税金を自治体間で分割する必要のない、1市町村内でしか事業所をもたない企業の就業者数の報告は任意である。そのため無記入での申請書類も多い。本書においては、労働力調査や経済センサスなどを活用して補正に努めている。

この2つの課題を、100%完璧にとはいわないまでも、大方の賛同が得られる程度には改善しておく必要がある。

その際、地域金融機関が活躍できる余地は多い。伊達市や網走市は人口3・6万〜3・7万人の市であるが、事業所数は700〜900程度である。そのため、現地の支店職員が手分けして、個別事業所の産業分類細目も就業者数も調べようと思えば実行可能なはずである。特に、産業分類については、日頃から営業活動をしているはずで、調べずともわかっているはずだ。これらの事業所のなかには1～5人くらいの零細事業所も含まれているはずだが、銀行取引・信用金庫取引のない事業所もないだろうから、だれかが必ずコンタクトしているはずである。

テクニカルには、地域金融機関が情報収集をすることが銀行法や信用金庫法上どうなのか、収集したデータは顧客属性であり法人格の違う自治体に伝達するにはどうするかなど課題もありそうだ。ただ、法律の解釈や契約上の位置づけなどで解決できそうな気もする。

こうしたアプローチで人口規模が10万人を超えても、数十万人程度なら、地域金融機関の人海戦術を駆使すれば、なんとかなりそうである。問題は政令指定都市クラスである。事業所の数も数万の単位になる。人海戦術ができないわけではないかもしれないが、大変なことは間違いない。政令指定都市を対象にしていくには、システム上でＩＬＯ産業分類に沿うかたちで税務データが整備されるのを待つ必要があるかもしれない。それまでの場合は、データがなく分析ができないため、民間主導の経済成長に任せることが中心になるのかもしれない。

いずれにしても、データベースの構築はクイックに進めるべきである。そのため、完璧さを求めるべきではないように思う。多少の誤差が残るデータベースであっても、総合戦略を策定するスタッフの判断力によって解釈していくこともあるはずである。学問ではないのだ。

2番手、3番手の支援業種を見つける

地域金融機関の役割は、単にデータを整備するだけではない。地方版総合戦略を策定していくことにも、かかわるべきなのである。

たとえば、よく地域経済を牽引していく産業はどの産業か一目瞭然であるという声を聞くことがある。たしかにそれは一理ある。愛知県豊田市や広島県広島市であれば自動車産業であることは自明だ。

でも、2番目、3番目の柱に、どの産業を選びますか、という問いかけには、あいまいになるのではないだろうか。もしかすると、愛知県豊田市なら自動車産業に一点張りするということなのかもしれない。しかし、広島市になると自動車産業だけに一

点張りするかどうかはわからない。最近は世界遺産の原爆ドームや隣の市になるが宮島などへのインバウンド需要で外国人の訪問が増えており宿泊業を育成すべきなのか、あるいは瀬戸内海のレモンをてこに食品加工を強化すべきなのか、いろいろな仮説が湧き上がる。もしかすると広島カープもインバウンド産業になりえるのかもしれない。

この手法を活用する利点は、直観的に判別できない2番手、3番手を定量的に見つけ出すことになる。北海道伊達市の宿泊業はまさにそうした発見であったのではないかと思う。

分析はひとまずインバウンド、ローカル、アウトバウンドの大分類から始めるが、牽引してくれそうな産業については、細分化を進めていくことになる。もちろん細分化した産業で就業者当りの法人住民税が高いほうから順番に、経済政策の支援の優先順位になるほど単純ではないが、少なくとも候補としてはどのあたりなのか見当を与えてくれることになる。

こうして、自治体だけで地方版総合戦略をつくろうとしていると、どうしても直観的にわかる領域だけで解をつくることになる。地域金融機関は、アドバイザーとして一歩引いた立場から、2番手、3番手で支援すべき産業候補をあげファシリテートすることが役割になる。それによって第二、第三の柱が生まれ、地方版総合戦略に厚みが加わり、バランスがよくなるはずである。

経営資源のミスマッチ解消という重大責務

こうした地方版総合戦略を実行に移すうえで、地域金融機関の担うべき役割は多い。どういうことかといえば、地方版総合戦略を実行するうえで求められる経営資源のミスマッチ解消を図ることである。つまり、ヒト、モノ、カネの充足である。

当然、どのような戦略を推進するにしても、資金は必要になる。自治体本体であれば、これまでどおり国から資金を引っ張ってきたり、地方債を発行したりして解消することになる。ただし、現時点では多くの自治体で地方債残高が積み上がっているので、可能な限り実行に移す事業のキャッシュフローをベースにしたファイナンス手段を提供することになる。PFIやPPPかもしれないし、茨城県で初めて導入されたレベニュー信託のようなものなのかもしれない。あるいは、エクイティに近い性質の資金を提供することなのかもしれない。いずれにしても地域金融機関として日頃からファイナンスにかかわっている以上、本業のなかでカネの充足を支援していくということである。

一方、総合戦略を実行していくうえで、企業のパートナーを求められることもいくらでも生まれてくるはずである。流通事業者であるかもしれないし、製造技術をもっている会社であるかもしれない。こちらもビジネスマッチングの手法を生かして、いまの延長線上で支援できるはずでもある。モノという意味では、パートナーの紹介をすることができる。

最後にヒトの面でもそうだ。伊達市の道の駅が大成功しているのは、素晴らしい社長を得ることができたからにほかならない。いつでも、総合戦略の中核となる事業体を牽引できる人材が見つかるわけでもない。人材の紹介についても、日本人材機構などを通じて地域金融機関に期待が寄せられているのが事実である。

自治体も企業と同じで、ヒト・モノ・カネの経営資源が充足しなければ、戦略を推進できない。その橋渡しが、地域金融機関が担う重責でもある。

3. みんなでこの手法のポテンシャルを引き出せ

ベンチマーキングが鍵

ＩＬＯ産業分類に基づく地方版総合戦略策定手法は、実はまだまだ発展段階にあるということだ。

この手法のポイントは、就業者当りの法人住民税が高い産業を優先的に支援し、その産業の就業者を増やしていくことであった。その意味で1つの自治体のなかで産業ごとの就業者当りの法人住民税を計算し比較できれば、所期の目的を遂げることができる。実際、どの産業が就業者当りの法人住民税が大きいか、自治体内で比較してみれば、一目瞭然となる。この値が大きい産業が、地方創生を牽引してく産業になるという可能性が高いということだ。

ただし、それが本当に競争力をもっていて、地方創生の中核とすべきかどうかは、実はわからない。他の自治体の同種の産業と比較して、高いのならＹｅｓだが、低いのならＮｏである。

本当に国内市場での競争力や場合によっては世界市場での競争力を確認しようと思

うのなら、どうしても他の自治体の同業種でのベンチマーキングが必要なのだ。

それは、同時にこの手法に共感し、ベンチマークの輪に入ってくれる自治体が多ければ多いほど、競争力を客観視することになり、より実りの多い戦略策定プロセスになる。一人でこの手法の成果をものにするよりも、仲間がいて大勢がかかわることでより大きな成功に結びつくのだ。

だからこそ、こうして手法の概形がみえたところで、公表し、多くの自治体の参加を呼び掛けているのでもある。

地元依存度からみた戦略――地元企業育成か域外からの誘致か

また、この手法のよいところは、自治体側からはどのような企業の事業所からの納税額かわかることである。地元の市町村なのか、隣の市町村なのか、県内の他市町村なのか、あるいは遠く東京や大阪に本社を置く企業なのか、わかるということだ。言い換えると、本社所在地別でも集計することができるということである。

図7－1をみてほしい。もっとも単純な分析手法を示してみた。縦軸に就業者当りの法人住民税・税割をとり、横軸にその納税額における地元企業の割合をとってみ

図7－1　経済力と地元依存度による市町村分類の考え方

経済力—就業者当りの法人住民税・税割 ＼ **地元依存度**—法人住民税に占める地元市町村割合	低	高
高	サテライト型市町村	自力経済型市町村
低	危機的市町村	閉鎖経済型市町村

る。縦軸は経済力の代替指標であり、横軸はそのものずばり地元依存度を示している。

全国の市町村を4つのセグメントに分けてみることで、おおよその状況を診断できるのではないかと思う。

つまり、右上は地元企業への貢献で経済力も豊かであり、地元企業を支援していくことでこれからも繁栄しそうな自力経済型の市町村になる。

また右下は、地元企業が経済の中心となっているが経済力が高まっていない市町村ということになる。域外から企業を誘致して、外部の力で活性化したほうがよい自治体のように思われる。

左上は、経済的には豊かかもしれないが、大半の付加価値は他自治体に本社を置く企業の貢献によって生まれる。典型的なケースは東京や大阪の大企業の生産拠点で経済活動の多くを占められる場合である。物理的な距離があっても、実質的には東京経済圏、大阪経済圏の一部をなす市町村であり、サテライト型と呼ぶのがふさわしい。そうした市町村では、東京や大阪の企業の納税を、地元企業の育成に投入する仕組みをつくるべきだと思う。間違っても、社会施設、文化施設ばかりに資金を回すべきではないと思う。

最後に左下は危機的な状況にある市町村である。外地の企業が来てくれているが、にもかかわらず経済力が低い。すでに誘致した企業が軌道に乗らなかったのかもしれない。もう一度、企業誘致にチャレンジするか、近隣市町村との連携を強化するか、抜本的な方向転換が必要な市町村のようにみえる。

法人住民税で分析をしているがゆえにいろいろな見方をすることができるのである。

広域連合を考えるときの客観指標に

地方版総合戦略については、すでに多くの自治体が提出ずみである。ただし、この手法は、市町村ごとに活用するだけではなく、広域連合で地方創生を考えるうえでも有益な示唆を提供してくれるはずである。

法人住民税という水平比較可能な数字である。この手法を、広域連合を検討している市町村に共通に展開した場合、それぞれの市町村で強い産業、弱い産業が客観的に浮き上がることになる。同時にそれは、広域連合のなかで、どの市町村のどの産業をてこにして地方創生を進めるべきか、個別の市町村はどのような役割を担うべきか、どのような補完関係が理想的なのか、などを冷静に示唆してくれることにもなるはずだ。

人口減少がさらに進展していく将来、本当に1700もの市町村がすべて存続していくとは言いがたい。むしろ、多くの地域で近隣市町村との広域連合をどのように組むべきなのかが具体的な課題になるはずである。

単独市町村による自治体経営から広域連合による自治体経営へと移行するうえでも、この手法は明確な指針を提供してくれるように思う。すでに市町村としての地方版総合戦略の検討が終了していても、広域連合の創設に向けた第一歩として活用してみてほしいと願う。

地方創生は永続的な課題としてとらえるべき

地方版総合戦略の策定は2015年度中にひとまず終わることが求められている。当然ながら2016年度以降はその進捗状況はモニターし、KPIによって評価されることになる。

もちろん、自治体の戦略も企業の戦略と同様に、環境変化が起きれば軌道修正を図ることになり、戦略策定も一度限りのことではない。人口減少も一朝一夕に起きるわけではない。その進展も地域によってまちまちである。したがって戦略を見直す機会はまちまちに訪れる。

地方版総合戦略を1つのイベントに終わらせてはいけないのだ。地方創生を進める定常業務として推進していくべきなのである。

本書のなかで提示している、ILOによる産業分類、戦略の基本軸の明確化、法人住民税を活用した市町村ごとの産業戦略の具体化、ベンチマークのためのデータベース構築——これらが人口減少に直面する自治体の総合戦略検討の指針の1つになることを願っている。

補遺　本書を読むための手引き
バンカーのための「科学と科学史」についての随想

本書の底流を流れる考え方は、銀行業を科学的にとらえ直そうという発想である。それは、単にものごとを計量化して数字で評価することをねらうわけではない。変数と変数の関係を見つけ出し、一方の変数がどのような値をとれば、他方の変数はどうなるか予見をしようという試みである。

社会科学の関係性は、自然科学と違って必ずしも永久に持続するようなものではない。はかない存在かもしれない。それでも関係性が持続しているか確認し、持続する限りにおいては、有益な示唆が得られることになる。

本書のなかで使ったテクニックは、統計学の観点からはきわめて初歩的な分析にすぎない。それでもいくつも面白い結果が得られたように思う。

なぜ、こうした発見があったのか。大きな理由は、銀行業がきわめて閉鎖的なソサエティで、科学的な発想が試されることは基本的にはないからだ。それは、同じような人材、知識に依存して経営しているから起きてしまう。バンカーの世界は、比較的同質の人たちによって営々と営まれていて、イノベーションが起きにくい。だから、ちょっとした視点の変更でも、面白い発見があったのだと思う。

メーカーなら、それこそエンジニア、サイエンティストから経済、経営、法律などを学んだ人まで、多様性に満ちている。さらに、消費財メーカーならデザイナーもいて、異文化は衝突する。日常的に意見が対立する。自分と違った見識が刺激となって、新しい創造を生み出す環境がおのずとあるのとは、好対照だ。

銀行という組織に人材の多様性が乏しいということが、銀行の本質的な弱点のように思う。もしバンカーたちがもっと科学的なことや科学が成り立つ背景に関心をもったら、また違った銀行の世界が生まれるのではないか。そうした確信は強まるばかりである。

私自身がコンサルタントとしてかくも長きにわたり銀行を相手に生業を営めたのも、バンカーたちとはまったく違う経歴をもっていることにも大きな要因がある。バンカーと同じ発想をするなら、そうした人材は銀行のなかにいくらでもいる。あえてコンサルタントとして雇い入れる必要はない。どこまでもアウトサイダーの視点から銀行を眺めた結果が本書でもある。

私自身が最先端の科学や、それが生まれる経緯を完全に理解しているわけでもない。それでも私の理解の範囲で、科学の歴史をバンカー向けに紹介して、本書を締めくくりたいと思う。

科学史も歴史であるから、それそのものには予見性はない。それでも貴重な教訓を読み取ることができる。世界最高峰の叡智をもつ人たちが、どう悩み苦しんだかの歴史だからだ。

バンカーはアインシュタインを見つけられるか

アルベルト・アインシュタイン——その名を知らぬ者はいない。言わずと知れた20世紀最大の物理学者である。

1905年は、そのアインシュタインにとって最も輝かしい成果をあげた年である。物理学の世界では、「奇跡の年」とも呼ばれている。なぜなら、アインシュタインが3つの独創的な論文を発表した年だからである。

「光電効果」についての論文は、光についての論文だ。それまで光は波として扱われていた。それに対してアインシュタインは、光もツブツブの量子としての性格をもち、とびとびの値でエネルギーをもつことを示唆したのである。

また、「ブラウン運動」についての論文は、水のなかで花粉がギザギザに動くのは、いくつもの水分子との衝突が同時に複合して起きた結果であることを突き止めていく。その結果は、原子の大きさを割り出すことになる。

そして「特殊相対性理論」である。光の速度が一定ならば、長さや時間はだれにとっても共通のものでなく、それぞれの観測者によって異なることを示す。絶対的な長さや時間がなく、観測者個々によって決まる相対的なものになった。

一つひとつが科学の進展に与えた影響は計り知れない。

ところで、1905年当時、アインシュタインはどのような職に就いていたのだろうか。それを知る人は、かなりの科学フリークだと思う。

彼はアマチュアの物理学者だった。ベルン特許局の三等技術士だったのだ。チューリッヒ工科大学を卒業後、物理学者を目指して大学での助手の口をあたったものの、それはかなわなかった。友人の父親のつてを頼り、なんとかベルン特許局に採用されたのである。

容易に想像がつくのは、特許局で申請された案件の審査にあたる仕事自体、どちらかというと閑職であるということ。仕事の合間を縫って、また定時で終わる勤務時間以外のあり余る時間で、自分の研究を進める環境を得たことになる。また、上司もみてみぬふりをする幸運にも恵まれた。

こうしてアインシュタインは『アナーレン・デア・フィジーク』に論文を投稿することになる。

そして、ここからが最も重要な点である。たとえ、どんなに優れた内容であっても専門誌に掲載されなければ、それで終わりだ。名もなきアマチュア物理学者、本職は特許局の小役人、アルベルト・アインシュタイン。しかし、科学の世界は、彼の論文を認めたのだ。少なくとも掲載をして議論すべき価値があるとみなされたのである。

当時、査読を行っていたマックス・プランクは、量子力学の父と呼ばれたノーベル賞受賞者だ。プランクはアインシュタインの書いた論文の価値、独創性、秀逸さを見逃さなかった。そして、寄稿を受け入れる。だれが書いたのかではなく、論文の内容そのもので判断をする世界、それが科学の世界であり、物理学の世界であるということだ。

こうしてアインシュタインは一躍、時の人になる。ただし、彼の生涯を通じて、彼自身は物理学界のアウトサイダーとして自分自身をとらえていたらしい。アカデミア出身でない、アマチュア科学者だったからだ。

日本人の自然科学系ノーベル賞受賞者たちの経歴をみてすぐに気づくことがある。みんながみんな、東大や京大、名大出身ではないことだ。地方大学出身であっても、その卓越した業績によってノーベル賞を受賞できる。それが科学の世界なのだ。

逆にどんなに知名度があっても、未解決問題に対する立場は無名の科学者、物理学者と同じである。未解決問題を理論的に証明するか、実証データをもって検証しない限り、ただ単なる意見で終わる。偉い人がいったこと、みんながいっていることが正しいとなる世界ではない。少なくとも「○○先生はこういっている」と、論拠のない権威が横行する世界ではない。

権威、肩書、社会的地位、シニオリティ、みんながよいといっている――バンカーの多くは、こうした観点から評価しようとする。また、初対面のバンカー同士の挨拶は、入行年次から始まる。後でこっそり出身大学も調べて、お互いの相対的なポジションを確認する。こうした職場環境は、おのずと中身を吟味するのが疎くなる。

もしアインシュタインが特殊相対性理論についての論文をもってバンカーの前に現れ、査読を依頼してきたらどうなるだろうか。多くのバンカーは、「専門家ではないのだから、君には発言権はないよ」といって追い返すのではないだろうか。バンカーたちは、本当は優れたものを実は見逃しているのではないだろうか。

「すべての事象に原因はある」のか?

もう数年前になるのだが、人気俳優が演じる探偵役の物理学者が「すべての事象には原因がある」と決め台詞を呟くドラマが大ヒットした。本当に、すべての事象に原因はあるのだろうか。私は腹を抱えて笑っていた。

　現代物理学の世界で、こうした問いかけがされたのは、いまから100年近くも前である。1920年代、30年代、量子力学が形成されようとしていた頃だ。

　量子力学は、物質のミクロな特性を理解するために発展した物理学である。物質は、分子からなり、分子は原子に分解され、原子は陽子や電子、中性子に分解され、さらに素粒子に分解される。こうしたミクロな世界に働く力やエネルギーを記述するために構築された。

　この物理学は確率・統計を数学的な道具としている。つまり、あることをしたときに起きる事象が確率的に示されることになる。中学生の頃、習う物理学は古典力学と呼ばれるものである。あることをしてみると、その結果が画一的に予想されることになる。量子力学では、その結果の予想が確率分布になる。結果がａとなる確率が何%、ｂとなることが何%と、一意的に決まらないのだ。一意的に決まらないということは、因果関係を明らかにすることを放棄している。

　同時に、一つひとつの観測機会について言及することもやめてしまった。たくさんの観測機会をまとめてみると、このような傾向にある、としか言及していないのだ。

それでも、物理学者たちが量子力学を育み、発展させてきた背景には、確率・統計に基づく予想が、観測結果と見事なまでに一致するというプラクティカルな理由がある。当時の物理学者のなかには、どうしてそのような結果になるのか、因果関係が明確ではないが、予想することができるのだから、使っていこう（あるいは、さらに発展させていこう）と考える者が少なくなかった。

ただし、物理学者が全員、こうした量子力学の枠組みについて賛成していたかというと、事情は違う。すでに相対性理論を構築し世界中で有名になっていたアインシュタインは反対の立場をとっていた。量子力学はたしかに現象を正確に予想することができるという意味で正しい。しかし、なぜそうなるのかを説明していない、不完全な理論だと。彼は呟いた。「神はサイコロを振らない」と。きっと何か重大な因果関係が陰に潜んでいるに違いない。それを見出すべきだということだ。

ニールス・ボーアを中心とした若手学者たちとの論争は何年にもわたって続いた。アインシュタインから量子力学の弱点を炙り出すような思考実験とその結論が提示されるたびに、吟味が重ねられ、反論をすることになる。それでも量子力学は破綻することなく生き残り、むしろ多様な領域で実用化がなされることになる。

金融の世界も、最近は統計手法に満ち溢れつつある。資産運用やリスク管理については従前から統計手法が活用され、成果を収めてきた。ただし、資産運用やリスク管理は、どこまでいってもスペシャリストの分野で、多くのバンカーにとってなじみはないかもしれない。手近なところでは、カードローンの与信モデルがそうである。また、デジタル化されたチャネルには至るところで顧客あるいは見込み顧客が痕跡を残すようになり、ビッグデータを統計的に解析していくことがマーケティングの現場でもみられるようになりつつある。

少しずつバンカーの世界にも統計や確率の考え方が浸み込み始めている。それでも、やっぱり個別事象の因果関係を追いかける傾向がきわめて強いように見受けられる。

銀行経営において個人分野が重要であるということは、もう20年近くいわれている。それでも、個人分野に強い銀行が数えるほどしかないのは、個人分野が確率・統計の世界だからではないだろうか、と私は感じている。バンカーたちは、個社ごとに考えることが許され、因果関係のはっきりする世界から、なかなか飛び出すことができないでいるようにみえる。

また、私が講演で受ける困った質問の1つは、統計的な分析結果の意味合いに対する因果関係に基づく推論を根拠にした反論だ。統計を使うときの前提は「因果関係は無視します」であるので、そのような質問には答えようもない。

現代物理学の歴史をひも解けば、因果関係なのか、相関関係なのか、といった相克は100年近く前に乗り越えている。もしバンカーたちが量子力学の歴史を知っていたら、因果関係だけに束縛されることはなくなるだろう。そろそろ四角い頭を丸くするときではないかと思う。

私が思うニュートンの3つのすごいところ

アイザック・ニュートンは、林檎が木から落ちるのをみて、万有引力の法則を思いついた、ということになっている。この話の真偽はいまだに定かでない。なんとなくだが、私には後付けのフィクションのような気がしてならない。

それはさておき、ニュートンは私たちが普通にみているものから万有引力の法則を思いついたことは間違いない。この時代、大した実験設備はない。せいぜいが、天体観測くらいだが、望遠鏡などの精度も、いまの私たちが趣味でもつ天体望遠鏡のほうがはるかによい。

つまり、ニュートンは特別な何かをみて万有引力の法則に気づいたわけではないのだ。だれしもがみていた事象の背後に万有引力の法則があるということに気づいたのだ。その点こそ偉大なのだと思う。

普通の人は、普段みかけている数えきれない事象に共通する真理を見つけるまで深く考えない。個別情報に一喜一憂することがほとんどだ。目の前に熟した林檎が落ちてきておいしそうだとか、今度の頭取はAさんにもう決まったらしいとか。私だってそうだ（笑）。

2つ目のすごいところは、細かいところを大胆に捨象していることだ。中学1年生の理科の時間に、万有引力の法則を習ったとき、その方程式の簡素さに衝撃を覚えずにはいられなかった。あんなに千差万別にみえるモノの動きが、こんなに簡単な関係で表されるなんて、思いもしなかった。「!」をいくつ並べても足りないくらい、絶句してしまった。

でも、こんなに簡単な関係に仕上げるにあたって、たくさんの反論を浴びせられたに違いないように思う。万有引力の法則は、モノの自然落下は、どのようなモノでも同じ速度、同じ加速度だと主張している。でも、現実に野球のボールと鳥の羽を同時に滑り台の上から落とせば、野球のボールが早く地面に当たる。鳥の羽はふわりふわりと遅れて落下する。現実には空気抵抗があるからだ。

したがって、万有引力の法則が認められるには、空気抵抗が従たるものであるという位置づけを確立しなければならない。何よりいちばん大切なことは、モノとモノとが引き合う性質があり、地球というモノに対して地球上の別のモノは引き寄せられていることだ、と思い切って空気抵抗の存在を捨象しなければならない。直観に反する、そうした捨象をしたことは、本当にすごいと思う。

普通の人ができるのは、ちょっとした違いをいかにも重大な違いのように主張することである。大抵の場合、定性的な推論でディベートをしていることが多いから、ちょっとした違いも重大そうにいうことは簡単である。議論で負けそうになったとき、この手でドローに持ち込もうとする輩が多いのには、いつも困ったもんだと閉口してしまう。でも、つくづく思うのは、偉人だからこそ大胆に単純化していくことができるのだということである。

もう1つ、ニュートンの業績で偉大だと思うことは、いまではニュートン力学と呼ばれる分野を築くにあたって、そのための道具自体も自ら開発したことである。微積分学がその道具である。

17世紀頃の物理学と数学はまだあまり分化していなかった。そもそも物理学者も数学者も明確な区切りはなかった。だから、そうできたのだといってしまうと身も蓋もない議論になってしまう。でも、彼自身は自分の考えている力学を記述するための道具、数学を探していて、その道具自体も自分でつくりあげた事実は変わらない。

普通の人は、できあがった道具を使ってなんとかしてみようとすることは多い。しかし、道具がないとき、自分でつくろうなんて思い切った意思決定はなかなかできない。何かを考察したいとき、その一歩手前に戻って道具を考えるのは、偉人こその業である。

ちなみに、アインシュタインの一般相対性理論は、非ユークリッド幾何学を道具として考えられたものでもある。中学のとき、公理群のなかに平行線公理の説明を聴き、先生が平行線公理でないことを前提にする非ユークリッド幾何学があると教えてくれた。当時は、そんな前提を置いて数学をつくっても使えないのではと思っていた。大学生になって非ユークリッド幾何学の使い道を知って、びっくりしたことをいまでも深い記憶にとどめている。

実はアインシュタイン自身、数学が不出来なことをよく嘆いている。一般相対性理論をつくりあげるとき、非ユークリッド幾何学の手助けをしたのはマルセル・グロスマンである。大学時代、アインシュタインがさぼっていた数学の授業のノートをとってくれた友人である。でも、アインシュタインは数学が苦手といっても、世の中一般からすれば天才的にできたはずではないだろうか。上には上がいるといっても、そのすごさに驚くばかりである。

有効数字、不確定性原理を思い出して

中学の理科の時間で驚いたことは、もう1つある。有効数字という概念を習ったことである。私の年代は、中学1年の理科第1分野の最初の1ページ目で、計測をする際には誤差がつきものであり、計測にあたっては有効数字を考えなければならないことを教わる。

それまで、私自身はモノに長さがあれば、その正確な長さをもとにモノの動きを考えるのだと思い込んでいた。でも、よくよく考えてみると、正確な長さとはどのよう

に計測するかわからない。

大抵のモノサシはミリ単位で、そのモノサシを当ててみれば、長さがミリの目盛の中間になることはいくらだってありそうだ。たとえば、9センチ3ミリと9センチ4ミリのあいだになることだ。そうなると、エイヤッと割り切って9・34センチとか9・35センチとか、判断しなければならない。その場合、小数点以下2桁目にすでに誤差がある可能性がある。だから、9・346センチとかいっても意味がないことになる。とりあえず9・34センチと目測で判断し、この4は本当かどうかわからないと留意しておくことが、人間の限界だと教わる。

もし、0・1ミリ単位のモノサシがあっても同じことで、0・01ミリの位には誤差が入り込む余地がある。だから、これ以下の位を正確に測る意味がない。

どこまでモノサシの精度をあげても、測定の限界があって、正確な長さなどわからないのだ。中学1年生の私には、深遠なる理論に思えて、何週間も悩んでしまった。

大学に入学して、また別の衝撃を受ける。それは不確定性原理である。モノの位置と運動量を同時に測定する場合に、位置の精度をあげようとすればするだけ運動量の精度はさがり、逆に運動量の精度をあげればあげるだけ位置の精度はさがるという理論だ。

なんだかわかったようなわからないような話になってくる。でも、不確定性が起きる原理は違うのだが、こんなふうに考えてみると実感が湧いてくる。それは、あるエリアの市場情報を得ようとしたとき、エリアを小さく限定すればするほど誤差の割合が大きくなってくる。逆にエリアを広めにとれば誤差の割合が小さくなる。市場情報を将来人口だと解釈してみると、さらによくわかるはずだ。

要は、ピンポイントで正確なことはわからない、ということだ。

でも、バンカーたちは「正確に」を大切にする。たしかに勘定をあわせるうえでは大変重要なことだ。しかし、経営モデルを考えるうえで、「正確に」が実現できることはない。基本的には、誤差が含まれた情報のもとで、いろいろなシミュレーションをやりつくして、判断するしかない代物である。

もし「正確には逆立ちしてもわからない」ことを知っていれば、正確なデータを得るまで意思決定を先送りにする行為などはできないだろう。有効数字、そして不確定性原理——ここにも貴重な教訓が隠されているように思う。

みんなスーパー・ストリング・セオリーを研究している

ただし、物理学の世界では、なんでも優れたことが行われているわけではない。この話をすると、天才のような物理学者たちも、やっぱり人の子なのだと、ほほえましくなってしまう。

実は、世界中の大学でほとんどすべての物理学者はなんらかのかたちでスーパー・ストリング・セオリーを研究しているというのだ。みんな同じ視点で、モノの成立ちを研究している。そのためか、この30年くらい物理学に目覚ましい発展がないと20世紀末のあたりから批判が起きているのだ。同質化した集団は、なかなかブレークスルーできないということだ。

そもそもスーパー・ストリング・セオリーとは何か。日本語で、そのまま直訳されて超ひも理論と呼ばれることもある。あるいはM理論とも呼ばれる。MはMother（母なる源ということか）あるいはMembrane（膜）の象徴として使われているらしい。

スーパー・ストリング・セオリーは、4つの種類の力を1つの統一理論で記述しようというものである。4つの力は、私たちがよく知る重力と電磁力、それに量子力学の発展に伴ってわかってきた強い核力と弱い核力である。このうち、電磁力と弱い核力は1つの枠組みで説明できる理論が完成している。

4つの力を1つの枠組みで表すことができるのであれば、そのシンプルさに美しさを覚えて身震いする。これが科学者たちの趣向ではないかと思う。

相対性理論がつくられ、量子力学が発展し、電弱理論もできた。次は、4つの力を統一する理論だ、と科学者たちは思い、邁進を始めた。世界中のどの大学でもこれが最重要テーマになり、学者を採用するとき、スーパー・ストリング・セオリーを研究していないと、採用してもらえない現象が生じているらしい。そのため、物理学者の世界の同質化は加速する。

また、スーパー・ストリング・セオリーを研究するにあたり、数学への依存度が高すぎるのではないかという批判もある。4つの力を統合して説明することができる理論は存在している。10次元、もしくは11次元の時空間を想定したモデルである。文字どおり、一般人は私も含めて想像を絶する世界である。でも、数学的には説明のつくモデルがいっぱいありすぎて、1つに絞り込めない。物理的実在は1つのはずなので、実験で検証したくなる。しかし、検証しようにも、10^{-10}～10^{-9}メートルの超ミクロの世界であるために、いまの実験技術ではそれもできないらしい。

アインシュタインが特殊相対性理論を生み出したとき、学者ではなかったので実験をしていたわけではない。光の速度はだれに対しても一定であるという、物理的な考察からスタートして、頭のなかで数学モデルを駆使してつくりあげたといわれている。一般相対性理論も、重力と加速度は同等という物理的考察からスタートした。

高度な数学を駆使して発展してきた現代物理学だが、いまや数学に過度に依存しているのではないかと、批判があるようだ。

こうした話を昔の仲間から聞き、また書物で読む限り、現代物理学も壁にぶち当たってしまったようにみえる。みんなでスーパー・ストリング・セオリーを追いかけているという、同質性が災いしているような状況だ。まったく別の観点からのアプローチがなされないと、ブレークスルーしないのでは、と識者により批判されることもあるようだ。天才たちが集まる現代物理学において、その天才たちもやっぱりヒトの子であるという、なんとも人間らしい様を垣間見ているような気がする。

科学に革命はない

もう1つ、面白いことは科学に革命はないということ。コペルニクス的転回などの言葉が日常でも使われるが、科学史においては革命ということはない、という見方が定着している。

革命とは何か。それは、比較的短期間のあいだの仕組み、制度の非連続な変化を指す。

政治的な革命なら、私がニュースでみて知っているものだけでもいくつかある。ベルリンの壁が崩れたことは東ドイツの立場でみれば革命ということになるだろうし、同じ頃ルーマニアでも反共産主義革命が起きた。最近では、アラブの春へと続く。歴史を振り返れば、フランス革命、ロシア革命などなど、いくつもの革命が起きている。

科学の世界は、理論や実証実験に依存しているために、いかにも短期間で勝負がつきそうなのだが、現実はそうではない。

20世紀初めくらいまでは、まだ理論物理学と実験物理学が分化していなかった。その頃までの新しい理論は、観測結果と従来の理論とのギャップを埋めるために模索されたものである。

ギャップを埋めるための新理論が生まれるとどうなるか。従来理論の信望者たちは、従来理論を修正してギャップを解消しようとする。それでも新理論により、別のギャップが指摘され、そのギャップが解消できるように従来理論をさらに修正することになる。ある意味でイタチごっこのようなところがある。

たとえば、有名な地動説の出現のときにも、天動説は何度か修正されている。もともとは、地球の周りを完全な円軌道を描いて太陽も惑星も周回するモデルだった。それが、円軌道の上に中心を置く小さな円軌道があって、2つの円で組み合わされた天動説モデルとなる。さらに、円軌道もやがて楕円軌道になっていく。

つまり、新しい理論が提示されても、「ははあ」と頭をひれ伏すようなことは決して起こらないのだ。むしろ、その時点で多数派を占める従来理論の支持者たちによって、(姑息な)修正がなされ従来理論がしばらくのあいだ、生きながらえることが多い。新理論に置き換わるのは、本当にどうしようもない弱点が指摘されてからのことである。したがって、おそろしいほど長期にわたるせめぎ合いが続く。きわめて人間的なドラマがそこにあるように思う。

地動説についてコペルニクスが論を提唱するのが16世紀初め頃である。それが、最終的に新星の発見と観測、彗星の観測によって学者たちがおおむね受け入れることになるのが1572年である。正確には定かではないが、60年ほどの時間がかかっている。還暦の時をふまえなければ、地動説は受け入れられなかったのである。

たしかに科学の世界は、政治の世界のように力によってねじり倒すわけではないので、時間がかかる。仕事をしていて、何度も繰り返し繰り返し同じことを言って、ようやくクライアントは動いてくれることがある。分析をして説明すれば「はい、わかりました。やりましょう」ということには絶対にならないのも、科学の世界と対比してみると当然かもしれない。

同質性から脱皮しない限り発展しない

私は典型的な理系崩れで、プロのサイエンティストでも科学史の研究家でもない。いまとなってはむずかしい数学は忘却の彼方にある。それでも、中学や高校、せいぜい大学の教養課程、あるいは社会人になって興味をもって読んだポピュラー・サイエンスの本から、きわめて有益でありながら、同時にあまりにも奥深い真理を学んだように思う。

バンカーに限らず、多くの人々が思っている常識が常識でないことが、科学の歴史を学べばよくわかるはずだ。

●アマチュアに甘んじていても、優れたアイディアを思いつく人はいる。

●「すべての事象に原因はある」とこだわっているのは時代遅れだ。

●秘密の原理は、だれもがみている事象の背後に隠れている。

●複雑にするのは凡人でも簡単にできる。細目を捨象して本質だけをシンプルに取り出すことは優秀な人にしかできない。

●正確なデータなんかわからない。わかるまで待つのは不作為だ。

同時に、これらは多くのバンカーにとって異質な価値観であり、考えである。

本書の最後に補遺というカタチで、科学史についての随想を挿入したのは、バンカーたちへの嫌味のつもりではない。30年にわたってコンサルティングを生業とし、多くのバンカーたちとつきあってきたが、多くのバンカーたちがあまりにも偏った見識に偏執し、銀行業の発展を阻害しているようにさえ思えるからだ。

同質性の強い人たちだけとつきあっていけばすむのなら、それ以上に居心地がよいことはない。同質の人々が好むルール、価値観、秩序が前提になる。しかし、そうした甘美な時代は過ぎ去ったのではないかと思う。

本書で、さまざまな分析をしてみせ、少しでも科学的な発想にかなうように述べてきた。多くのバンカーにとって異質の世界だったと思う。異質の世界に触れることこそ、成長に反転するチャンスであることを伝えたかったからである。これこそが本書でいちばん伝えたいメッセージである。

あとがき

最近のちょっとした自慢は、初めてのテレビ出演である。それもバラエティ番組だ。所ジョージが司会を務める「一億人の大質問⁉ 笑ってコラえて!」という番組のスペシャルに、ほんのちょっとだけビデオ出演を果たした。いつもお堅い仕事ばかりしている私には、そんな機会がめぐってこようとは思いもよらなかった。

番組のなかの「天才を紹介する」というコーナーに出演した。私はもちろん天才ではない。天才を紹介する役目で登場したのだ。紹介した天才は、東京大学大学院数理科学研究科の河東泰之教授だ。私にお鉢がまわってきた理由は、理学部数学科の同級生だったからである。

私が数学を学んでいたのは、もうかれこれ30年以上昔の話だ。今回のテレビ出演の話が舞い込んで、懐かしく思った。それにやっぱり自分が、数学や科学が大好きなんだとも思った。自分ができるかどうかは別にしてもだ。

数学科のあの学年には、まだまだ天才がいて、100年以上、だれにも解けなかった問題を解いた小林俊行教授（同じく東京大学大学院数理科学研究科）、アメリカ数学会コール賞を受賞した中島啓教授（京都大学数理解析研究所）たちとも、机を並べていた。特に中島教授とは同じ落合ゼミだったので、彼の頭抜けた才能を目の当たりにすることになった。そして、机を並べていたという事実を通じて、頭の出来には雲泥の差があることも思い知らされた。

だから、さっさと就職をする道を選んで、マッキンゼーに入社した。マッキンゼーは、数学科の落ちこぼれの私を拾ってくれたのだ。

当時のマッキンゼーはまだ世間の耳目を集める前だった。マッキンゼーを第一志望にする者はいない。私も本当は数学者になりたかったのだし、オフィスを見渡せば、本当は科学者になりたかったようにみえる人、デザイナーになりたかったようにみえる人、個性豊かな、でも、負けず嫌いな人たちが集まっていた。資格も肩書も何も関係なく、青臭くいえば市場の法則や経営の真実とは何か、ひたすら追い求めていたような集団だった。毎晩深夜に帰宅する日々。それでも疲れを知らずに働けた。

マッキンゼーで過ごした20年が、いまの私をかたちづくっていることは紛れもない事実である。マッキンゼーにいなければ、経営分析の手法を身に付けることも、金融界の人たちと深くかかわることも、なかったはずである。

金融庁の参与の委嘱を受けた頃、ある地方銀行の会長から「Welcome back!」という主旨のことをいわれた。

たしかにそうなのかもしれなかった。マッキンゼーを辞めてGEに3年ばかり身を置いた。銀行プロジェクトのリーダーとして入ったのだが、運悪く過払いの嵐のなかで、いつしか消費者金融事業の売却リーダーになっていた。売却先が決まり、独立した後は、リーマン・ショックに見舞われた。日々、開店休業、閑古鳥が鳴く日々が続く。日比谷図書館で日がな一日時間をつぶすようなことをしていた。「人生って、思ったようにならないものだ」と痛切に思う。

救いは、唯一、大阪府の特別参与の仕事を得たこと。あせっても仕方がないと、東京にいても大阪府の予算書、決算書を眺めながら、地方債の分析を粛々としていた。

着目する人がそう多くない地方債も、みてみればそれなりに発見があり、勉強になった。リーマン・ショック直後ということもあり、緊急保証の実態解明にも取り組んだ。

そうしたことの積上げで、いつしか自治体についても知識、知見を蓄えることができた。2013年に「人口減少時代の自治体経営改革」(時事通信社)を上梓することができた。まさか本まで書くとは、大阪府に伺った当時は思ってもみなかった。

お好み焼きにたこ焼き、串カツにうどん、キタからミナミまで食べ歩いた。大阪の知り合いに連れられて、ちょっと危なっかしい宗右衛門町や飛田新地まで社会見学と称して出没。厳しくも温かい時代を過ごした。

あの時代、何人からも「大庫さんはいつ立候補するのですか?」と、いまになっては笑い話のような質問を受けた。そのたびに、世間相場からはどうやら無職とみられていることを自嘲していた。政治家になる素養はまったくないので、立候補することは永久にない。政治家になってしまったら率直に思っていることがいえなくなってしまうように思うし、自由を奪われてしまうのが心底いやだ。

苦しいことも、いやなことも多々あった、あの時代も、いまの私には思い出のかけらになる。「Welcome back!」のひとことで、自分がいるべき場所に戻ってきたように思えた。

いまはトップマネージメントにアドバイスする経営コンサルタントがほとんどいない。自分自身を絶滅危惧種だと思っている。

多くのコンサルタントは、ＩＴ構築の支援をもってコンサルティングをしている。それ以外なんでもかんでもコンサルティングと呼ぶようになり、実態はアウトソーシング・ビジネス（ミドルマネージャーたちの下請け）になっている。

巷に溢れかえるコンサルタントが執筆した本はほとんどが自己啓発ものになり、かつてのように心血注いだ分析が導く新しい発見やパースペクティブを語る本に出会えることは滅多になくなった。

ジェームズ・Ｏ・マッキンゼーは、ファクトの収集と分析に基づくモダン・コンサルティング手法を確立して、それまで経験者が自分の経験に基づくアドバイスによって行っていたコンサルティング・ビジネスを知性に富んだ若者たちに開放した。いまではちゃんと分析する人も少なくなり、マッキンゼーさんの切り拓いたモダン・コンサルティングの時代も終わろうとしていると、絶滅危惧種は涙ぐむ。

どうやら私の天職は、金融機関のトップにアドバイスすることだったようだ。随分と遠回りをしてきてしまったような気もする。どんな分野でも一流と呼ばれる領域にのぼりつめていくことができれば、プロフェッショナルとして望外の喜びと感じる。


でも、遠回りをしていた彷徨の時代、妻からよく離婚を切り出されなかったとも思う。

私はいつだって好きなことを好きなようにするしかしない、とんでもない夫だったことは間違いがない。何度も愛想を尽かされているのでは、と思う。ただし、そんなことは気にしないことにしている。

妻がいま、愛しているのは、2年近く前に買ったビションフリーゼ。愛犬をジンジャーと名づけて可愛がっている。男の子だ。もはや、私にはかまってくれない。「あなたはもう可愛くないわ」妻のきついひとことに苦笑い。でも、言い換えれば、昔は私も可愛かったのだということでもある。

娘は高校2年生になり、あまり私には寄りつかなくなった。寄ってくるときは、小遣いの話か、数学の問題集をもってくる。娘とはそういうものかと思いながら話す。そろそろ大学の志望を決めつつある時期だが、彼女は何をしたいのだろうか。本当は理系女子にでもなってほしいのだが、その気はまったくないようだ。

娘から最近になって教えてもらったことがある。いま、学校では、鎌倉幕府が成立したのは1185年と教えられることになった、ということ。「いい国つくろう、鎌倉幕府」ではないのか。でも、1192年でも1185年でも、私の生活には何の影響もない。これが、実は円周率は3・15……だったことになったら、それこそ天地がひっくり返る話になる。巷に溢れる機械類をどれくらい設計し直し、つくり直さなければならないか、想像を絶することになる。

息子は中学受験を迎える。ただし、算数は嫌いだそうだ。それに、受験勉強よりも歴史本を読みあさるのが大好きだ。何しろ、家族で京都旅行でもしようものなら、史跡ごとに歴史上の人物が次から次へあがってくる。もうちょっと受験に役立つ勉強をいまはしたほうがよいのではないか。そう思えて仕方がないのだが、何度いってもそうする気配がない。時にどなりつけてやれば、屁理屈が延々と返ってくる。変なところだけが、マイペースな父親譲りに思えて、笑ってしまう。
どうやら子供たちは私の血よりも妻の血を濃く受け継いだらしい。2人とも理数系の才には恵まれていないらしい。嫌いなこと、才能がないことをするのは苦痛でしかない。でも、そんな子供たちであっても、科学という異質な世界に触れ、天才たちが同質的な発想の壁を越えて科学を育んできたことを覚えていてほしい。同質性という甘美で居心地のよい世界に安住することなく、異質な世界観を認め成長していってほしい。父親としてはそう願っている。

2016年1月
青い空が白い稜線に縁どられた美しい札幌にて

大庫　直樹

初出一覧

「地域銀行のあしたの探り方」週刊金融財政事情2014・10・13
「続・地域銀行のあしたの探り方」週刊金融財政事情2015・6・29〜7・20－27
「続々・地域銀行のあしたの探り方」週刊金融財政事情2015・11・23〜2016・1・4

参考図書

「21世紀の資本」トマ・ピケティ、みすず書房
「あしたのための『銀行学』入門」大庫直樹、PHP研究所
「あしたのための銀行学2」大庫直樹、ファーストプレス
「人口減少時代の自治体経営改革」大庫直樹、時事通信社
「磁力と重力の発見」山本義隆、みすず書房
「一六世紀文化革命」山本義隆、みすず書房
「世界の見方の転換」山本義隆、みすず書房
「アインシュタイン」ウォルター・アイザックソン、ランダムハウスジャパン
「量子革命」マンジット・クマール、新潮社
「量子論の発展史」高林武彦、ちくま学芸文庫
「迷走する物理学」リー・スモーリン、ランダムハウス講談社
「ストリング理論は科学か」ピーター・ウォイト、青土社
「物理学の果て―統一理論という神話」デヴィッド・リンドリー、青土社
「科学革命の構造」トーマス・クーン、みすず書房
「『科学革命』とは何だったのか―新しい歴史観の試み」スティーヴン・シェイピン、白水社
「近代科学の誕生」ハーバード・バターフィールド、講談社学術文庫

地域金融のあしたの探り方
――人口減少下での地方創生と地域金融システムの
　リ・デザインに向けて

平成28年3月4日　第1刷発行
平成30年5月22日　第5刷発行

著　者　大　庫　直　樹
発行者　小　田　　　徹
印刷所　図書印刷株式会社

〒160-8520　東京都新宿区南元町19
発　行　所　一般社団法人 金融財政事情研究会
　　編 集 部　TEL 03(3355)2251　FAX 03(3357)7416
販　　　売　株式会社きんざい
　　販売受付　TEL 03(3358)2891　FAX 03(3358)0037
　　　　　　URL http://www.kinzai.jp/

ISBN978-4-322-12859-8